U0048805

DEAD MEN DO TELL TALES

THE STRANGE AND FASCINATING CASES
OF A FORENSIC ANTHROPOLOGIST

法醫人類學

DR. WILLIAM R. MAPLES
MICHAEL BROWNING

威廉・R・梅普斯、麥可・布朗寧／著
尚曉蕾／譯

聽！骨頭在說話，
美國傳奇法醫人類學家梅普斯自傳暨案例集，
直擊魔鬼潛伏的淵藪

耶和華的手降在我身上。耶和華借他的靈帶我出去，將我放在平原中；這平原遍滿骸骨。他使我從骸骨的四圍經過，誰知在平原的骸骨甚多，而且極其枯乾。他對我說，「人子啊，這些骸骨能復活嗎？」我說，「主耶和華啊，你是知道的。」

——《以西結書》，37:1-3

獻給瑪格麗特、麗莎和辛西婭，她們從未抱怨過我在實驗室裡工作太久，或者帶回家的故事太駭人。

——威廉・R・梅普斯

獻給艾利森、馬修和諾亞，他們知道「東方不亮西方亮」。

——麥可・布朗寧

目　錄
CONTENTS

1 每天都是萬聖節

Every Day Is Halloween

我獲准離開，前往死谷，去滿足我應受譴責的好奇心……死亡像鐮刀收割莊稼一樣掠過此地，火焰把最後的殘餘掃清……一具具屍體半埋在灰燼中；有些保留著因子彈一擊斃命、遽然癱軟、撒手人寰的難看死相，但更多的遺骸則呈現出飽受烈焰煎熬的痛苦姿態。他們的衣服或許能有殘留，而頭髮和鬍子卻早被全部燒光；遲來的雨水甚至不能將他們的指甲保留下來。有些屍體足足脹大了一倍，另一些則萎縮成侏儒狀。根據曝屍的程度，他們的臉有的脹大、變黑，有的則縮小、變黃。肌肉的收縮使他們雙手蜷曲，也讓每一張面孔都掛上了齜牙咧嘴的恐怖笑容。嗚呼……

——安布羅斯·比爾斯（Ambrose Bierce），

《夏伊洛見聞》（*What I Saw of Shiloh*）

我很少做噩夢。偶爾夢到的也是一些日常工作中所見的畫面：碎裂、洞穿的頭骨；被砍掉的殘肢和嚴重損壞的頭顱；燒焦或者腐爛的屍身；簇簇毛髮，森森白骨……在我工作的地方——佛羅里達大學自然歷史博物館轄下的C.A.龐德人類鑑定實驗室

（C.A. Pound Human Identification Laboratory）裡，每天都會看到這些。最近有一次，我夢見自己在一處遙遠的鄉間試穿一雙皮鞋。那雙鞋的皮革沒有經過正確的處理，以至於鞋帶和鞋面上都爬滿了蛆蟲。不過，對於這個奇異的夢境，我有一個理所當然的解釋：做為研究課題的一部分，一名接受我指導的學生，正在養蛆。

我曾千萬次凝視死亡的面孔，見證過它各種各樣殘酷的形態。死亡並沒有讓我毛骨悚然的力量，它不能刺激我的神經，或者左右我的判斷力。死亡於我，並不是夜晚來襲的惡靈，而是日間相處的夥伴，它是熟悉的情景，且存在於一個服膺科學法則並應對科學詢問的過程之中。

對我來說，每天都是萬聖節。想想你這輩子看過的每一部恐怖電影吧，它們加起來，也不過是我每天所經歷的工作中微不足道、毫不新奇的尋常一瞬。我們的實驗室主要是為了向佛羅里達大學的研究生教授體質人類學（physical anthropology）而設置的，同時也隸屬於佛羅里達自然歷史博物館。但是，拜一九一七年博物館成立時的法律所賜，我們經常參與非正常死亡案件的調查，去嘗試撥開圍繞在謀殺和自殺案件周圍的重重迷霧。在過去舊有的屍檢系統下，有太多無辜死者的冤屈並未得到昭雪，而作惡者則逍遙法外。那是因為調查者缺乏勇氣、知識、經驗和毅力；他們沒有把雙手深深埋入那些可怕罪行殘留的腐爛遺跡中去仔細摸索搜查，從遺骸中抓住那微微閃耀的真相之光。

真相是可以被發現的，真相也希望被發現：一九一八年謀殺俄國沙皇尼古拉斯二世（Nicholas II）及其家族的凶手以為其罪行將永遠長埋地下，但是僅僅六十年之後，遇難者的遺骸在重見天日之際，就成了那些布爾什維克殺手罪惡的見證；我曾見過細小纖薄的嬰兒遺骨在法庭上做為證據，讓一名粗壯硬朗的中年殺手面色蒼白，在悔恨中被送上電椅；我還見過一塊偶然在河底發現的女性頭骨殘骸，它帶著鱷魚噬咬過的痕跡，卻提供了足夠的證據，在事發兩年之後，把殺害她的斧頭殺手繩之以法……

一旦運用得宜，法醫人類學還能夠解開歷史謎團，趕走百年來困擾著學術界的夢魘：我曾經勉為其難地仔細檢查過扎卡里．泰勒（Zachary Taylor）總統的遺骨，他死於一八五〇年，一直以來都有人懷疑他是美國第一位被暗殺的總統，我的檢查結論幫助他們消除了懷疑。我也曾檢查過被殘殺的十六世紀西班牙遠征者法蘭西斯科．皮薩羅（Francisco Pizarro）的頭骨——這塊球狀的骨骼，這曾經盛載著黃金、鮮血和王朝夢想的頭顱——如今被我舉在手中，上頭劍刺的傷痕清晰可見。我經手檢查的還有維多利亞時代的「象人」約瑟夫．梅里克（Joseph Merrick），那怪獸狀的顱骨，給了我既深刻又生動的印象，就好像在與他本人交談一樣。

但是我從不為了揚名立萬而刻意去調查那些著名的死亡案件。對我來說，那些無名氏的骨骸已足以令人驚嘆。我經手過一起最奇特的案件，主人公是一對曾經熱戀痴纏的男女，他們有著很普通的名字：米克（Meek）和詹寧斯（Jennings）。我的工作是把這兩人遭焚燒、碾壓再混雜在一起的上千塊碎骨從一個屍袋裡倒出，盡我所能去拼回原狀。一年半後，當我最終完成這項工作時，得到的是深深存在於我們所有人身體最中心的，在我們經過切割、焚燒、解體或腐化之後最終留存的，我們身上最強壯、最堅強和最不易被毀壞的，我們最穩固的同盟、最可信的夥伴，我們死後仍然長期延續的存在：也就是我們的骨骼。

我經常思忖自己是否有性格缺陷，讓我對和死亡有關的事著迷。我總是期望看到人類存在的事實真相，不管那有多麼醜陋。從年少時開始，我就想看到生命本身的樣子。我並不想透過渲染過的報紙專欄報導或者電影膠卷上忽隱忽現的畫面去看，我想看到是未經處理過的現實版本。這不是說，我想從列印整齊的驗屍報告裡，或者喪葬現場不銹鋼棺材中被鮮花環繞的屍體上了解死亡，我畢生所感到好奇的，是死亡本身，和它實際發生的過程。

一九三七年八月七日，我出生在德克薩斯州的達拉斯（Dallas）。我的祖父是衛理公會的傳教士，外祖父是個馬鞍匠。我父親是一名銀行家，他四十歲時死於癌症，當時我才十一歲。父親是一個有著很高的道德標準，並且重視教育的人。我生長的環境裡充滿了各種圖書和《科里爾週刊》（*Collier's Weekly*）、《週六晚間郵報》（*Saturday Evening Post*）這類報刊雜誌。在我們家的書房裡，字典是最常被用到的一種書，閱讀對我來說就像呼吸一樣自然。在父親去世九個月前，我就知道他不會康復了，誰也無力回天。這帶給我莫大的悲痛。但是在最後的日子裡，他留下的話語又讓我充滿自豪。那次，他正在向我母親交待一些後事，他囑咐她一定要讓我那運動健將的哥哥考上大學。但他沒有提到我。

「那比利呢？」我母親問他。

「不用擔心比利，他會沒事的。」父親說。他臨終前對我的信心讓我一生銘記。

在我腦子裡深深扎根的，還有童年時一樁帶有啟示性的事件，這和一九三〇年代的鴛鴦大盜傳奇中的女罪犯邦妮．派克（Bonnie Parker）有關。她和我的人生交會過兩次，雖然在我出生之前她就已經死了。邦妮是達拉斯人，她第一次遇見從韋科（Waco）來的克萊德．巴羅（Clyde Barrow），是在達拉斯附近靠近三一河谷（Trinity River Bottoms）的「水泥城」（Cement City），她在那裡當女招待。隨後，這對情侶一路殺過德州和中西部地區。在我的孩提時代，他們的故事仍然鮮活，當時我家正好就在達拉斯警署副警長家對面。

這位副警長是我父親的朋友，有一天晚上他來到我家，帶來了邦妮．派克和克萊德．巴羅的屍檢照片。我獲准觀看。那是我第一次看屍檢照片，立即被深深吸引住。那時我才十歲出頭，非但沒有被嚇壞，反而著了迷。

幾年後，我偶然在一個埋葬著我家祖輩的公墓中走過，一塊墓碑上鐫刻的銘文映入眼簾：

就像花朵因為陽光和雨露
才變得更為嬌美
這個古老的世界因為曾經有你
才變得更為亮麗

這行小詩的上面刻著：

邦尼．派克
1910.10.1—1934.5.23

我驚呆了。這行詩也許應該用來形容一名孩童或者少女，而不是一個被一排子彈擊斃、抽雪茄的凶手！

後來我拍下了墓碑的照片。之後很多次的講座上，我會先把那句小詩的照片展示出來，而下一張則是完整墓碑的照片，包括上面的名字：邦妮・派克。從在達拉斯那個墓地看到那塊墓碑，我開始意識到每一個人，從最邪惡的連環殺手，到天使一樣純淨的無辜者，生前都曾經被人愛過。受害者和凶手都是人。他們或者無助地，或者自願地選擇了他們的人生道路，但是路的終點是一樣的，那就是墳墓。所有這些人都需要並且理應得到像我這樣的調查者細心而冷靜的檢證。我們一刻也不能忘記，我們這樣做，不僅是為了法庭或者公眾，我們在檢驗檯上看到的屍體都首先和受害者的家人、凶手的家人緊密相連。陽光和雨露看上去和顯微鏡以及解剖電鋸相去甚遠，但它們仍然是一個不該被忽視的側面。我太太的父母，我的外祖父母和我父親都葬在那塊墓地，邦妮・派克同樣躺在那裡。

我的成長環境無關宗教，卻有一套嚴格清晰的道德價值觀。謊言和懶惰對我來說比最駭人的屍體還要可惡。如果你想探詢人類的靈魂是否存在，或者衡量是否有來生，那麼你最好到本書之外去尋找答案。雖然我見過徹頭徹尾的魔鬼和他們的行徑，但我從未被嚇倒過，也對成為魔鬼的卑劣途徑和手段不感興趣。對於生活的陰暗面，我並無個人喜好，也從未試圖爬進街溝或者透過下水道濾網去探尋生活中的污穢行為。我對酒吧、夜店和妓院不感興趣，雖然我曾被拉去處理和檢查過那些常客們的屍體。

每當被問道我為什麼會從事法醫人類學，我都會告訴他們，是好運氣和古怪性格的聯合作用。我還是德州大學一年級新生的時候，完全出於偶然選讀了第一門人類學課程。當時，課程登記的時間馬上要截止了。我們這些新生永遠被排在最後選課，所有生物學的入門課程都已滿額，輔導員便建議我選修人類學做為替補。

「好吧，那是什麼課？」我問他。

「試聽一下吧，也許你會喜歡的。」他回答。就這樣，我跑去修習體質人類學。整個大學期間我都在主修英語文學，輔修人類學，直到畢業前一學期，才把人類學轉為主修專業。這門專業有一科必修課是高級體質人類學，主講人是一位甫就任不久的老師，他叫湯姆．麥肯（Tom McKern）。

除了我父親，麥肯是對我人生影響和指引最大的人。麥肯……就是麥肯。他很有個性，天生是當老師的料。他充滿人格魅力，是個傑出的講師。我很快了解到麥肯出生在東加（Tonga），父親是一名考古學家。麥肯有著豐富的海外經驗。他曾經在東京的一個實驗室工作過，鑑定二戰期間在硫磺島陣亡的美軍士兵遺骸。後來還去過韓國。在被送去鑑定的硫磺島戰役遺骸當中，竟有一具是他最好的朋友，他結婚時的伴郎。有著非凡經歷的麥肯，周身彷彿有種光彩圍繞，每一位與他接觸過的學生都被他迷住，對他印象深刻。正是他，讓我也想成為這樣的人：一名法醫人類學家。

第一堂課，麥肯只是簡單點個名然後就宣布下課了。我們幾個人留下來跟他聊天。他解釋了什麼是法醫人類學及其涵蓋的內容。他向我們講述出庭作證和調查謀殺案的經歷。他說，做這種獨特又迷人的工作可以每天多掙得一百美元，只要你能出庭。我們都對這一大筆錢感到震驚！那次談話最多持續了半個小時；但是半小時後，當我走出教室時，就知道自己這輩子想做什麼了。

我從十八歲起，就開始自食其力。我從事過一連串非常、非常奇特的工作來負擔我的大學學費。我曾在一間私人療養院擔任助手，有時候不得不制服有暴力傾向或者出現幻覺的患者。我也曾經坐在殯儀館的救護車上，熟練地從副駕駛的位置探身出去，朝車禍現場扭曲的屍體身上拋擲印有我們標誌的床單。各殯儀館之間對新生意的競爭非常激烈，這讓我們的工作有些像「死亡牛仔」的比賽，哪個牛仔的繩圈最先套到小牛的脖子上就算勝利。只不過我們用的不是繩圈，而是床單；我們要套的不是小牛，而是屍體。

在德州的星空下高速追逐，那是狂野十足的日子。我們會像地獄飛出的蝙蝠一樣，衝到事故現場，冒著生命危險把死者從瀝青路面上抬出來，贏得那場競爭。我們趕到那裡的速度常常比受害者死在那裡的速度還快。我們的救護車最高時速一百零五哩（逼近一百七十公里），配置的是低速變速器。我們競爭對手的車時速可達一百一十哩（相當於一百七十七公里），配置的是高速變速器。變速器的區別在於，對手可以在鄉間平坦的土路上讓我們望塵莫及，但是在城裡，低速時加速更快的我們就能把他們甩在身後。

當我們以這種生死時速飆車的時候，還沒有安全帶這回事。

無論我們怎麼說，殯儀館的老闆就是不肯花錢購買保護裝置。那老頭是號人物。我記得他拿出一疊城裡每一家改裝車協會的會員卡——他在每家都入了會——像洗牌似的，在桌面上得意洋洋地把玩著那堆卡片……「看見了嗎？」他笑得很邪惡，「每一樁都是喪事！」

後來有天夜裡，老闆自己開著救護車上路時，他目睹了一場極其慘烈的車禍。一輛砂石車撞上了一輛小轎車的後護板，把小車撞得飛轉起來。小車的司機沒有安全帶，像遊樂場裡盪鞦韆的小孩一樣被甩了出來，又落在卡車前面。卡車的前輪把他的頭壓扁了。我老闆的鐵石心腸被那具屍體血肉模糊的慘狀觸動，不久之後，他就為我們的救護車裝上了安全帶。

我以前也參加過葬禮，但直到在殯儀館打工時，我才第一次看到棺材之外的屍體。就在我上班第一天的夜裡，一通電話把我們叫去奧斯汀（Austin）的一處住宅，說那裡有個女人胸口劇痛。我們抵達時，她蜷縮在床和牆壁之間的地上，幾乎什麼都沒穿。她還活著，我們盡量輕輕地把她抬出來，送上擔架，抬進救護車，在去醫院的路上給她輸了氧氣。我一路上都在安慰她；結果，在她進到急診室幾分鐘之後，我卻眼睜睜地看著她死去。

一位姓沃森（Watson）的老法官——我忘了他的名字——前來宣布她的死亡原因。法官的頸椎都擠壓在一起以至於沒辦法轉動腦袋，所以他只得把整個身體、肩膀連同頭部一起扭動。他來了之後，低頭看著屍體，然後像個燈塔一樣左右轉了半分鐘，吐出兩個字：

「心梗！」

這就是全部。這就是最終的宣判。對這個女人來說，這是她最後一次接受權威的管制。她好像沉入了一片黑暗之海。脖子僵硬的老法官蹣跚地走出了房間，留下我們和那具沉默的軀殼。那兩個字是她當晚最終、也是唯一的墓誌銘，而這種突如其來的結局讓我震撼莫名。

那些日子的某些場景仍然深深印在我的記憶中。我記得某個深夜我們被叫到一個家暴現場，一名跛腳的丈夫用拐杖和四柱床的黃銅床腿痛打他的妻子。我也記得另一起案件，一個男人在參與鬥毆時被人用番茄醬的瓶子擊中了頭部。我們到達的時候，整個現場看上去就像翻滾在紅色的海洋裡。我可以忍受流血的場面，但是我受不了血的氣味。我覺得一個人的身體裡不可能流出那麼多血。確實不能。那片紅色海洋的一部分是番茄醬。那男人活了下來，也許之後又會去參與別的毆鬥。我還記得自己曾經從一輛傾翻的汽車下方救出一名年輕人。他斷了一條胳膊，呻吟著問我要把他帶去哪裡。一聽到我說「醫院」，他就用斷臂和另外那隻完好的手臂掙脫我，試圖逃跑。我能做的只有把他按住——原來，那輛車是他偷的。

在那些夜晚我見識了許多恐怖的景象，但我不能眨眼分神或者轉身走開。我的工作全賴於此。一段時間之後，它變成了對我意志的考驗，看我是否足夠堅強，能夠毫不畏縮地直面各種事故的慘烈後果。急診室人員也要面對相似的情形，但是我認為他們看到的傷患，已是經由我們這些開救護車的人處理得相當乾淨以後的模樣。我們一到現場，就被捲入全然的混亂中：天色很黑；汽車或者翻覆，或者正在起火；人群在尖叫，員警狂喊著；玻璃碎裂；空氣中瀰漫著灑落的汽油和燒焦血肉的新鮮氣息。在車禍現場出現的戲劇性場面比之後在急診室裡出現的要多。醫院裡是沒有陰影的，一切都潔淨、明亮，沒有異味。乾淨的床單和閃亮的器械營造了一種相對冷靜和可控的氣氛，恐懼感已經開始退去了。

我第一次觀看屍檢是在十八歲那年。那時，奧斯汀市的大部分屍檢都在殯儀館裡進行，現在很多地方依舊如此。病理學家會趕來進行切割、秤重和拍照的工作。有的專家對我們這些外行很和善友好。他們允許我們留下來觀看，並且在過程中隨時提問。慢慢地，我開始接觸腐爛和嚴重受損的屍體。我工作的殯儀館有一項契約工作是處理軍事飛機墜毀後的士兵遺體。我見過幾乎被燒成焦炭的屍體，也見過從墨西哥灣裡打撈上來，泡得發白的飛行員屍體。很多個夜晚我都睡在停屍間裡，那是很奇特的經歷，那些堆積如山、裝有燒焦屍體的屍袋與我僅一門之隔，我透過門上的玻璃窗就能清楚地看到它們。也是在這段時間，我慢慢培養出一邊和死屍相伴，一邊吃東西的能力。我還記得有某次屍檢結束後，我在解剖室吃辣椒乳酪堡，我仔細地查看了漢堡的內容，然後咬下一口，再一口，再一口。

我見過強悍的員警用抽雪茄來驅走鼻孔中充斥的屍臭味。記得有一次，法醫一邊在一具燒焦的屍體上切開已經半熟的軟組織，一邊幽默地說：「好吧，我想今天午餐沒人想吃烤肋排了吧。」——然後，只見幾個因為噁心而臉色發青的員警忙不迭地從屋裡跑了出去。

我的生活出現了一種很奇特的「雙重人格」的狀態。白天，做為一名英國文學的本科生，我會凝視狄更斯、特洛勒普（Trollope）和莎士比亞的榮光；夜晚，我會進入另一個充滿可怕痛苦、殘酷不幸的世界，充滿火焰和螺紋鋼的世界，充滿瘀傷、骨折和流血的世界。我研究十四行詩，也研究自殺。我看到悲劇被印刷在紙上，也蜷伏在柏油馬路上。我解構英格蘭不朽的詩篇，也見證德州的男女死者躺在不銹鋼的解剖檯上，在燈光下，被小心地切成一片片。

然後，我畢業了。一九五九年一月我從德州大學獲得了學士學位，之前一個月瑪格麗特和我結了婚。麥肯鼓勵我跳過碩士，直接攻讀人類學博士學位。由於德州大學沒有人類學的博士課程，麥肯建議我報讀其他學校的課程，而他可以私下指導我。但我還是決定先讀完碩士。

這個決定並不高明。我在研究所疲於奔命，試圖藉由兼職實驗室技師和批改試卷的助教來保持收支平衡。有個夏天我打了兩份工，每週要工作四十四個小時。一份工作是在兒童啟智學校擔任體育主任，另一份是醫院看護工。同時我還要兼顧全日制的碩士課程。一年半之後，我完全筋疲力竭。我知道，長此以往我將一無所獲。所以，當瑪格麗特拿到她的教育學學位之後，我離開了學校，搬到達拉斯，在哈特福（Hartford）的一家保險公司擔任調查員。

一位年長的病理學家曾經告訴我：「當你有所懷疑的時候，往壞的方面想，百分之九十的情況下你是對的。」這是個很好的建議，在調查保險索賠時，我屢試不爽。雖然我很厭惡這份工作以及因而接觸到的那些人間敗類，但現在回想起來，那是我日後成為法醫人類學家所獲得的最好鍛鍊。如果一個年輕人想迅速了解他的同類能夠卑鄙到何種程度，那就讓他去做保險索賠調解人吧。在他天真的靈魂裡，無論有什麼樣無私善良的花朵開放，我保證在六個月之內都會被連根拔起。同時，他將見識到一些人為製造的最逼真、最智慧又可信的假象；是的，我就經歷過。

我不應該糾結於當年曾經揭穿過的謊言。我學會了辨別那些精於在車輛前突然倒下的人。我了解那些「速停藝術家」，他們可以隨時立即剎車引發追尾。我看過理療師和脊椎科醫生就脊椎傷害案件所寫的雲山霧罩的報告。我也了解到那些聲稱受害者有「永久性傷害」的報告是如何寫出來的，即使實際上一點輕微傷害的痕跡都沒有，而醫生也很清楚這一點。那麼，他們怎麼會做出「永久性傷害」的診斷？很簡單：**現在**也許沒有任何永久性傷害，但是，他們向我們保證，由於這次事故，能夠引發今後很多的「永久性傷害」！

我曾經和那些混蛋律師進行過荒謬的會談，雙方之間根本毫無信任可言。我會跟某個律師談話，我**知道**他在扯謊，我也知道他明白我看得出來他在扯謊。但我們還是得繼續談，面色嚴峻、貌似理智、語氣沉重，好像一場鬧劇中的兩個主角，被濃霧一樣充滿房間的欺詐氣氛完全包圍。

也不是所有的錯誤都在受害人一方。我也見過即使事故在他們的責任範圍內，卻不願賠付的保險公司，他們的手段是讓得到消息的理賠調解員先於律師趕到現場，並且從受害者那裡得到沒有受傷的聲明。

那段每天與卑劣行徑打交道的經歷，極大地打擊了我對人類的信心。到最後，我腦海中響起顫抖的悲鳴——「萬事不由人計較，一生都是命運安排」，像是敲響的警鐘。所有這些謊言和冗長的廢言讓我逐漸形成了對真相的無限渴求。我意識到，真相是那麼寶貴而稀有！

那些日子形成的存疑態度一直伴隨我此後一生，讓我成為一名更加敏銳的調查員。幾年之後，我發現一名研究生在非洲進行靈長目研究時，偽造了現場實習紀錄。根據他的報銷收據和汽油里程數顯示，他不可能真的去了實習地點。我開除了他，並且讓他回家。當我遞給他機票時，他悔恨地對我說：「你總是明察秋毫。」

但是，那段時間我過得很慘。我告訴瑪格麗特我想重返象牙塔，回大學讀書。我想從保險業那無盡的衝突、爭吵和不誠實中離開。我寫信給我曾經的老師湯姆・麥肯，向他詢問我是否有潛力成為一名法醫人類學家，並以此為終身職。

麥肯回了信，主要意思就是：「來吧！」於是，我回到學校。我在短時間內取得碩士學位，我完成了關於卡多印第安人（Caddoan Indian）骨骼的畢業論文，託人替我遞交上去。得知自己碩士畢業的消息時我人正在肯亞，為一個研究專案抓捕狒狒。那一年我二十四歲，成了一名人類學家。

靈長類動物都不太適合當作寵物，人類也不例外。我們和我們的近親們——大猩猩、黑猩猩、猴子，包括狒狒——都不容易被馴服，都有很強的自尊心和獨立意識，但有時又奸詐、貪婪、好鬥與殘忍。我的左臂上有一道很深的傷疤，是被一隻老狒狒咬的，我的尺動脈被劃開，差一點那條胳膊就報銷了。但我並不恨牠，牠有理由跟我幹仗，在牠的眼裡我肯定是錯的一方。在肯亞，我用麻醉針刺向牠，想活捉牠運回美國的實驗室。如果我是那隻狒狒，也會想要把我弄死的。

在非洲的日子給我留下的記憶遠比我手臂上的舊傷來得刻骨銘心。我得了兩次瘧疾。我曾不得不面對憤怒的馬賽人，他們手持長矛，膝蓋彎曲，沉醉於腎上腺素過度分泌的興奮中。我曾與精力十足的南非黑水牛正面交鋒，牠們俯身衝向我，把我拱倒在泥地裡，就在尖利的犄角即將刺穿我的胸膛時，我及時擊斃了牠們。如果要我選一樣世界上最讓人害怕的東西，一定非南非黑水牛莫屬；和牠們那巨大的體魄及易怒的性情相比，那些討人厭的部門主任或者預算委員會根本不算什麼。

在我的記憶中，肯亞永遠是壯麗的。三十年前那段魔幻般的日子裡，我和妻子還在發現彼此的過程中，在那個能夠想像得到的最富異國風情的美麗環境裡，我們真心地想共組建家庭。我們的兩個女兒都是在奈洛比（Nairobi）出生的。

在肯亞的日子更加證實了我選擇了正確的道路。非洲賜予我的禮物我一直視若珍寶，它們讓我成為更好的教師，讓我在科學研究上的視野更加深遠寬廣。這個世界上沒有比廣袤的非洲大地更棒的人類學實地實驗室了，它有著令人震驚的自然景色，也有「血淋淋的牙齒和爪子」，一切都充滿了深邃的野性之美。那些存在我腦海裡的理論突然就活生生地躍然眼前。在我辦公室的架子上，保存著一具接合起來的狒狒骨架，它時常讓我想起記憶中的肯亞和坦尚尼亞：乞馬納（Kimana），海明威曾在那裡露營，眺望吉力馬札羅山（Kilimanjaro）的雪；藍色的凱烏魯山（Chyulu Hills），察沃國家公園（Tsavo National Park），曼雅拉湖（Lake Manyara），獅子在那裡的樹上懶洋洋地棲息，爪子耷拉下來；還有迷人的塞倫蓋提平原（Serengeti Plain），馬加迪湖（Lake Magadi），納特龍湖（Lake Natron）和古魯曼懸崖（Ngurumani Escarpment）……

我時常把在非洲的見聞結合到我的人類學課堂上，我覺得那樣可以讓講課更加有趣味，也更加實際。我可以根據自己的親眼所見告訴學生們，獅子會吃這個而不吃那個。我可以糾正他們對於狒狒的誤解，很多教科書上都說狒狒是絕對的素食動物，但是我親眼見過牠們啃咬新鮮的小羚羊、雞和其他鳥禽。這些知識都是課本上學不到的。那幾年在非洲的經歷幫助我度過學術生涯的貧瘠期，賦予我新的研究方向，我也因此獲得了終身教職。

一切都是那麼美好。清晨，我們拿芒果和木瓜當早餐。白天，時常看見劍羚、牛羚和斑馬在平原奔跑、歡跳；大平原在黃昏或者暴風雨來臨之前變成藍紫色，向著地平線無盡蔓延伸展開。到了夜晚，群星閃耀，夜空清澈無比，借助月光就可以閱讀。我們的衣服時常被一種當地人稱作「留步」（wait-a-bit）的荊棘刮破，我們還在篝火旁燒烤剛剛捕獲的小旋角羚（Lesser kudu）和黑斑羚（impala）。夜深了，「叢林寶貝」（bush baby）——一種眼間距寬大，學名叫做嬰猴（Galago senegalensis）的低等靈長類動物——總是在我們的帳篷頂上跳來跳去，仿佛那是一張巨大的蹦床。牠們跳起來去抓那些被我們露營的燈火吸引過來的飛蟲。

在那些充滿驚險的日子裡，我曾奮力地逃離叢林大火。我學會了駕駛飛機，並且越過東非大裂谷（Great Rift Valley）：那是一條把東非切成兩半的巨大地理鴻溝。我們穿過恩戈羅恩戈羅火山口（Ngorongoro Crater），這座巨大的死火山山體涵蓋一片覆蓋數百平方哩區域偌大的生態系統，常年碧綠，美麗得如同失落的伊甸園。我帶著妻子和年幼的女兒造訪神祕的奧杜瓦伊峽谷（Olduvai Gorge），在那裡，我們回溯到時間的最深處，人類在這個星球上最早存在的痕跡就是在那兒發現的。在當地從事挖掘工作超過三十年之久，世界公認為人類學大師、偉大的路易斯．李奇博士（Dr. Louis Leakey）*熱情地招待我們共進午餐，並親自下廚拌沙拉。我仍然保存著那次聚會時拍攝的八釐米舊影片，影片裡李奇博士在峽谷的一側攀爬，下意識地撓屁股，那是幾百萬年前，在同一座峽谷裡，任何一個更新世原人都會做出的動作。

我始於一九六二年的非洲之旅，有賴於我的老師湯姆．麥肯的鼎力協助。那段時間，總部設在聖安東尼奧（San Antonio）的西南教育研究基金會（Southwest Foundation for Research and Education）對於捕捉狒狒很感興趣。研究表明，狒狒與人類有某種特殊的共性：牠們在飲食正常的情況下，也會罹患動脈粥樣硬化，也就是動脈阻塞這種疾病。任何其他動物如果被強行餵食富含膽固醇的食物，都會導致動脈阻塞，但顯然狒狒和我們人類吃一樣的東西也會罹病。這讓狒狒成了一種很有研究價值的動物，而這個基金會很想獲得一些樣本。

* 編注：路易斯．李奇博士為著名的英國人類學家與古生物學家，對其妻瑪莉．李奇（Mary Leakey）發現的東非人頭蓋骨的敘述和分析，影響了人類演化理論。

我於一九六二到一九六六年年間，曾兩度造訪基金會位於肯亞的靈長類動物研究中心。我們一共捕捉了幾百隻狒狒並運回美國，牠們的後代現在還生活在這個國家裡。得知一九八四年在加州進行的那次具爭議且並不成功的心臟移植手術裡，那隻心臟被移植給「嬰兒菲伊」（Baby Fae）的狒狒就是我在肯亞抓到的狒狒的孫輩，對此我並不吃驚。

之前我只在書本中和動物園裡見過狒狒。現在我必須在野外研究牠們。我很快就掌握到一些基礎知識。狒狒通常集體行動，種群數量大約從三十到兩百多隻。狒狒的性別形態差異（sexual dimorphism）非常明顯。雄性和雌性在體型上明顯不同。雄性狒狒的體重為四十至六十五磅。雌性則小得多，體重為二十至三十磅。狒狒具有攻擊性，但在大多數情況下，牠們並不會主動攻擊人類，除非被捕捉，或是小狒狒在父母眼皮底下遭到人類攻擊。牠們對自己的後代有極強的保護意識。

我們有很多種方法捕捉這種動物。最常用的一種陷阱是堅固的圓柱狀金屬網，約莫五呎高，在頂部和底部焊有更多的金屬網格。這種圓柱狀籠子裝有一道三十吋寬的滑動門，可以透過金屬滑條開啟或者關閉。

在圓柱狀的陷阱籠裡，我們會放入一個小木板架，再用兩根棍子支撐，高高懸起——到一個狒狒站在籠子外伸手搆不著的高度。我們在這些架子上放上誘餌：玉米。狒狒非常愛吃玉米。我見過牠們衝進玉米田時貪婪的醜態，牠們在兩隻胳膊下各夾一穗玉米，然後又伸手抓取更多玉米，之前夾著的玉米就掉到地上，新摘的玉米又被夾住，很快地又因為下一次偷竊而落在地上。一排玉米田被蹚過之後，狒狒夾著兩穗玉米鑽了出來，後面留下了一條大道，鋪滿了被牠們掰掉和散落的玉米。牠們是最能浪費的竊賊，永遠偷的比能拿的多。我也見過有類似習性的人類，不過那是另一個故事了。

誘使狒狒進入陷阱是一項費時的任務，需要耐心謀劃。首先，我們在一塊經過適當清理的空地撒上一些玉米。然後擺放陷阱籠，設置好之後，周圍再撒一些玉米。在陷阱裡也撒上玉米，並且打開籠門。接著，在籠裡的架子上擺一穗玉米，門仍保持敞開。最後，當狒狒洋洋自得地完全被迷惑住，以為自己找到了一個無限量供應免費食物的寶庫時，殊不知我們已經把繩子的一端綁在那根玉米上，另一端則拴在陷阱籠的滑動門上。

砰！狒狒一旦抓到那穗玉米，那根靠不住的繩子就會斷掉，陷阱門則猛地向下關閉。當我們到達現場時，會看到一些非常憤怒的狒狒吱哇亂叫著，從金屬網的陷阱籠子裡朝我們張牙舞爪。需要提到一個有意思的現象，那就是這種動物很少會聰明到把門推上去逃走。而且牠們總是把玉米吃得乾乾淨淨，一點都不浪費被捕獲後的時間。

現在牠們在我們的控制之下了，接下來的步驟就比較棘手：把狒狒弄出陷阱，帶回營地。我們用一個連接著粗針管的針頭給牠們注射鎮靜劑。我後來了解到，這種麻醉劑在當時還是試驗藥品，學名是苯環利定（Phencyclidine，簡稱PCP），現在因為是非法藥物「天使塵」（angel dust）的主要成分而為人所知。每次我們需要搬運動物時，它都很好用。但是我們發現，使用兩三劑之後，每當我們拿著裝滿藥物的針管靠近，動物就會變得暴力且難以控制。我只能想像牠們在這種藥物的作用下並不好受，所以自然會痛恨它。

通常我們的方法是準備好針劑，然後接近陷阱籠。被困住的狒狒這時多半會從門口跳開，我們會抓準時機，在牠們大腿扎上一針，並迅速把藥推進去。劑量的多寡是大致估算的。我們看看狒狒，目測一下體重即可。注射之後沒多久，狒狒就變得昏昏沉沉。然後牠們會搖晃、轉圈，最後倒在陷阱籠的地上。我們稍等片刻，再踢踢籠邊，看看牠們有什麼反應。然後，關鍵的時刻來了，我會打開籠門，抓住那隻毫無生氣的狒狒的後頸和尾巴，把牠拽出籠子。快速果決地行動是關鍵，一抓、再抓、三拖、四舉。如果你的動作夠快，抓得夠準，那麼狒狒就很難轉過頭來咬你。

這套流程我早已駕輕就熟地執行過無數次。對我來說是例行公事，習慣成自然。然而有一天，當我從陷阱籠中拖出一隻雄性老狒狒時，一切都不對了。我抓住了牠的脖子和尾巴，這沒有問題，完全按照計畫進行。就在我把牠從一側拋上皮卡車的車廂時，牠的腦袋突然動了，牠看上去非常柔弱無力，彷彿是由於重力作用耷拉下來的。

但是下一個瞬間，這狡猾的老傢伙就恢復了神智，用牠鋒利的犬齒咬住我的胳膊，牠那獠牙有幾吋長，內弧的部分猶如刀刃一般。它像一柄短劍刺穿我的肌肉，而我在驚訝之餘竟然感覺不到任何疼痛。我旋即把這頭野獸撲倒在地，拚命地按壓住牠的頭。倘若牠用強而有力的四肢把我的手臂推開，牠的牙齒會毫不留情地把我手臂的肌肉和動脈完全撕扯開來。根據我的經驗，這是狒狒的一貫戰術，牠們咬住敵人，然後把敵人推開，讓牙齒把對方的肌肉撕裂。

我用被刺穿的手臂把那隻野獸按倒在地，然後用左手的拳頭猛擊牠的顴骨弓——臨近顴骨的那部分頭骨。後來我費了些時間才把牠的嘴給扒開。我小心翼翼地把那血淋淋的長獠牙從我的手臂上拔出來。而張著血盆大口流涎的老狒狒終於昏昏沉沉地躺在地上一動也不動了。我開車趕回營地時，鮮血一股股從傷口處湧出，我的尺動脈被咬開了。到達營地後我跳下卡車，跑進帳篷找急救箱，然後把皮膚消毒劑澆在傷口上。那種感覺就跟燃燒彈差不多。我為傷口纏上加壓敷料，接著趕緊口服可以對抗感染的紅黴素。最近的醫院位在一百四十哩外的奈洛比，但是在我出發之前，我還得把所有陷阱的機關打開；根據肯亞的相關規定，我們不在的時候，不能有狒狒因此挨餓。我必須給那隻咬傷我的狒狒再打一針苯環利定。這次我特別謹慎地估算了劑量。

我在劇痛籠罩下驅車前往奈洛比，路上的每一次顛簸都加重了我傷口的疼痛。當我蹣跚地走進醫院急診室時，值班護理人員說的第一句話是：「看他的臉色，他要休克了。」我記得自己在恍惚間，心想：「天哪，我要休克了。」我的手臂看上去像是大力水手，尺動脈湧出的鮮血讓它腫得相當厲害。

接下來是並不好過的康復期。儘管我在營地服用了紅黴素，大腸桿菌仍在傷口處增生擴散。我的手臂腫脹得一發不可收拾，它看上去不像是我的手，倒像是一具屍體的。睡覺時，我把手臂使勁地伸開，盡可能讓它離身體愈遠愈好。有段時間，手臂看起來像是要被截肢了一樣，但隨著時間推移和大量浸泡瀉鹽，腫脹終於逐漸消退，傷口也被清理乾淨。差一點我這條胳膊就廢了。

儘管如此，我非但沒有因為受傷而對肯亞產生反感，反而比以往任何時候都更加喜愛它，這個國家像是通過我手臂上的洞進入了我的內心。斯瓦希里語（Swahili）的隻言片語還時常突然出現在我的腦海裡，縱然隨著時間流逝而支離破碎，但是我能記住的部分依然在耳邊美妙地縈繞。我記得開罐頭器叫做「tinikata」，四輪車是「gari」，火車是冒煙的四輪車「gari la moshi」。至今我仍使用一些斯瓦希里語，因為它們有很強的描述性。一個野蠻的、未開化的人稱為「shenzi」。一場徹底的慘敗是「shauri」。佛羅里達州的一位法醫也曾在肯亞生活過一段時間，能用一句「Jambo, Bwana」（你好，先生！）和他問候，並得到相同的回應，是一件很讓人高興的事。

艾薩克・牛頓（Isaac Newton）曾經如此讚頌過科學界的先驅，正是在前人研究成果的基礎上，他才發現慣性定律。「如果說我看得比別人更遠，」牛頓說。「那是因為我站在巨人的肩膀上。」對我來說，我是站在狒狒的肩膀上，但我仍然很感激。

2 健談的頭骨
Talkative Skulls

人們開始看到，要想構成一場完美的謀殺，除了殺人的和被殺的兩個傻瓜，一把刀，一個錢包，一條黑暗的街巷之外，還有更多的元素。計謀，紳士們，集會，光與影，詩歌，感情，現在都成為謀殺發生時不可或缺的動機和企圖。

——湯瑪斯・德・昆西（Thomas De Quincey），
《論謀殺做為一種精緻藝術》
（*On Murder Considered as One of the Fine Arts*）

亞瑟・柯南・道爾爵士（Sir Arthur Conan Doyle）最著名的短篇小說中，有一篇叫做〈柯雷布的實踐〉（Crabbe's practice），講述一名年輕醫生為了在事業上站穩腳跟、獲得更多病人而不擇手段。為了提升自己的學術聲譽，他在一本醫學專刊上發表了一篇博大精深的論文，文章有個古怪的標題：「Discopherous骨在鴨子腹中的奇妙成長過程」（Curious Development of a Discopherous Bone in the Stomach of a Duck）。後來他向一個朋友坦言，那篇論文是編造的。這位年輕醫生某次吃烤鴨的時候，在鴨肚裡發現了一塊象牙多米諾骨牌（domino），他就把這件事改編成研究論文。Discopherous

是希臘文，就是「圓方位角」的意思，在這裡是指骨牌上的圓點。

柯南・道爾本人也是醫生，知道自己在說什麼。任何在科學領域工作的人，都能理解職業生涯初期的那種灰心喪氣和躊躇滿志。當我們回憶那些艱難困苦的日子時，很少有人不暗自發抖，隨後又頓感安慰，因為一切都已過去了。少得可憐的薪水和拮据的財務；徹夜的苦讀，與瞌睡的奮戰；一個接一個的可怕考試；一錘定音的博士論文答辯；大學生活中防不勝防的惡意嫉妒；在發表文章、獲得教職、得到業內肯定的道路上那無休止的掙扎——所有這些苦惱在學術界都眾所周知，有些人為此被逼瘋，甚至自殺。有些人是這樣，但我不是。

早年在德州殯儀館的救護車副駕駛座上的那些經歷，向我揭示了生活的另一個層面，那是書本無法傳授的。那些苦難的場面給予我一定的心理平衡，同時還讓我保留了勇氣，使我日後能夠用它來應付大學生活裡遇到的各種考驗。當你目睹過屍體在熊熊大火中被燒成灰燼，或者被滿載的一卡車磚塊壓碎成一灘爛泥，或者被飛機墜毀的恐怖力量剝離骨架僅剩皮肉，那麼學術生活帶來的困難和痛苦根本嚇不倒你。你告訴自己「還有比這更糟的」。而如果你所指的「更糟的」事情，是高速公路旁的渠溝裡已經死去十二小時的屍體，你就知道自己所言非虛。

我第一次被要求給出關於頭骨的專業意見，是在研究生期間，當時我還在湯姆・麥肯的實驗室裡工作。那是我人生的「分水嶺」，因為那是麥肯首次幾乎（我不能說完全）平等地把我當成他的同事，並且重視我的獨立判斷。

那天早晨我到實驗室後，麥肯給我看了一個頭蓋骨，也就是沒有下顎的頭骨。它在奧斯汀附近的查維斯湖（Lake Travis）裡被發現的時候，有一根釣魚線繫在顴弓，也就是頰骨的地方。釣魚線的另一頭被綁在一塊大石頭上。

我拿起那塊還有些潮濕的頭蓋骨，注意力立即被它的上顎所吸引。那塊上顎的形狀尤其讓我印象深刻。在我眼前，它因為與眾不同而顯得格外突出。我盯著它，心生疑竇。我感到非常不安，因為顯然麥肯會根據我的回答來評價我。而我內心更大的不安是，我要給他一個連我自己都覺得不太可能的答案。最後，我鼓起勇氣說：

「我認為它是蒙古人種（黃種人），有可能是日本人。」我說。麥肯打量我很久，最後他說：「我也這麼認為。」

但我油然而生的得意之情很快就被麥肯潑了一盆冷水，他接著開始指出所有其他被我忽略的問題。憑著一個真正的法醫人類學大師的專業素質，他將那些我視而不見的細節一一揭示出來。在這種時候麥肯真的是光彩照人，我永遠不會忘記那些醍醐灌頂的時刻，他好像真的在讓頭骨說話。

我**沒有**注意到有一些牙齒是被膠水黏在牙床上的；**沒有**注意到顱骨外側有灼傷的痕跡。我也**沒有**注意到一個很明顯的事實：這塊頭骨被一根魚線緊緊地拴在顴弓的部分，這說明，當它被扔到河裡的時候，已經是乾燥的，上面也沒有附著皮肉。

麥肯指出所有細節之後，答案就很清楚了。我們面前這塊頭骨幾乎可以肯定是一件二戰紀念品，是被某個士兵從太平洋戰場帶回來的。灼傷發生在戰場上，也許是因為燃燒彈或者是飛機失事的烈火。牙齒因為骨頭乾燥而脫落，然後又被黏了回去。最後，或許這個士兵也為自己這種變態的愛好感到噁心，或許他已經去世，他的後人想把這件東西處理掉。但是怎麼處理呢？放在車庫裡可能會被發現，燒掉又太麻煩，埋掉也並不省事而且還會留下痕跡。最好是扔到湖裡！保險起見，再拴上一塊石頭！就這樣，這塊頭骨被拋向水面，伴隨著氣泡沉入查維斯湖的底部，再被發現純屬偶然。

我敢肯定，如今在日本的某個地方，會有一家人很想知道半個世紀前離家參戰的那個叔叔，那個父親，那個杳無音信的親人的下落。但是，他們永遠也不會知道了。而這塊頭骨的日本主人，又怎麼會想到，經歷了太平洋上壯闊而殘酷的戰爭之後，曾經承載著他腦中夢想的這塊骨頭，最終的命運是被綁在一塊石頭上，沉入美國境內的某個冰涼的湖底，然後又被打撈起來，放在德州大學明亮的實驗檯上？

電視影集《法醫昆西》(*Quincy, M.E.*)給我帶來了無盡的煩惱和愉悅。當人們得知我是法醫人類學家時，通常他們的第一反應常常是「哦，就像昆西？」昆西是一名職業生涯中充滿了一連串戲劇性的成功的法醫。他吉星高照，經常能在幾小時或者幾天之內解決案子。如果昆西遇到了麻煩，他就會致電給實驗室裡聰慧敏銳的助手山姆，而山姆會在幾秒鐘之內把答案告訴他。山姆啊！我是多麼羨慕昆西有個忠實而永不出錯的山姆！如果能有個山姆那樣的助手，我們也會像晨星一樣閃耀的！有一集，昆西和山姆居然透過檢查股骨就判斷出屍體的頭髮顏色——這在科學上是完全不可能實現的。後來在美國法醫刑事鑑識科學會（American Academy of Forensic Sciences）的一次研討會上，我們一群法醫人類學家把這集的技術顧問拉到一旁。關於頭髮顏色這集，他被我們尖刻的問題逼到無路可退，最後終於承認，為了「使劇情向前推進」，他運用了「戲劇化的手法」。

我不是昆西。法醫病理學家和法醫人類學家的區別很簡單。病理學家有醫學學位，他們接受過病理學臨床訓練。幸運的話，他們也會接受一些法庭程序的培訓。佛羅里達州所有的法醫都是擁有醫學學位的法醫病理學家。在某些州，他們也同時擔任郡驗屍官，依法判定死亡原因。但是在其他地方，驗屍官可能沒有任何醫學背景；他可能只是當地一個誠實而敏銳的人。我知道的驗屍官中有加油站老闆、殯儀館經理，甚至還有家具銷售員。為什麼會有家具銷售員？因為早年間，這些零售商的店裡還經營棺材買賣。

儘管在大學裡修讀過人類學課程，擁有博士學位，但法醫人類學家並不是醫學博士。我們的主攻方向是人類的骨骼系統，研究骨骼在人的一生中的變化，跨越多個年代的變化，以及在世界不同地區的變化。我們的學科是體質人類學，或者現在稱為生物人類學的一部分，後者的範圍更為廣闊，研究整個人體及其所有變化。我的專業——體質人類學，又有別於其他領域，例如文化人類學或考古學。文化人類學家是那些出去探訪和研究異國部族的人，「在山野的部落間飄來飄去」，就像詩人魯德亞德．吉卜林（Rudyard Kipling）形容的那樣。考古學家則在亞洲、非洲和歐洲的山脊和洞穴裡，尋找古代和近代人使用過的工具和其他證明他們存在過的證據。

我的專業領域是人類的骨骼。雖然很多病理學家堅持在驗屍的時候自己進行骨骼檢查，但是我可以自信地說，在絕大多數情況下，一個法醫人類學家，比如我，都會在病理學家的發現之外再添加很多有用的資訊。我曾經在聽證會上讓病理學家面對骷髏骨架由衷地慨嘆道：「哇，我還真不習慣看這些沒有肉的東西！」

但是，從我一九五九年進入研究所到一九七二年得到第一個案件，中間的那些年是漫長而貧瘠的。麥肯的實驗室裡時常有些工作，偶爾會有一些來自非洲的骨骼需要正式鑑定，然而除此之外，那段時間我的職業紀錄乏善可陳。

當我打開檔案櫃時，那些饑渴年月的荒涼記憶就浮現在眼前。一九七二年我只有一個案子。一九七三年的一個案子突然點燃了希望之火：在距離我居住的蓋恩斯維爾（Gainesville）不到四分之一哩的地方，發現了零散埋葬的屍骨堆。這些屍骸是在鋪設新的公共設施管線時被發現的。我們一度擔心可能面對的是某個連環殺手行凶後可怕的戰利品。發現屍骨的地方是一所住宅的後院，屋主曾經是個律師，幾年前自殺身亡。一時間各種奇談怪論四散流傳開來……

警方請我和三位大學裡的考古學家一起調查此案。我們擠進一輛廂型車，奔赴現場。幾個小時之內，我們找到了釘子、螺絲等用在棺木上的零件，這些都表明，我們面對的不過是一個二十世紀初期的墓地。整件事的結局就是虛驚一場。

一九七四年，我有兩個案件。一九七五年，還是兩個；一九七六年，兩個；一九七七年，三個；一九七八年，十二個案件！從那以後，我參與調查的案件開始像滾雪球般愈來愈多。

一九一七年，當佛羅里達自然歷史博物館按政府法令規定接受資助成為佛羅里達州立博物館的時候，它的職能之一，如法律原文所述，是博物館要在「鑑定標本」方面向州政府提供協助。我不知道立法者當時能否想到在那些「標本」裡頭會有人類的遺骸，更不用說那些遺骸也許是謀殺犯或者瘋子的傑作。但是這麼多年以來，我一直在自己的崗位上盡職盡責，來回報那些州參議員的慷慨和遠見。我第一次有機會這樣做——接到第一個案件——是在一九七二年四月，當時華盛頓郡的警長副手帶來一具在樹林中發現的覆滿泥土的骨架，請我進行分析。

骨架是在奇普利（Chipley）附近的沼澤裡發現的，沒有姓名和任何可以證明其身分的資訊。我把骨架運到位於人類學系地下室的實驗室，放在房間盡頭的蒸汽桌上，開始清除骨頭上附著的腐殖質。剛好附近的一個教室課間休息，那個教授就把學生帶來參觀我的工作。這位教授有點愚蠢，他對學生們打趣地說：「你們看，科學還是可以被應用在現實世界的。」我很討厭他那傲慢的姿態，但我沒有表現出來。我請學生們看那具骨架，他們都圍了過來。

「這是他的襪子，」我說。「而且你們可以看到他的腳骨還在襪子裡呢。」

這時，那個蠢蛋和很多膽小的學生馬上消失了。我知道殘酷現實的力量，也知道它會像蒼蠅拍趕蒼蠅一樣，把懶散者驅散。我很敬佩那些留下來的學生。

你總是會格外鍾愛自己最初的幾個案件，而且我確實發現這具骨架很有意思。經過分析，它屬於一個沒有牙齒的老年男性，他的脊椎部位有許多因為上了年紀而形成的融合骨質。真正引人注意的是，在他的頭骨上，耳朵所在的位置有一個很大的缺口，完全鏤空，好像被蠶食了一樣。顯然他那只耳朵肯定聾了。此外還有更多發現：從這個耳部穿孔向上，穿過上面纖薄的骨頭，有個侵入型病灶的痕跡，說明這個穿孔延伸到了頭蓋骨，也就是腦顱裡。最後，沿著腦顱內壁可以看到侵蝕的斑點，是死者在世時耳部感染蔓延到頭骨的結果。

我到佛羅里達大學醫學院的圖書館查資料，發現了大量詳細記述這種症狀的文獻。它是一種中耳感染。這種感染如果不及時治療，會引發失聰以及感染部位表面的骨頭開裂。有時候這種侵蝕會穿刺進顱骨，引發導致定向障礙、神經病變和死亡的腦部感染。在病症初期，會令患者耳朵裡滲出散發惡臭的分泌物。

掌握了這些資訊之後，我詢問警長，當地居民裡是否有人符合這些特徵。結果發現確實有這樣一個人，他是退休的農場工人，靠社會救濟生活，周圍的人都知道他，他已經失蹤兩年了，名叫——現在寫出他的名字也沒有必要了。毫無疑問，這具骨架就是他的。在生命的最後一段時間，他被一股惡臭的味道圍繞著，臭味嚴重到人們都紛紛走避。從他蹣跚的步履中，可以看出他或許還有運動神經方面的疾病。人們覺得他是因為中風而引發半身不遂。鄰居和熟人則證實，在他最後的日子裡，他看上去愈來愈神志恍惚。終於有一天他走失了，再沒人見過他，直到他的骨架在沼澤地裡被人發現。

但是，那具在野地裡腐爛了兩年的遺骸依然可以對我訴說。那洞穿的頭骨和有凹痕的腦顱所提供的資訊，與死者在世時生活狀態的報告非常符合。它甚至可以向我敘述這個不幸的農場工人生命中最後的幾小時，孤獨地避開人群，在痛苦中蹣跚走進沼澤，感染侵襲他的大腦，讓他喪失了平衡、理智，同時也侵蝕著他大腦的骨頭。

我把他的骨架連同我的鑑定結論交還給警局。很久以後，有一次我路過奇普利（Chipley），順便造訪警局時，問起這個案件的最終結果。員警們告訴我，死者身分已被確認，驗屍官的結論是自然死亡。

一九七四年，州檢察官第八庭的一位調查員在情急之中找到我，他帶來一塊不完整的頭蓋骨，而相關的案件還有幾天就要開庭了。這塊頭骨是在一九七四年九月一日，由一名潛水者在位於阿拉楚阿郡（Alachua County）北部邊界的聖達菲河（Santa Fe River）上的一座橋附近發現的。兩年前，在距離那座橋大約七十碼的地方，曾經發現一具無頭無手的女屍。藉由屍體軀幹上仍可辨識的外科手術疤痕，警方最終確認死者是聯合郡（Union County）的一名婦女。她於一九七二年八月二十三日被劫持失蹤。在她失蹤的同時，一個名叫雷蒙・斯通（Raymond Stone）的農場工人也不見了。後來斯通在密蘇里州被捕，在警方的審問下，他承認自己殺了那名婦女，但是後來又推翻了供詞。

屍體的軀幹上並沒有任何外傷和可疑之處。當地法醫檢查了屍體，做出結論說，女屍的頭是在她死後被鱷魚咬掉並叼走了。

然後，潛水者就發現了頭骨。

這名法醫——不必說出他的名字了——是個很狂妄自大的人，而且相當自負。頭骨被發現之後，他還漫不經心地跟調查人員說，「從這塊乾枯、陳舊的骨頭上，你什麼也發現不了。」他根本不做任何分析。

州檢察官的調查員拿著頭骨碎片找到我，有點不好意思地問我能否告訴他們些什麼。因為馬上就要開庭了，我立即著手分析這塊殘骨，爭分奪秒地工作，在七十二小時內提交了調查報告。我指出這塊頭骨屬於一名成年白人女性。她已經發育成熟，但還未到中年。眼腔（也就是眼眶）上邊緣的形狀，光滑高聳的前額和肌肉附著的標記均符合女性的特徵。年齡只能透過頭骨上的接縫來判斷，也就是不同部位的頭骨片結合時形成的「縫線」。這種方法非常不可靠，但是在當時的情況下那是我唯一能做的。所以，我對年齡的推測是謹慎但又不確切的。

我告訴探員，這名女子至少被一種類似錘子的武器擊中過兩次。有一處骨折是在前額骨上圓形的穿透傷，清楚地顯示出錘頭外緣的圓形。在創傷邊緣有一小部分碎裂的骨頭，向內彎折，說明當創傷發生時，骨頭是新鮮而有彈性的。骨折裂縫從穿透傷向外呈放射狀延伸。此外，還有第二處傷痕，是顱頂外層凹陷的顱骨骨折。這處創傷使頭骨的外層被壓迫向下，但是仍然可以清楚看到錘頭形成的扁圓形創面。這種扁平狀的顱骨骨折同樣可以表明，在擊打發生時，骨頭新鮮而有彈性。這塊頭骨就類似於蛋殼被敲開，又沒有完全敲破的狀態。

調查員第一次找上我時，就把案情的核心機密讓我知道。他們已經拘留了一名犯罪嫌疑人，他也供認自己就是殺害一九七二年在聖達菲河發現的無頭女屍的凶手，但是後來這人翻供了。警方表示，嫌犯供認他所使用的凶器是一柄短斧——而不是錘子。

案件在聯合郡的萊克巴特勒（Lake Butler）法庭審理。我記得自己等了好幾個小時，坐在木頭樓梯上，那是唯一能讓證人等候的地方。那是我第一次以專家證人的身分為謀殺案出庭作證，場面很尷尬。檢察官總是試圖問我一些控制得很好，又步步為營的問題，而不是那種「你有什麼發現？」之類的簡單問題。至於我，我嘗試把陪審團當成一群本科生，像授課一樣作證，這同樣是個錯誤。我甚至企圖玩點幽默，這是講師為了吸引學生注意力而常用的手段。不管我用什麼笑料，都沒引起效果，那個尷尬時刻讓我學到了之後永不忘記的一課：法庭不是課堂。

審判中最大的疑點在於，用短斧如何形成錘頭狀的傷痕。這一點最終真相大白了。由於我只是被詢問的眾多證人之一，在審判結束前，並沒有接觸其他證據的權利。後來，我才得知被告使用的是一種木工斧，一頭是刃，另一頭是錘。即使如此，我仍然很困惑：為什麼他用錘子那頭而不是斧刃殺人呢？但後來我明白了：用錘子擊打不會像用斧子劈砍那樣血濺四處。說到底是如何更省力和更乾淨的問題。

我永遠忘不了在法庭上初次見到雷蒙・斯通時他的模樣。他是一個身材瘦小，幾乎禿頂的男人，穿著一件淺藍色的開襟羊毛衫——後來我才知道，這是法庭上的慣用伎倆——給被告穿上鬆垮寬大的衣服，讓他們看起來更瘦小，更沒有攻擊性。我記得當時還覺得斯通看上去很像在蓋恩斯維爾替我理髮的師傅。一個看上去那麼和氣溫順的人怎麼會做出他被指控的罪行呢？他怎麼會把一個無辜的女人殘忍地殺害，然後把她的屍體從橋上拋進河裡？

庭審將真相逐步揭開。在謀殺案發生的一九七二年，斯通受僱於死者和她的丈夫擁有的農場。這起謀殺案可能和斯通對死者圖謀不軌有關。他曾經向死者提出非分的要求，遭到拒絕後一怒之下將其殺害。斯通被宣判有罪，約翰．J．克魯斯（John J. Crews）法官判處他死刑。宣判時，斯通威脅說，「做鬼也不會放過你」，並且試圖朝法官臉上吐口水。但是就在我寫下這些文字時，這名貌似柔弱的惡棍還活在人間。並且在一九九四年二月七日，他的死刑判決被改為無期徒刑。斯通的律師之所以能夠幫他獲得重新判決，是因為斯通的身世背景和悲慘童年的相關證據並未在初審時呈給陪審團。斯通在密蘇里的一處垃圾場裡長大，從小睡在破卡車裡。九歲時，他的父親殺死了他的母親，並且據說還經常毒打猥褻他。斯通一生大部分時間在監獄和精神病院中度過。高等法院裁定，陪審團應該在對本案做出死刑判決之前聽到這些證詞。

雖然重新量刑，但斯通應該不會有被假釋的可能。他在監獄裡經歷了三次心臟病發作，還做了心臟繞道手術。後來從獄警那裡得知，斯通在監獄裡也遭到了鄙視。即使還在死牢裡，其他受刑人也都把他視為人間敗類。

在斯通案中，那塊頭骨是一個偉大勝利，對我倒沒什麼，對佛羅里達州的法醫人類學發展則意義重大。它是證據鏈中唯一能夠在斯通和受害人之間建立聯繫的最後線索。頭骨上的縫線和形狀幫助確認了死者的年齡和性別，創傷痕跡確定了凶器的形狀和類型。我有機會把這塊頭骨和兩年前發現的屍體歸放到一起，這塊頭骨是案件中最具說服力的證物。這場勝利要歸功於好運氣、辛勤工作，以及把受害者的頭顱咬掉的鱷魚。歸根結柢，是聖達菲河裡的鱷魚將這塊關鍵的骨頭留在河底，它才會被潛水者發現，並且能夠在法庭上講述它的故事。

斯通案還有一件意外的後續，大約三年前，受害人的女兒們想詳細了解自己母親的死因，所以提出查看案卷的請求。萊克巴特勒法庭很友好地接待了這些年輕女士們，但是當檔案櫃打開時，等待她們的是一個觸目驚心的場景：她們母親那塊遭重器擊打的頭蓋骨還在抽屜裡！

可以理解，兩個女兒對此感到氣憤，並懇求立即把頭骨歸還以進行安葬。這問題有點棘手，因為斯通還活著，並且正在進行圍繞死刑判決開展的一系列上訴程序。阿拉楚阿郡的法醫和我討論了這個案件，並且得出結論：由於我們掌握的大量實物照片足以用於各種重審，所以歸還頭骨對於後續審判並無妨礙。最後，兩個女兒帶走了她們那苦命母親頭骨上的最後一片，讓她入土為安了。

3 「骨頭的捆綁」
"Bolts of Bones"

噢，誰能從這幽牢救出
一個受盡多重奴役的靈魂？
骨頭被捆綁，雙足被羈駐；
還有那雙手被禁錮
這方為眼所蒙；那廂
耳鼓嗚嗚欲聾。
靈魂被高吊著，如同被鎖進了
經絡血脈編織的牢籠
他們彼此折磨，樂在其中
渾不覺各自肚腸，卻原來腦中空空……

——安德魯．馬維爾（Andrew Marvell），
《靈魂與身體的對話》（*A Dialogue Between the Soul and Body*）

對於那些到C.A.龐德人類鑑定實驗室來參觀，但沒有做好心理準備的訪者，看到他們不由自主地倒抽一口涼氣時，我深表理解。在蓋恩斯維爾無線電路（Radio Road）上，這座被層層竹林掩映著的不起眼建築物裡，死亡從四面八方朝你微笑，死亡的氣

息在逼仄的空間內被迫聚攏、增長、濃縮。我的實驗室本身並不大，也許只有兩個客廳那麼大，但是在實驗檯上，在置物架上的那些物證盒裡，在那些貼著標籤、放置標本的瓶瓶罐罐中，是一群默然不語者的全部或者部分骨骼。它們都在等著被鑑定，或等待開庭審判殺害他們的凶手的那一天。這是一個沒有血肉的死亡村莊，除了桌子下方除濕器發出的微弱聲音，一切枯燥而寂靜。

但是，這種終結感只是一種幻象。就像《以西結書》中所寫的那樣，枯骨們自己重新組合到一起，被新的血肉覆蓋，重新開始呼吸，最終成為一個人類活體的宿主。這個房間裡的遺骨也開始了第二次生命，死亡之後的生命。它們向我和我的學生們傾訴祕密，揭示隱藏著的資訊，為活人的世界提供思路和證據。真相在它們之中萌芽，茁壯成長。這些遺骨往往能夠決定一個人是無辜還是有罪。它們指引出通往電椅的路途。

這裡躺著被焚燒、煮沸、浸濕或烘乾的骨頭。這些已經被埋葬並且長久被遺忘的骨頭，現在突然被召回這個光明的世界裡來；無辜受難者的骨頭，還有雙料謀殺犯的骨頭，都並排躺著，在一視同仁的科學面前，它們並無二致地沉默著。我們這裡鮮有活人來做客，獲准來訪的人必須有足夠的理由。但死者是受歡迎的，我們盡全力款待他們。四下環顧，你可能會看到一些清晰呈現黑色環形彈孔的顱骨，那是死亡來臨，像吹滅一支蠟燭一樣，奪走他主人的生命時留下的痕跡，而遠處那面牆上，掛著一張半透明的死亡面具，那是X光燈箱發出的乳白色的光芒在膠片上形成的剪影。那是一個碎裂頭骨的放射線照片，上面顯出的鉛粒像死亡甘露一樣閃著光，灑滿腦顱。這個頭骨來自一名槍擊受害者。

大多數時間，我實驗室裡的空氣是涼爽清新的，有一點新鮮濕潤的泥土味道。那些日子，沒有腐爛臭氣的污染。在某個角落，你也許會看到一個年輕的研究生用鑷子在一堆黏土中間緩慢而細心地撥弄，從多年前一起自殺案件的遺骸中找出散落的牙齒和椎骨。旁邊是一簇簇飛機失事遇難者的頭髮，清洗乾淨並閃著光，溫暖的光澤悲憫地提醒我們，勿忘這些早夭的生命。我們用軟木項圈來固定那些要被鑑定的頭骨，這樣它們才不會從桌子上滾落。

處於各種生長階段的骨骼都貯放在這裡，有些完整地躺在桌子上，有些以碎片的形式被裝進盒子。有一具胎兒的骨骼，是七個月大時流產的，站在一個鐘型的罐子裡，脆弱蒼白，像一隻小猴子，圓滾滾的腦袋像蛋殼一樣薄，幾乎是半透明的。還有一些沒有牙齒的下顎與沒有下顎的牙齒獰笑著，閃著象牙色的光斑。還有那些沒有眼球、暗影深邃的空洞眼窩，它們平靜地凝視天花板，或者徑直瞪著你。還有一個骨骼的標本群被鎖在這裡，裡面裝有乳白色的、油黃色的、污灰色的、煤黑色的，糾纏或翻倒的，盒裝或散落的，完整連接或單獨排列的各種骨頭，受機緣所賜以及佛羅里達州政府之託，我成了它們的監管者。

這間實驗室是我的領地。它於一九九一年根據我的設計建造而成。我監督了每個細節：四十八吋的燈管，可以成對地開關以營造不同的房間亮度；兩套獨立的通風系統；以安全鎖將實驗室與行政區域適當地隔離開來，每道門、每扇窗，甚至下水道口都有裝設。實驗室的牆壁向上直接與屋頂相連，而不只是頂到懸下來的天花板，這樣做既是為了安全，也是為了隔絕難聞的氣味。

安全措施極其嚴密。防盜系統布滿整座建築，包括移動感應器。實驗室的門上都安裝了薩金特鎖公司(Sargent Lock)製造的Keso鎖芯。它們的鑰匙沒有一般鑰匙上那種鋸齒狀的邊緣，而是在表面鍛壓出特殊紋路的凹痕。製鎖公司只有在得到我的簽字確認之後才能提供備份鑰匙。除了我的員工之外，沒有人能拿到鑰匙，包括學校的管理人員在內，就連校警也不行。實驗室在晚間上鎖，如果我不在場，連維護清潔的人員都不能進入。

為何要如此嚴格地隔絕呢？實驗室的物品、骨頭和設備，並沒有什麼金錢上的價值，但有著在法律上無法取代的地位：它們有可能做為呈堂證供，因此絕對不能被破壞。一個志在必得的盜賊無疑可以使用適當的工具破牆而入，但是他會觸動警報，還會留下破綻；這也表示，那些無價的骨頭已非完好無損，證據鏈已經被破壞掉了。

在實驗室的一角是配有特殊噴頭的安全淋浴區。它噴出的水流既有力又溫和。如果你碰巧被福馬林、酸液或者酒精等那些實驗室裡處理屍體時常見的煩人化學品噴濺的話，輕柔的水流可以直接對著你的眼睛清洗。

淋浴區附近是三個「氣味罩」，那是透明、通風良好的外殼，每一個都有足夠的空間容納下一具屍體以及安置它的不銹鋼解剖檯。水槽是從照相器材店買來的，原本的用途是沖洗底片。因為容易清洗，很適合用來放置仍然有血肉殘存的人體殘塊。有屍體在內的時候，塑膠的透明罩會隔絕屍臭，再由風扇把氣味直接抽到室外。從屍體上移除的軟組織會放入熱密封的塑膠袋裡，然後存放到一旁的冰箱。我和我的學生們使用的是KAPAK公司生產的管狀塑膠布，這種3M塑膠布可以切割和密封成各種大小的塑膠袋，加上厚度有四．五條，能夠有效地隔絕屍臭味。KAPAK熱密封袋被用來分裝小塊的血肉。這些堅固的小袋子，如它的產品標籤所宣稱的，「可冷凍、可煮沸、可微波加熱的密封製品」。一部可攜式脈衝封口機看上去像是一台切紙機，通電之後，把拉桿壓下去，只要一下，塑膠袋就密封好了。

有些時候，你一走進這個房間就能馬上知道我們剛檢驗過新鮮的物證。而有時候氣味很恐怖。有時候，信不信由你，它們很開胃。說起來奇怪，當我在佛羅里達自然歷史博物館的舊實驗室工作時，人們會一邊走進來，一邊說「在煮什麼呢」，或者「聞起來真香啊」。當他們發現是一具剛被燒焦的屍體，就會臉色發青地掩面而逃。

「一個人埋在土裡多久才會腐爛？」在莎士比亞那齣著名悲劇的第五幕第一場開頭，王子哈姆雷特這樣問掘墓人。「相信……」掘墓人回答。「如果他死前沒有腐爛——就如現在有時是染梅毒死去的屍體，未待埋葬就已腐爛——他大概可以過八、九年吧……」

莎士比亞是人類本性無與倫比的觀察者，但是屍體的腐爛受到很多因素的影響。一具被埋葬在凍土中的屍體也許可以永遠保存。泥炭和濕氣也可以延緩腐爛。在乾燥的沙地環境裡，屍體可以木乃伊化成持久的皮囊。在富含礦物質的土壤中，它們可能會充滿鹽分和金屬。但是在地面上，特別是溫暖的天氣裡，屍體最終變成白骨的時間快得令人震驚。完全白骨化所需的最短時間不是九年，也不是九個月，甚至不是九週，而是僅僅九天左右就可以完成。湯瑪斯．戴爾．史都華醫生（Dr. T. D. Stewart）在他的著作《法醫人類學基礎》（*Essentials of Forensic Anthropology*）中引述了一個案例：密西西比州一名十二歲的小女孩在一場颶風過後失蹤了。她的遺體在一個乙烯基覆蓋的舊沙發下面被發現，當時正值夏末的炎熱季節，是讓屍體迅速腐化的理想狀態。她就像被放在昆蟲孵化器裡一樣。蠅蛆大量孳生，血肉迅速銷蝕，僅僅十多天的時間，屍體幾乎完全白骨化，只有少部分的軟骨組織殘存。

一九七〇年代末，我的同事比爾・巴斯（Bill Bass）在田納西大學諾克斯維爾分校建立了人類學研究中心（Anthropological Research Facility，簡稱ARF）。他將當地法醫辦公室捐贈的無名屍體暴露在空氣中，並且仔細監測屍體自然腐敗的歷程。那是一個「腐化率基地」，或者用我的同事道格拉斯・烏貝雷克（Douglas Ubelaker）在他的作品《骨頭》（*Bones*）一書中所形容的，是一個「露天太平間」。

在這個露天太平間裡，每年會處理三十至四十具屍體，還有幾隻狗的屍體。屍體或放在水泥板上，或置於泥土表面，或用塑膠布包裹，或埋在淺坑中。一切都要定期拍攝，以觀察屍體分解的過程。被埋葬的屍體每隔一段時間就會挖掘出來，拍照記錄後再埋回去。這麼做都是為了科學研究，但是當地人把巴斯的名字也加在了基地名稱縮寫的前面，管它叫BARF。

在我所從事的職業裡，很簡單的一點要求是你必須習慣屍臭。告訴自己，你聞到的不過是丁酸、沼氣和其他一些自然界普遍存在的化合物，這很容易。但直視驗屍檯上那清晰展現的恐怖景象，沒有肌肉組織的嘴巴發出獰笑，凝膠狀的眼睛徑直盯著，一具沒有靈魂的軀殼，死氣沉沉，毫無反應，死去了，毀滅了，這又是另外一回事了。我想，遠在實際的氣味之外，還有一種心理上的恐怖因素更讓我們精神緊張。它毫不留情地衝著我們大喊：「死亡！」我們不得不動用經驗和意志力才能擺脫想要躲避逃離的念頭。但是我從未像電影《沉默的羔羊》(*Silence of the Lambs*)裡的FBI探員那樣，驗屍時在上唇塗抹曼秀雷敦。據我所知沒有人那麼做。一段時間之後你就慢慢習慣，並且不去想它了。

我見過員警、律師、X光技師和其他人看到這樣的屍體躺在那裡時，會因為無法忍受而逃離，但我很自豪在我的學生之中，沒有一個人在這場對神經的嚴峻測試中敗下陣來。據我所見，讓我的學生們感到困擾的，並不是那些稀奇古怪的「萬聖節」之類的案件，並不是腐爛中的頭骨，仍在閃著微光的眼部組織殘餘，或者仍附著在骨頭上的星星點點的軟骨和肌肉；真正讓他們無法平靜的，是那些剛剛死去，仍然鮮活的屍體。

在驗屍檯上，他們會看到剛剛冷卻的謀殺被害人的屍體。她可能才從床上爬起來，準備如常開始忙碌的一天，她梳洗穿戴完畢離開家，並不知道幾個小時之後自己就會被殺害，這一天會結束在病理學家冰冷的金屬解剖檯上！在我的學生們的眼中，這些都是真正讓人難過的案件。很多時候，他們低頭看到的不是受害者，而是他們自己，他們對此感同身受。可以想見，那是最讓人情感糾結的一種經歷。對著一具骨骼，或者已經腐爛得亂七八糟的東西，甚至一具因為火焰灼燒肌肉收縮而四肢蜷縮成拳擊手模樣的燒焦屍體，不產生共鳴是很容易的。這些悲慘的遺骸已經不是「人」了。但是，躺在驗屍檯上的新鮮屍體，卻比液化得最厲害的屍體更讓人感到恐懼。

在分解的過程裡不存在什麼駭人的祕密。基本上，它包括兩個清晰的過程：自溶和腐化。

人活著時只負責消化食物的消化液，在死後開始溶解消化道，這個過程就是自溶。人死後的幾小時內，胃酸就開始腐蝕胃和食道這些生前它們無時無刻不在順從並耐心服侍的器官。就好像消化道裡發生了一場小小的法國革命，奴隸翻身成為主人要大開殺戒。同時，酪氨酸（tyrosine）結晶會在肝臟中形成，因為死後那裡的蛋白質發生了分解。

腐化是屍體上細菌作用的結果。在分解過程中，腐化是比自溶更加重要的部分，它像無聲的火焰一樣橫掃整個屍體。血液是細菌繁殖和孳生的肥沃海洋。腐化產生的氣體在血管和組織裡釋放。屍體由於充滿了沼氣而腫脹，在十二到十八小時內可以膨脹到原來的兩到三倍。我的一位不願具名的同事有時候會為來訪者展示這種現象，他會把實驗室的燈關掉，點燃一支火柴，把一個針管插進腫脹的屍體，從中匯出氣體點燃。藍色的噴射狀的火焰總會引來在場觀眾的驚呼。

當屍體自溶時，皮膚的顏色會由綠變紫再變黑。沼氣愈積聚愈多，產生的壓力會把我們的器官從身體下部的孔洞裡擠壓出來，散發惡臭的液體也會隨之滲出或噴出。惡臭大部分源自丁酸——就是那種讓我們的鼻孔難以忍受的屍臭味。皮膚從原始附著狀態大片脫落，有時候手部的皮膚會完整脫離，像是一副手套一樣，不過指甲會散落。從這些脫落的「手套」上仍然可以提取指紋。為此，技術人員需要戴上手套，把自己的手伸進那塊死皮中，給死皮的指尖部分沾上墨，然後小心地把指紋按在紙上。

有關指甲和頭髮在死後繼續生長的說法只是傳說。實際情況是，它們周圍的皮膚也許會因為收縮，而露出更多的指甲或者頭髮，才顯得更長了而已。雷馬克（Erich Maria Remarque）在他的小說《西線無戰事》（*All Quiet on the Western Front*）中想像著他一個死去的朋友下葬之後，指甲還長成奇怪的螺旋狀。那是能讓人強烈不安的場面，但純屬虛構。這種事是不會發生的。

這些看上去非常可怕的過程，其實不過是某些種類的碳基化合物朝向另一些種類的碳基化合物轉變的過程。碳是生死的元素。我們和鑽石、蒲公英共用它，和煤油、海草共用它。也許我們會對碳的某些存在形式嗤之以鼻，但是我們應該記得，這種元素最初來自我們頭頂默然流轉的滿天星辰，它們遵從天體的法則，經由三昧真火錘煉，才成為那不朽而閃亮的陣簇。

實驗室的另一面牆下，是我的工作檯，它裝有鑽床，一個小鐵砧，配有鋸子、螺絲刀、扳手和其他工具。這些工具不是用在處理人類遺骸的，儘管它們的特殊外型有時會以意想不到的方式派上用場。我用它們來設計製造框架、支架和實驗室裡其他的家具。我很擅長使用工具，我也很滿足於自己做這些工作。

我對工具的熟悉度通常能讓我在檢查謀殺和自殺受害者的遺體時，得出一些冷酷的結論。有時候我可以切確說出作案凶器的種類，連斷面和尺寸都會很吻合。最近我遇到一個案子，凶器是橡膠大頭錘，很像我工具檯牆上的那一把。還有一次，一個頭骨上穿孔的痕跡和我的一個撬桿相符。我經常到西爾斯商店（Sears）去看那些工具是否和我實驗室裡頭骨上的孔洞形狀有所吻合。當售貨員問我：「我能為你效勞嗎？」我告訴他：「不，你不會明白的。當我看到它的時候，就知道我想找什麼了。」

在工作檯附近，你會看到一些研磨機，通常用來把骨頭磨碎做成分析樣本；鑽石刀鋸用來把骨頭和牙齒切成薄片，以便在顯微鏡下觀察；還有在解剖中會用到的Stryker電鋸（電動解剖骨鋸），它的環形鋸片不會旋轉，而是高速來回擺動，因此不會割斷皮膚，只會切斷骨頭。Stryker電鋸可以用來切斷頭骨的頂部，以便取出大腦。園藝工具如修枝剪可以用來剪斷肋骨。長刀在移取大腦時很有用，特別是新鮮的大腦在被強行挖出腦顱時，會發出類似吮吸的聲音。但是，被移出的腦組織很快就會潮解，變成黑色的布丁狀。

實驗室裡還有一系列昂貴的攝影器材，用來給遺骸和骨骼拍照。我實驗室裡的攝影機只用高畫質8厘米專業金屬錄影帶（High 8 Metal P），它的拍攝品質能與專業片場媲美。我還使用一部帶有特寫鏡頭配件、價值五千美元的Bronica相機來拍攝靜止的照片，它和哈蘇（Hasselblad）相似，但是便宜得多。實驗室也配有小型X光機，惠普Faxitron 43805N型，還有一台X光片影印機，可以像全錄（Xerox）影印機那樣複印X光片。

我比其他任何同事都更加頻繁地使用X光。因為不必擔心放射線會對病患有害，我們可以讓機器進行十五分鐘的長曝光，得到的X光片會清晰得仿佛是蛛絲膜，根本不像是骨頭。過度曝光是沒有危險的，畢竟你無法用過量的X光傷害到一個死人的頭骨。那是我們的優勢。我傾向於使用乳房攝影檢查時用的那種X光膠片，因為它的敏感度很高，可以顯示非常細微的細節。

我總是在尋找物美價廉的設備，而且我覺得自己很有討價還價的潛力：我的二十台X光片顯示器都是政府部門的剩餘品，是從退伍軍人管理局下屬的醫院買來的。它們都很耐用，到現在連一個燈泡都沒有換過。有一件特別有用的設備是一台「熱點」燈，從一個倉庫拍賣會上用十美元買到的，它可以把光束集中照射到哪怕是最模糊的死前X光片上，把在普通光桌照射下隱藏在陰影裡的細節全部揭示出來。那些在人生前拍攝的X光片一般會非常模糊和黑暗，因為人們經受的是最低度的放射，這樣才不會對身體造成傷害。「熱點」的強光穿透它們，在最暗的陰影和最黑的角落裡尋找線索。正是「熱點」讓我在一個極為棘手的案子裡辨別出一個至關重要的證據，那就是米克和詹寧斯自殺式謀殺案件中的一塊肋骨殘片。

在獲准進入實驗室工作前，我的學生們都必須接受一系列的B型肝炎疫苗接種。我們大量使用一次性手套、防護袖套、鞋套和工作服。當我們檢查高度腐爛的遺骸時，通常需要佩戴兩副手套。使用電鋸的時候需要戴上一次性塑膠護目鏡，同時，我們使用塑膠面罩來保護臉部，因為受腐敗屍體內部氣體的壓迫，那些噁心到無法形容的液體會隨時噴射出來。實驗室還有可攜式金屬探測器、測量儀器、鐵鍬、耙子、考古鏟，這些在現場挖掘時都會派上用場。

讓我很擔憂的是，由於現代醫學課程極為繁重，加上骨骼短缺，醫生的解剖學專業知識正在逐漸衰退。之前骨骼的主要來源國是印度和孟加拉，現在因為冒犯國家尊嚴，他們已經禁止出口。在我的學生時代，一具一級的骨骼：二十八到三十二顆牙齒仍然完好，沒有受損的骨頭，連接完整地固定在支架上，附著的肌肉組織塗成紅色和藍色，仔細地貼好標籤，花六百美元就可以買到。現在這樣的一具骨骼，如果你能找到的話，要價會是三千到五千美元。塑膠的複製品隨處可見，但是細節和肌理是塑膠模型無法表現的，因此除了應付初級解剖學訓練之外，它們毫無用處。目前的塑膠骨骼標價是六百五十九．九五美元，一個一級品的人類頭骨——真骨頭，不是塑膠的——標價三百五十九美元。不知聽了這個你會感到自尊心高漲還是很受傷：要知道你可是每天都帶著自己體內價值好幾千美元的骨頭在到處走，而且你的骨頭的價值每年都在增加。

我所有的學生在大三或大四時，都會修讀他們稱為「骨頭課」的人骨學課程。課程進行中，我會給他們隨堂測驗。起初我發給他們十塊比較大的骨頭，然後給他們一分半鐘的時間辨別每塊骨頭，說出它們是否屬於人骨，是什麼骨頭，是左邊還是右邊的骨頭等。然後，隨著課程推進，辨認時間愈來愈短，骨頭也愈來愈小。到學期結束時，十塊樣本小到可以一起放進火柴盒裡。

骨頭可以很無情地戲弄我們。我經常在樣本裡混入胎兒的骨頭或者熊掌上的骨頭來迷惑我的學生，因為它們看上去跟人骨驚人得相似。我經手過兩個把熊掌誤認為「人手」的案子。我見過法醫病理學家把頭骨上缺失的骨頭辨別為被兇器穿刺的傷口。我見過被辨認為人骨的藍鷺的骨頭。我見過一些不學無術的專家很自信地把一具少年骨骼的性別辨認錯了。還有人把羊肋骨認成人的肋骨。龜殼也是很有迷惑性的，尤其是哥法地鼠龜（gopher tortoise）和擬鱷龜（snapping turtle），牠們非常難搞。這兩種龜殼的碎片看上去很像人類頭骨的碎片。最近我還被請去調查一些可疑的碎骨，它們被發現的地點附近曾經發現過屍體。警方問我是否有連環殺手把這個區域做為棄屍地點，我立即給了他們確定的答案：新發現的「頭骨」實際上是一個壓碎的龜殼。

自然界的擬態戲弄我們是一回事，但一個精心設計的骨骼騙局，被展現在科學界並且蒙混過關，搖身變為一項革命性的發現而流傳下來，就是另外一回事了。在這類騙局裡，也許最著名的當屬二十世紀初「出土」的「皮爾當人」（Piltdown Man）的頭骨。我也曾親手把玩過它。

皮爾當人在一九五三年被揭發是一件人造的贗品。時至今日，這起由兩名學者出於未知原因所精心設計的古怪陰謀，仍是一件警示科學研究可能會偏離軌道的絕佳事例。哈佛大學生物學家史蒂芬・傑伊・古爾德（Stephen Jay Gould）提出一個令人信服的論點，即偉大的耶穌會科學家和神祕主義者德日進（Teilhard de Chardin）很可能默許了這場騙局的發生。現在我們知道了一切：黑猩猩的牙齒是如何被小心地銼平，黏在紅毛猩猩的下顎上，再加上人類的頭骨碎片；這個東西是如何祕密掩埋在英國一處壯觀的宅邸附近；一九一一年，在皮爾當地區附近被「挖掘」出來，並做為能夠證明人類和類人猿之間關係的獨特標本，展示給全世界。

如今，這種騙局幾乎可以馬上被揭穿。那些被銼平的牙齒在顯微鏡的觀察分析下會相當明顯，而氟檢測可以清楚顯示頭骨和下顎並不屬於同一個年代。化石以穩定的速度吸收土壤裡的氟，而氟含量相去甚遠可以證明下顎骨與頭骨碎片並不相符。

但是在它的光輝歲月裡，皮爾當人的頭骨被視為國寶小心翼翼地保存在大英自然歷史博物館的保險庫裡，並且只有極少數的情況下，才允許對其進行研究。大多數學者只要看上一眼就很滿足了。因為皮爾當人的頭骨十分珍貴，一般研究人員的觸摸都是一種大不敬呢！

一九六六年，當我從非洲回來，並在英國開始我的第一份教學工作時，我造訪了大英自然史博物館，去研究那裡保存的一些狒狒頭骨，其中有一部分是路易斯・李奇於一九二〇年代採集的。在博物館裡，我忽然起意致電給肯尼斯・奧克利博士（Dr. Kenneth Oakley），他對於揭露「皮爾當人」騙局有相當大的幫助。奧克利很親切地邀請我到收藏區，在那裡我們閒聊起來，談到「皮爾當人」的頭骨和它奇特的歷史。

「有興趣看看嗎？」奧克利突然問我。我怎麼可能放棄親眼目睹這個矇騙過無數偉大人類學家的驚世騙局的機會呢？我當然是迫不及待地答應了。讓我大吃一驚的是，奧克利轉身打開一個普通的檔案櫃，在裡面翻來翻去，就把皮爾當人的頭骨拿了出來！當我把這個脆弱的、焦糖色的、牙齒完好的贗品拿在手裡時，我禁不住想，在人類進化的階梯上，它從那無上光榮的高處跌落，跌得可真夠慘重的。

我特別要提到的是，有三個女人不得不比其他人付出更多來遷就我這不尋常的工作，她們就是我的太太瑪格麗特（Margaret）

和我的兩個女兒：麗莎（Lisa）和辛西婭（Cynthia）。我絕對承認，我的工作也會使我的婚姻生活受到影響。有時候我太太要求我把衣服脫下扔進洗衣機之後才可以進屋。對此我無力反駁。我的女兒們，尤其是麗莎，有時會催促我在飯桌上講講最近的案子，而我太太通常會嚴肅地干涉並否決她們的提議。

有一次，我說服太太和我一起開她的車去麥爾茲堡（Fort Myers）接一具腐爛的屍體。這對她來說是不小的讓步，因為我們要用的是她新買的車，一輛凱迪拉克西馬龍。屍體腐壞得很嚴重，我在驗屍官的辦公室裡將其簡單分解後，把屍塊放進了一個幾呎長的袋子裡。不幸的是，有一塊骨頭折斷了，在搬進車的時候，或者之後不久，尖銳的斷骨刺穿了袋子，裡頭的東西漏得行李箱裡都是。骨頭可以非常銳利，那天在我們凱迪拉克行李箱裡的那根肯定就是。

車裡開始漸漸有股味道，我們覺得搖下車窗會比開空調好些。當到達坦帕（Tampa）的時候，味道已經很重了，我們決定停一會兒，找間牛排麥酒餐廳吃午餐。很幸運地，在靠近餐廳前門的地方有個車位。當我們步出餐廳時，從車裡傳出的氣味已經臭不可當。我很驚訝餐廳經理沒來找我們的麻煩，附近也碰巧沒有員警。

我們繼續向北行進，偶爾會看見禿鷹飛過頭頂。直到今天，我仍然不知道那是否出於偶然。凱迪拉克的行李箱襯墊下有個橡膠墊，所以大部分的味道是可以清除掉的。但是我太太每次看到那輛車都不由自主地想起那段插曲。後來她很快地把車賣掉了，並且不再允許我用她的車去接屍體。

和死者打交道的時候，一些黑色幽默在所難免，那也許只是為了轉移驗屍檯上躺著的東西所帶來的恐懼。我聽過這種不敬的玩笑很多次，但是我不允許它們出現在C.A.龐德人類鑑定室裡。我不允許我的學生給骨骼穿衣打扮、戴上帽子，或者叼著香菸。我不允許他們給骨骼取暱稱，如手槍男、阿方斯（Alphonse）或者諸如此類的名字。

有一次我在法庭作證時，一個能說善道的檢察官試圖拿示範用的一具人骨模型開玩笑。

「你管這具骷髏叫什麼？」他問我。「你給它取了什麼暱稱？」

「骨架，」我回答。「我就叫它骨架。」旁聽席上有人發笑，把檢察官弄了個大紅臉。但是那就是我的信念，我相信每一具遺骸都應該得到哪怕是一點點的尊重。那是我們欠它們的。

4 「環抱的大地」
"The Enfolding Earth"

羅密歐（Romeo）：放心吧，老兄；這傷口不算太厲害。

莫庫修（Mercutio）：是的，它沒有井那麼深，也沒有教堂門那麼寬；但這點傷也夠要命了。要是你明天找我，就到墳墓裡來看我吧。

——莎士比亞（Shakespeare），
《羅密歐與茱麗葉》（*Romeo and Juliet*），第三幕，第一場

我的一個朋友，前紐約市首席法醫麥可・巴登醫生（Dr. Michael Baden）常說：「沒有永遠的埋葬。」埋葬只是一種長期的存放而已。牛頓物理學告訴我們，有升必有降；但就屍體而言，常常是已經埋下去的，又會再冒出來，並且面目全非得超乎想像。「息止安所」（R.I.P），我們把這樣的字眼刻在墓碑上，但沉重的大理石板幾乎注定會在世界末日到來之前就碎成粉屑。一旦知道這個星球上幾乎沒有超過幾百年歷史的現存墓地，你就會意識到，自己不受打擾地在地下長眠的時間實際上是多麼短暫。

「時間的鴉片沒有解藥，」湯瑪斯・布朗爵士（Sir Thomas Browne）在他的作品《甕葬》（*Hydriotaphia*）中寫道。「父輩在我們

短暫的記憶中尋找他們的安葬之地，然後又悲傷地告訴我們，我們自己也會被後世的倖存者用記憶埋葬。墓碑只能記述四十年的歷史：世代沿襲的地方有樹木屹立著，而再古老的家族也不如三棵橡樹活得長久……」

我參與過許多協助挖掘屍體的工作。人們對於屍體所做的異乎尋常的事，那些瘋狂的、毫無道理的棄屍方法每每讓我感到驚奇。在我經手的案件中，有個傢伙將女友殺害後，把屍體埋在海灘上，又故意把她的一條腿露出來，這樣她就會被發現並且安葬。另一個案子，一名殺人犯花了三天時間在他的後院裡焚燒屍體，精心打理火堆直到屍體完完全全地火化——然後，他去警察局自首了。也許他希望自己可以因為屍體已經無法辨認而脫罪。如果真是這樣，那麼很不幸的，他想錯了。我有很豐富的檢查「骨灰」的經驗，我的鑑定可以得出決定性的結論。

用於埋葬的棺材至關重要。密封的棺材會保護屍體免受外在環境影響，無論是要價數千美元的不銹鋼棺材，還是塑料或者泡沫塑膠製成的廉價品，也會帶來讓人驚奇的保護作用，即使經過很長一段時間。我見過一具經過妥善防腐處理的屍體——這具屍體被解剖過，本身就會讓防腐處理變得非常困難——在穹形墓穴中的密封棺材長眠了二十七年後，看上去猶如一兩天前才死去的一樣，除了四肢的幾個地方出現小面積皮膚脫落外，一切都完好如初。我見過其他一些放在木製棺材裡的屍體很快地瓦解，骨頭嚴重損壞，幾乎沒有任何軟組織殘存。有一個案子，一具新生兒的屍體被裹在布料裡，用塑膠袋包起來，封進一只聚乙烯皮箱，並在沙土中埋了十年。當我們挖掘出遺骸的時候，仍然發現了保存完好的軟組織，它們把那些細小脆弱的骨骼固定在原有的位置上，就像是幾週前才被埋葬的新鮮屍體。

即使沒有棺材的保護，屍體在地底下也會相對保存得長久一些。分解率大致上是這樣的：在露天環境需要一週的話，在水中需要兩週，在地底下需要八週。關於「蟲蟲」吞噬被掩埋的屍體的恐怖想像是錯誤的。蒼蠅甚至在人體死亡前就會在上面產卵，而牠們那蠕動的幼蟲，一般稱為蛆，不到二十四小時便孵化完成。這個週期很有規律，因此有時可以用來判斷死亡時間。但是，蛆並不在地底下生活。我的同事，史密森尼學會（Smithsonian Institution）的道格・烏貝雷克曾經在南達科他州調查古老的阿里卡拉（Arikara）印第安人墓地，他在五個地點發現有百分之十六・四到百分之三十八・三的屍體上都有蠅蛹，而這些屍體都被埋超過兩呎深。牠們怎麼到那裡的？蒼蠅和甲蟲並不會深入到地表幾吋以下。答案是，這些昆蟲在屍體下葬前就找到了它們，然後跟著一起被埋在地下。當我們檢查扎卡里・泰勒的遺骸時，也在屍骨中發現了蠅蛹。華盛頓特區勤勞的蒼蠅在泰勒的屍體下葬時也沒有停止工作。牠們才不管他官銜有多大呢！

蛆是一種不屈不撓而靈巧的生物。我們知道牠們可以在氰化物中毒死亡的屍體上面存活並快樂地繁殖。牠們有一副除了火焰噴射器之外，幾乎任何東西都無法穿透的外殼。獨特的進化過程使牠們可以在一些讓很多人嘔吐和暈厥的環境裡生存；而且對牠們來說，我們的屍體是那麼可愛，是一個充滿芳香和珍饈美味的極樂世界。我曾經見過蛆蟲在腐爛的屍體上像爆米花一樣雀躍地蠕動著，一大群一大群快樂地翻湧，躍入空中十八吋高，然後落在地面發出輕柔的啪啪聲，像是細小的雨滴。牠們並不隨意行動，而是協調一致，有如飢餓的食人魚群。我知道蛆蟲群起攻擊一具屍體時的迅猛程度，在幾個小時之內，牠們擁擠蠕動的力量集合起來，就可以把一副假牙從死人的嘴巴裡頂出來。

但是我們還是先告別這些飢餓的小蟲，回到地面以下吧。說到底，埋葬是處理屍體最常用的方式，無論是凶手，還是清白的普通人，都喜歡這種方法。一具被掩埋的屍體是很難被找到的。實際上，排除一些極個別的情況，掩埋的屍體被發現的機率很低，除非有人坦白它們的位置。即使如此，事實證明想要找到一個墓地的確切位置也是超乎尋常的困難，因為植被和地形的變化，或者掘墓者自身的記憶混亂。「天色很黑，我什麼都看不見。我覺得應該就是在這附近吧……」這些就是你常常會聽到的模稜兩可的描述。但是，如果沒有人吐露，那麼埋葬地點就是一個祕密，若是墳墓的年代再久遠一些，那麼找到一具被掩埋的屍體的機會就真的微乎其微。凶手在無人知情的情況下殺人埋屍是最安全的，因為遺體很難被發現。埋屍時愈多人在場，日後屍體被發現的機率就愈大。

我經歷過最奇怪的一個案件和一具由許多人合力埋葬的屍體有關，後來這些人幾乎很主動地幫我們找尋屍體，但還是沒找到。埋屍的目擊者好幾次帶著員警去尋找確切的地點，卻都徒勞無功。最後警方花了一年時間才找到埋屍處，儘管他們在幾個星期內就確認死者的身分，以及他是怎麼被槍殺的。他偏偏死在一個生日會上。

受害者是一個倒楣的年輕小夥子，他因為精神問題遭到軍隊開除。他襲擊了自己的教育班長，任何當過兵的人都知道這事情有多嚴重。他被開除後不久，參加了朋友的生日聚會，那個朋友是佛羅里達州一所監獄的假釋犯。拆禮物的時候，有件禮物特別引起受害者的注意：點三五七麥格農左輪手槍的槍套，那是壽星女友送的。壽星自豪地當即挎著槍套，把槍放在裡頭，跳舞的時候也都穿戴著。出於某種原因，這把槍和槍套激發了受害者內心強烈的嫉妒，他大聲抱怨說，聚會的主角有一把這麼漂亮的槍，而他卻沒有。壽星就笑著把槍和槍套解下，遞給受害者，並請他穿戴上。而受害者馬上貪婪地搶過槍和槍套，掛在肩頭狂奔出門。一兩分鐘之後，壽星跟了出去，也許是擔心自己的槍會弄丟吧。幾秒鐘後，傳出槍響。

那名假釋犯隨後臉色蒼白慌張地跑進屋說，受害者朝他自己開了槍。其他客人衝出去，發現受害者以坐姿靠在一棵樹下，已經死了，鮮血從他頭部一個很大的傷口流出來，槍掉在一旁，靠近他鬆垮的手。

究竟是這些人的頭腦都被酒精給蒙蔽了，還是他們確實愚蠢，我不得而知；這些參加聚會的人不僅沒有報警，反而決定把屍體放進一個睡袋裡，運到郡的邊界處，然後大家合力在夜色之下把他埋了。但槍擊事件還是很快就敗露——該名假釋犯被控非法持有槍枝，對命案知情不報，以及把屍體從案發現場移走等多項罪名。他被送回了監獄，並且有段時間，他很可能被控謀殺罪。

這起槍擊案發生在一九七九年年底，但是直到一九八〇年十一月，屍體才被尋獲。警方花了一年多時間在樹林裡艱難跋涉，才終於找到埋屍地點。那些良心發現的聚會參加者絞盡腦汁，試圖憶起他們把屍體棄置何處。當屍體終於被挖掘出來時，我們發現受害人的頭骨已經變成約莫八十塊碎片，這是點三五七麥格農子彈的強烈衝擊力所造成的。頭骨需要在C.A.龐德人類鑑定實驗室裡進行大規模的重建工作。最終，我確定了入口傷和很清晰的向外傾斜的出口傷。子彈從顱骨的右顳骨穿入，彈道向上並略微向前，這證實了舉槍自戕的猜測。

假如我沒有成功地重建受害者的頭骨，那個壽星很可能被控謀殺。照目前的情況，他被判處一百八十六天的監禁，並在期滿後立即釋放。他得到了解脫。宣判時，他告訴法官：「從一九七九年以來，我就為此困擾不已，沒有一刻安心。」據我所知，那些參加聚會的人沒有受到任何指控，儘管他們的深夜叢林埋屍之旅是多麼地邪惡和令人毛骨悚然。

一九八一年，一場虐童慘劇被一顆準確射入目標的點二二口徑來福槍子彈劃上句號，留給我的是一具四十歲左右男人的屍體，他在佛羅里達中部一個很淺的墓地被發現。我對於頭骨的鑑定結論會決定一個十七歲女孩的命運，她承認是自己殺了他。

女孩告訴警方，她已經在地獄一般的噩夢裡生活了八年。死者是她的繼父，從她九歲時就開始對她性虐待。她有一個年幼的女兒，就是這種長期而殘酷的畸形關係下的產物。

女孩告訴警方，一天夜裡，在又一次被迫滿足繼父的獸慾之後，下床時她的繼父訕笑地說：「我很高興妳有個女兒，這樣我就可以繼續玩弄她了。」聽到這些話，女孩突然怒火中燒。她抄起旁邊立著的一把點二二口徑來福槍，頂在自己的髖部，把站在幾呎遠的繼父打死了。由於害怕被控謀殺，女孩說服了母親幫她把全身赤裸的屍體在手腕處捆好，抬到皮卡車的貨廂裡。她們開車到一個隱蔽的地點，然後拖行屍體至大約一百八十五碼樹林裡，把他埋了。

一年過去了。最終母女倆對罪行供認不諱，並帶領警方到樹林裡找到了埋屍地點。透過比對死者去世前幾年拍攝的X光片與找到的遺骸，我們確認了那具已經腐爛的屍體就是那名繼父。我受託檢查槍擊的方向，看是否與女孩的供詞相符。我發現，一個小口徑的槍傷恰好位於死者的兩眼之間，進入腦殼的點向我們證明了彈道痕跡的起點。它與女孩的口供完全吻合。如果他當時正躺著，坐著，站在她的一側，或者在任何與她的描述不符的位置，那麼子彈幾乎肯定不會形成現在這樣的軌跡。她說的是實話。我們可以斷定，子彈確實偏向上方擊發，當時受害者是面對凶手的。

我承認自己很難對此案的死者產生一丁點憐憫。他的死對於這個世界來說沒有什麼損失。相反地，我無限同情的是被告。那是很漂亮的一槍，用一把來福槍從腰部的位置射穿一個人的前額。點二二口徑的子彈小到不足以致命，即使擊中的是頭部。受害者通常會癱瘓，而不是死亡。那確實是很精準的一槍。

我將調查結果提交給當局之後，這名女孩以未成年犯罪被起訴，並安置在少年矯正機構，在那裡她會接受諮詢輔導。

在我經歷過的最令人反感但也最具啟發性的埋屍案件中，有一樁與一個可怕的老頭有關，他住在邁阿密，幾年前終於去世，享年九十五歲。此人生前習慣用各種方式恐嚇鄰居，逢人便說他把自己的女婿殺了，並且拋進化糞池，還說如果誰敢惹他，他就照此辦理。

沒人把這瘋老頭的話當真，然後他就死了。他的房子被出售，新任屋主打開後院的化糞池以便進行清理。池子很巨大，有十呎長，入口處蓋著三塊水泥板——在它黑暗並散發著惡臭的深處，發現了一具已經半骨骸化的中年男性遺體，一個點二二口徑的彈孔整齊地穿過他的額頭正中心。原來那個老頭並沒有吹牛：他確實把自己的女婿殺了。

在佛羅里達州，很多地區還沒有下水管道，所以化糞池很常見。很少有人有勇氣往裡頭瞧，但它們是很有趣的地方，容納了多個截然不同的微型生物環境。你可能只有去夏威夷，才能找到在普通化糞池裡就能見到的異常大氣狀況，由於極度乾燥與潮溼並存，因此可以為屍體的完好保存和快速腐爛同時創造最佳條件。

在普通的化糞池裡，有一大片乾燥的物質，像一塊麵包皮一樣浮在底部的液體之上。腐化現象發生在液體環境中，也就是這塊覆皮的下方。但是，覆皮層的之上通常非常乾燥，而液體層再往下，在池子的最底部，通常也會有一塊非常密實的黏土和砂土隔絕氧氣。這個黑暗世界有它獨特的動物群：很多時候，數百萬隻的蟑螂在覆皮層上方的廣闊領地肆虐，有一些會順著排水管道爬上去，進入池子上方的住宅裡。

遭殺害的女婿被丟進化糞池裡時，襯衫和褲子還穿在身上。屍體在那裡漂浮了好些年，臉部朝下，手腳耷拉著伸進了液體中。隨著四肢逐漸腐爛，一些骨頭慢慢從軀幹脫落並且下沉到化糞池的底部，嵌入了黏土和砂土之中，這個無氧的環境使這些骨頭免予繼續腐爛。最終，頭骨也從鬆動的頸椎脫落，落入池底的淤泥裡。

但是，屍體的其餘部分持續陷在覆皮層裡及上方長達十五年之久，已嚴重損壞到幾乎無法辨認。露在上面的部分遭到蟑螂噬咬，下面則被細菌孳生的液體慢慢消耗掉。就這樣，它們腐爛殆盡。

所幸屍體的手部、腳部的骨頭和頭骨都被保存了下來，也正因如此，這名不幸的年輕人的身分最終獲得確認。他失蹤了十五年，他的岳父殺害他的時候已經八十歲高齡，還獨自搬開化糞池口的水泥板，把屍體塞進去。殺人凶手已經無法接受人世的審判，但是他女婿的失蹤案終於可以結案了。

佛羅里達州北部有許多印第安人墳塚，因此這裡可以找到大量幾百年前的燧石箭鏃和珍稀陶器。不幸的是，這些古老的寶物成了盜墓者的目標。佛羅里達州自然歷史博物館人類學部門的同事很討厭那些陶罐獵人，這些人為了私己的收藏，以毫無系統和破壞性的方式對考古遺址進行瘋狂挖掘，以期找到印第安的藝術品和文物，他們是在破壞歷史。但是在一九八〇年的某一天，兩名陶罐獵人有了一個確實罕見、引起我濃厚興趣的發現：一具近期埋葬的屍體。

這兩個人當時正在迪克西郡（Dixie County）的某處挖掘，這塊區域已經被其他上百個業餘尋寶者挖掘過很多遍了，看上去像是一戰戰場一樣，千溝萬壑，滿是挖掘過的坑洞。這次這兩個挖掘者實在是缺乏想像力，他們挖的是一個之前別人開挖過又填埋的坑洞——並不是一個能期待發現文物的地點！無論如何，他們的勞動還是獲得了回報。他們發現了一具屍體。做為機警和敏銳的觀察者，他們很快意識到一個古印第安人不會有金色的馬尾辮，也不會被裹在塑膠垃圾袋裡下葬。

這兩人趕緊跑回他們的皮卡車，在後擋板展開緊急商討。他們該怎麼辦呢？把屍體挖走？埋回去？報警？當沒發生過？還是去喝杯啤酒？最後，他們決定：去喝啤酒。

啤酒的泡沫起了壓驚和安神的作用，他們恢復了一些理智。然後，其中一人突然有了一個恐怖的想法：如果當時凶手正好就躲在附近的樹叢裡，目睹他們發現了屍體怎麼辦？兩人心慌意亂中扔下啤酒罐，跑去警長辦公室。承認非法挖掘總比被控隱瞞謀殺罪名輕吧！

警長辦公室聯繫了佛羅里達州執法部門，執法部門又聯繫上我，請我協助屍體的挖掘工作。接下來的場面就很有意思了。警長允許那兩名陶罐獵人在一旁觀看我們的現場挖掘，這兩人常常辨認出我挖出來的印第安的黑矽石或者箭鏃。當看到我小心地使用馬歇爾敦（Marshalltown）牌的手鏟時（這是專業考古學家的首選工具），其中一人跟另一個人說：「看啊！他們跟我們用同樣的傢伙！」

最後一項嚴肅的任務是檢查遺骸。屍體是一名女性，塑膠垃圾袋保護了她的軟組織。由於死後產生的變化，透過面容辨認是很困難的，即使是新鮮屍體也不例外。多虧垃圾袋幫了我們大忙，它把遺骸包裹在一個密封、防水的環境裡，所以軟組織可以保持更長時間。這些組織並不賞心悅目，氣味也不好聞，但是它們可供辨認。

我們從死者的遺骸上得到了詳細的特徵描述，並且取得了她死亡時受傷的充分證據。即使如此，我們也很難知道她的姓名。屍體被發現時仍然穿著一件上頭寫著「小豬商店」（Piggly Wiggly）字樣的T恤。「小豬商店」是在美國南方很多地區著名的連鎖超市。在這塊年代久遠的印第安人墳塚方圓一百哩之內唯一的一家「小豬商店」，就在附近的鎮上。於是，警方走訪那家店，詢問經理這種T恤是何時銷售的，賣了多少件。但是，他們沒有意識到應該問一下是否有員工穿過這種T恤，或者有沒有員工失蹤。隨後，他們就放棄了這條線索。

接著，警方請來了一名顏面重建技術（鑑識雕塑）專家。她到我的實驗室取得了她所需要的資訊。顏面重建並不是一項新技術；早在十九世紀人們就試圖利用這種技術。直到今天它仍然飽受爭議，幾乎都是到萬不得已時才使用。有些法醫人類學家使用它，有些人則捨棄。原則上我是不用的。但是在一些特殊案件上，當其他方法都沒有成效，沒有與受害人有關的其他線索可以深入時，重建死者臉部圖像可能就會有些價值。如果照片被公布在報紙上，人們也許會主動提供線索，指出那看上去很像他們認識的某人。一個陷入死胡同的案件可能因此獲得一些新的進展，多一些供調查的姓名線索，多一些人詢問，多一些紀錄可供與遺骸對比。有時候這是有用的，這次就是。

顏面重建照片被刊登在報紙上，同時還有我提供的特徵描述以及死者身著「小豬商店」T恤衫的線索。一個老太太打來電話說照片看上去很像她的孫女。她不幸言中了。那確實是她的孫女，她失蹤時正在「小豬商店」工作。我們把她孫女的牙齒X光片和遺骸進行對比，得到了肯定的結論。

不幸的是，沒有人因為這起謀殺案被繩之以法。曾經有一個非常可疑的嫌犯，但最終因證據不足而未被逮捕。從某種程度上說，案子結束了。另一方面，它永遠不會真正結案。我們別無選擇，只能把遺骸交還給家屬進行埋葬，因為看上去永遠不會有審判了。

血淋淋的拉貝爾鎮（La Belle）毒品謀殺案是我記憶中可怖的案件之一。它發生在一九八一年，當時我剛剛開始參與調查非法埋葬案件，隨著為時一週的屍體挖掘工作的進展，謀殺的殘酷細節也一點一滴地浮現，展示出一幅無比恐怖的死亡現場。

我因為接到了瓦利・格雷夫斯醫生（Dr. Wally Graves）的一通電話而介入這個案子。瓦利是麥爾茲堡地區的法醫。他告訴我，警方找到了埋葬三具屍體的墓地。佛羅里達州執法局的一個團隊已經在協助調查。這是一起毒品案，三個住在東北部的人來到佛羅里達跟當地的毒品走私販談判。按照這種骯髒交易通常的走向，最後他們談判破裂了。那三個人在麥爾茲堡的旅館裡被綁架，並且最終遭到槍殺和掩埋。這些消息都是一名轉做污點證人的線人提供的。如果要對凶手進行起訴，屍體的挖掘過程必須非常小心謹慎。案情的細節必須透過現場的地層學證據進行還原。凶手把三名受害者逐一趕入一個深坑裡，槍殺，然後掩埋。這三具屍體在那裡埋了三年，一個疊著一個，像古代城市那樣呈層疊狀。整個挖掘過程複雜到讓人吃驚，而且還得在嚴格保密下進行。參與的相關人員都由衷希望我們的工作內容不會被洩露出去，這並不只是為了線人的安全著想，更是為了我們自己。

我有個積極的提議，想邀請一名專業的考古學家來監督這次挖掘工作。瓦利和佛羅里達州執法局（FDLE）同意了。佛州自然歷史博物館的布蘭達・辛格勒－艾森伯格博士（Dr. Brenda Sigler-Eisenberg）受邀前來和我一起工作。

每天早晨，我都會檢查我們的汽車引擎蓋有沒有被動過的痕跡，車底有沒有遭到破壞。我們就住在那三個藥頭遭綁架的同一家旅館裡，這一點我並沒有忽略。

我們需要穿過一個高爾夫球場才能抵達挖掘現場。當地的警長會比我們先到那裡。那裡還有州檢察官派來的一些調查員，其中幾個人手持突擊步槍，全天候守著這個現場。佛羅里達州執法局的偵查員和犯罪現場分析人員也來了，很快地我們就組成了一條工作流水線，挖掘、拍照、測繪坑洞、檢查坑內那目不忍睹的殘骸。當地的消防隊長和一輛泵車也在現場待命，準備隨時供水，沖去濾網上黏著的泥土，以便我們能夠發現所有的證據，不管有多微小。

第一具屍體的頭骨在我們抵達之前就已經被發現了。一把鐵鍬剛好從乾枯頭骨的頂部鏟過去，露出了一塊直徑約三吋的頭蓋骨。在建立了網格系統和深度參照點之後，我們就從那裡開始向下挖掘。轄區法醫和他的一名高級助手迅速投入工作，穿上超大號的皮靴，一桶桶地搬運挖出的泥土，放在濾網上沖刷。從這些一成不變的體力勞動開始，大家很快就投入工作之中，我們取得了很好的進展。

接下去的幾天，隨著屍坑一點一點地被挖開，我們看到了殘酷的景象。最上面的屍體是一個男人，他的雙手被緊緊地縛在身後。因為繩子的另一頭綁在他的腳踝上，以致身體後仰成一個彎弓的姿勢。屍體的頭部、嘴巴被防水布膠帶纏繞住，一個槍擊傷口明顯可見，那是近距離槍擊造成的。屍體的下半部還有一些皮膚殘留。眼看著那些皮膚由於暴露在陽光和空氣中而逐漸變成暗紅色，感覺很怪異，好像那些早已腐爛的血肉開始復活了一樣。

他下面的那具屍體臉朝下。繩子捆住了他的一隻手，但是並沒有繫牢在另一隻手上。他的嘴也被防水布膠帶封住了。凶手從正面開槍擊中了他的右前胸，然後他倒臥在最底部的第三具屍體上方，手臂搭在那具屍體上。

那些日子我的後背有些病痛，連續幾小時伏在這些屍體上對我來說是一種折磨。我只好採取折中的辦法，就是爬進屍坑裡，躺在屍體旁邊，一邊小心地挖掘他們，一邊跟他們面對面地待在一起。我這種非正統的方法讓在場的很多調查員覺得很有意思，法醫也這麼覺得，所以他很高興地給我拍了照，照片上的我躺在屍體旁邊，一手拿著小鏟子，一手拿著胡椒博士（Dr Pepper）的易開罐可樂。

因為在墓地裡工作，我們的衣服很快就變得又髒又臭。我們不得不去買新衣服，然後把髒衣服送到旅館的洗衣房。旅館人員起初極不願意處理我們的衣服，但經過一番解釋之後，他們變得能夠理解。這樣我們每天都有乾淨的衣服穿了。

隨著時間的推移，大家感到愈來愈不耐煩。有一次，辛格勒－艾森伯格博士宣布我們需要一些茶匙來更仔細地清理屍體旁邊的泥土。此言一出，我覺得我們馬上就要被這無止盡的煩瑣工作和更為苛刻的提議給逼瘋了！

辛格勒－艾森伯格博士的工作熱情給我們留下了深刻的印象。每天都有人替我們送來三明治，但是她總是堅持不吃午飯繼續工作。後來我才知道，她是因為噁心到根本吃不下。

有一天，我們正在進行挖掘的時候，傳來這次行動洩密的消息，邁阿密的毒販頭子已經得知此事。據說他們派出三輛車的人馬正朝我們殺過來。我就在想，如果三輛車的人帶著機關槍殺到現場，我們該怎麼辦。我最初傾向跳進屍坑裡和三具屍體待在一起，然後我又意識到，對於殺手來說，最符合邏輯的做法是朝屍坑投擲爆炸物以破壞證據。幸運的是，我最終不必為最佳逃命方法做出決定。不過若是真有那個必要的話，我想最好還是跑進附近的棕櫚林中，加入響尾蛇的隊伍吧。

在前面兩具屍體下面是第三具屍體，也是保存最完好的一具。在後來的解剖中，他的器官都能夠辨別出來。通常屍體在地下埋得愈深，保存得就愈好。在挖掘過程中，我們在鉛彈彈殼外面發現有一些細小的塑膠包裝紙纏繞。根據這些碎片在屍體之間和屍體上面的位置，我們確認了謀殺發生的時間順序。

埋在最深處的屍體是**最後**被殺的，而不是第一個。我們的結論與線人的供詞吻合。他後來在法庭作證說，躺在屍坑最底下的那個人實際上是最後死的。這些人從旅館被綁架之後，意識到求生無望，等待他們的只有死路一條。第三個人接受了這個命運，知道逃跑也沒有用，就哀求先被處決，這樣他就不用目睹其他兩個人被殺的慘狀。為了達到極致殘忍，凶手先把他扔進坑中，讓他活著，臉朝上，然後槍殺了他的兩個同伴，讓他們落在他的身上，之後才對著他的襯衫V字領口射擊。他是最早被埋，但是最後咽氣的。當他被活活地扔進坑裡時，聽見槍聲響起，感覺到同伴的屍體落在自己身上，血淋淋地抽搐著……那時的心境，我留給你們去猜測。

我們的調查結論隨後在法庭上得到了線人證詞的再度確認，因此我們這次的工作最終將二十多人以販毒、謀殺等罪名送進監獄。看到他們進了監獄，我很欣慰。扣下扳機的人是個名叫拉里·佛格森（Larry Ferguson）的惡棍（說他是「惡棍」還真是抬舉他了）。佛格森被判二級謀殺罪，監禁二十一年。

終於不辱使命。在完成了所有工作，屍體被運走之後，州檢察官辦公室的一位調查員抓了一隻野豬。我們在挖掘現場附近燒烤，舉行一場豐盛的晚宴，大啖肉質有些粗糙但依然美味的烤豬肉，還有烤豆子和焯白菜。看樣子，辛格勒－艾森伯格博士的胃口終於恢復了。

5 破碎的殘骸

Flotsam and Jetsam

錫樵夫：「你怎麼了？」

稻草人：「他們把我的腿掰下來，扔到了那邊！然後他們把我的胸脯拿出來，扔到了那邊！」

錫樵夫：「哦，好吧，到處都是你。」

膽小獅：「他們肯定也把你肚裡填的東西掏出來了吧？不是嗎？」

稻草人：「別光站在那兒說！把我裝回去！」

——《綠野仙蹤》（*The Wizard of Oz*），
一九三九年米高梅電影劇本，諾爾・朗利（Noel Langley）、
弗羅倫斯・賴爾森（Florence Ryerson）
和愛德格・阿蘭・伍爾夫（Edgar Allan Woolf）

用大卸八塊的方式來褻瀆一具屍體，總是被視為一種獸性的暴行，至少在西方人的眼裡是如此。殺人和為了使受害者無法被辨認而進行的蓄意破壞，不可等同而論。而後者的結果通常就是分屍。古羅馬詩人維吉爾（Vergil）在《愛伊涅德》（*Aeneid*）第二卷中描述在特洛伊城陷落後，國王普里阿摩斯（Priams）的斬首之

死，讓人喟嘆不已。國王丟掉了性命，但更糟糕的是，他還失去了身分。

> 他，曾經是那麼多部落和領地的君主，是亞洲的統治者——現在卻成了岸邊橫躺的一具軀幹，他的頭顱被從肩膀上摘去，一具沒有名字的屍體！

每年我會經手四到五起分屍案，在我的經驗裡，它們屬於最具挑戰性也最讓人沮喪的一類案件。我所說的不包括意外造成的肢解，好比那些因為車禍或者涉及機器故障所引發的事故。我說的是那些被冷酷地肢解成碎塊的謀殺受害者。他們支離破碎的屍體展示了人性惡毒——並且惡毒到極致之後的結果。分解一具新鮮的屍體並不是一件容易的工作。你會為此汗流浹背。我見過人們使用各種充滿想像力的工具來達到這個可怕的目的。從幾百萬年前坦尚尼亞奧杜威峽谷（Olduvai Gorge）原始人使用過的古石斧，到現在的藍波刀、鋼鋸和電鋸。那是一項血腥、混亂而危險的工作。使用鋸子和刀子的時候可能發生打滑的情況，以至於傷及自己。骨頭本身也是非常鋒利的；我在檢查遺骸時，就被折斷的骨頭割傷過。愛滋病的出現讓我們這些在解剖室工作的人都倍加小心。同時，愛滋病也給分屍案件添加了一點波折。倘若凶手在肢解一名愛滋病感染者的時候，電鋸打滑而割傷了自己，那麼他很有可能也染上這種疾病。這種情況下，受害者也算是完成了復仇行動，即使他已經死了！

唉，必須要承認的就是，分屍的確是一種非常有效的掩蓋受害者身分特徵的手段。在這裡，我想先坦白地告誡讀者，本章中，謎團比答案多，很多遺骸殘缺四散的受害者必須等到末日審判的那一天，才能將自己破碎的身體歸攏，然後講述他們生命中最後幾個小時的經歷。

分屍案通常會讓我產生一種悲慘和毛骨悚然的感覺。在大多數案件中，我需要把自己放在受害者的位置，想像著在他們死的時候發生了什麼事。我想像著槍口對準我開火，刀子，或者錘子，或者斧頭，上下翻飛著進入我的身體。受害者和我，我們試圖抵抗，我們舉起手臂，我們伸手去抓，我們把頭扭向一邊，拚命求生。在這些案件中，我站在受害者的角度重新經歷案發過程，每一個受害者都是活生生的，觸手可及。

但是在分屍案中，被害人已經死去，我必須讓自己成為那個剛剛殺了人，正在分屍的凶手，並且從他的角度審視一切。我成了分屍者，想像著現場的情形，使用的工具，以及把屍體切碎的每一擊。「你為什麼要砍向那裡？」我問自己。「你用了什麼工具？你有沒有停下來喘口氣？你著急嗎？你有沒有厭棄手上的這種工具，換上另一種？」

很多分屍案都是在浴缸裡進行的。浴缸裡能發現很多東西，絕不僅僅是浴缸琴酒（bathtub gin），這我向你保證！而且我經手的很多案子都和飛車黨徒或者毒品販子脫不了關係。這些案件看起來都集中發生在佛羅里達州的九十五號州際公路（簡稱I-95）沿線。如果說佛羅里達有一個分屍中心，那應該就是在戴通納海灘（Daytona Beach）了。州際公路像是動脈和靜脈，任由犯罪行徑經由這裡向全美蔓延流動。連環殺手像紅血球一樣在其間流竄，有時快，有時慢。發生在州際公路附近的罪行肯定會被視為享有治外法權，因為它既存在於各州的地理分界線以外，也不會玷污某一個州的美名。這個龐大的高速公路網本身就是第五十一個州，州花是致命的顛茄，州鳥是兀鷲。

當我剛剛進入法醫人類學這個行業時，人們還傾向於使用鋼鋸肢解屍體。殺人犯選擇這種工具是因為它們很容易取得和丟棄，而且鋒利的鋸齒狀刀片可以很有效率地把骨頭切斷。用鋼鋸鋸斷人骨要比用木鋸容易得多，這一點我親自驗證過。

另外，鋼鋸對於我們調查分屍案也很有幫助，因為一條新的鋸片通常會在骨頭上留下一道有顏色的痕跡——灰色、橙色、藍色、黃色。對這些痕跡進行化學分析，通常可以找到相對應的某一種品牌的鋸片。

然而近年來，鋼鋸被電鋸取代了。電鋸當然具有某些優勢：凶手使用電鋸可以省時省力。但是電鋸最大的缺點就是噪音奇大，並且會把現場弄得凌亂不堪。它們高速轉動的鋸條會讓血液和肉渣向四面八方噴濺。同樣，在經驗豐富的調查人員看來，電鋸也能提供證據。通常它們形成的切割痕跡都很獨特，不同型號的電鋸形成的切痕會有明顯不同。有時候從骨頭表面我們甚至能找到電鋸的機油，可以取樣進行化學分析。雖然我還沒有聽說過實例，但是毫無疑問，未來會有一天，電鋸分屍後留下的殘渣，或者哪怕是電鋸刀片上殘留的非常細微的肉、骨頭和血液，都能進行DNA分析，並且與受害者的DNA進行比對。

在C.A.龐德人類鑑定實驗室裡，有一套特殊的牛骨標本是我的珍藏。隨著我參與調查的分屍案愈來愈多，我認為建立一個鋸痕索引的參考目錄，對工作會非常有幫助。所以，我請佛羅里達自然歷史博物館的一名技術人員協助。我交給他一箱熬湯用的新鮮骨頭，請他用我們所能想到的每一種鋸子把骨頭鋸斷：廚房鋸、桌鋸、木鋸、帶鋸、鋼鋸（弓形鋸）、橫鋸、修剪鋸、電鋸，甚至還有解剖的Stryker骨鋸，它振動的鋸片能切斷骨頭但又不傷及皮肉。在顯微鏡下觀察分析，會發現每一種不同類型的鋸子都會在骨頭上留下不同的割痕。比如說，Stryker骨鋸會形成半徑範圍很小的圓弧形痕跡，有些許重疊。帶鋸的切割痕跡則很平滑，幾乎不會留下齒痕，即使是例外情況，也會是筆直、纖細，並且幾乎沒有重疊的痕跡。鋼鋸的痕跡則經常重疊，因為使用鋼鋸的人在切割骨頭的時候，會不時變換方向。它看上去像是一個細小歪斜的井字遊戲版，上面有千萬個小格子。電鋸的痕跡直接穿過骨頭。雜務工的工作檯上常見的桌鋸，有著八吋長的旋轉鋸片，可以形成平行的弧線痕跡。我們對所有這些鋸痕進行了詳細的拍照和標記。這套收藏是非常珍貴的資源，雖然我現在已經將大部分的樣式牢記在腦海裡了。

切過雞或者火雞的人都知道，從關節處下刀要比直接切割骨頭容易得多。但讓人驚訝的是，實際上很少有分屍者從髖關節把大腿卸掉。凶手大部分都是從屍體的胯部鋸斷，殘留下一截通常有幾吋長的大腿骨仍與骨盆相連。這一截殘骨對調查人員來說是天賜之物。這裡正是我們尋找鋸齒痕跡的地方。大腿骨（又稱作股骨），這個位置的骨壁非常厚，因此在骨壁上常常可以發現清晰的痕跡，表明骨頭是被什麼樣的工具鋸斷的。相較之下，骨壁偏薄的骨頭就很難呈現相同的效果。即使是刀子切斷關節的部分，也同樣會留下足夠洩露內情的斷口。我要說的是，把一具屍體大卸八塊而不留下任何有關分屍工具的線索是不可能的。隨便你怎樣劈砍都可以，但骨頭總歸是會充分發表意見的。

一九八一年，佛羅里達州中部萊克郡（Lake County）利斯堡市（Leesburg）的法醫辦公室邀請我過去一趟。在那裡我聽說了一件不尋常的事：有人看見一隻白色的捲毛狗正在路邊吃著什麼。結果發現那隻狗正在猛啃一條新鮮的人類左腿下半部。狗餓極了，大部分的肌肉組織已經被牠吃光。一週之後，在一百哩外的福祿喜雅郡（Volusia County），接近德通納（Daytona）的地方，發現了一條右腿的下半部。

經過對比，我發現這兩條腿非常相似，幾乎肯定來自同一具屍體。最具說服力的標記之一出現在膝蓋部位：膝關節下方的皮膚呈現出相同的繭，這種繭在衝浪者的膝蓋上很常見。兩條腿都是在膝關節往上一吋左右的地方被切斷的，切口從雙腿的同一高度橫貫膝蓋骨的底部。在顯微鏡下觀察斷骨的橫切面，可見細小呈直線的鋸痕，相互重疊，好像鋸片在手動鋸切的過程中改變了方向。這是一起典型的鋼鋸分屍案。

唉，這個衝浪者的雙腿是他唯一被找到的部分。我們再也沒有找到過屬於這具屍體的其他殘骸，也無法確認死者的身分。這兩條腿被發現的地點相距甚遠，但據此我們很容易確定，這是一條由高速公路連接的行車路線。我們向沿路所有的警署都通報了這起案件的情況，並且請求他們尋找其他遺骸。但是結果仍然一無所獲。

很多這類分屍案件都與毒品有關，而有組織的犯罪比社會上其他人有更豐富的謀殺經驗。他們知道怎麼殺人，也知道怎麼毀屍滅跡。

在「死神紋身軀幹案」中就是如此。一九八七年，我受邀前去檢查一個無頭、無臂、無腿的軀幹，他的肩頭紋著一幅巨大、精細、恐怖的死神圖案，死神揮舞著祂的鐮刀，張開他骷髏嶙峋的下巴獰笑著。死者的頭和四肢一直沒有找到，但是我們對於藉由紋身來辨別死者的身分寄予厚望。紋身在人死後很長時間仍然可以辨認，幾乎和皮膚在屍體上能夠保留的時間一樣長。這是真的，當皮膚的外層，也就是表皮層隨著早期分解脫落之後，紋身墨水真正附著的真皮層就會暴露出來，使紋身的顏色更加鮮明，比生前所見更加清楚。許多法醫會把屍體上的紋身拍照存檔，以幫助他們日後識別遺骸，而此案中的這枚紋身肯定會被記錄在冊。它的色彩鮮明搶眼，圖案獨具特色。警方到所有飛車黨徒及其同伴經常出沒的酒吧裡展示這紋身的照片，但是沒人有印象——或者說，至少沒人承認曾經見過這個圖案。屍體的身分一直未能獲得確認。死神張開祂那沒有血肉的下巴，對我們盡情嘲笑。

棄之不顧的話，我們的屍體很快就會成為食物鏈的一部分。在陸地上，每當死亡降臨，也意謂著正餐開始的鑼聲敲響，蒼蠅、甲蟲、蟑螂、老鼠、狗、貓、豬、浣熊、熊以及其他各種動物就

會蜂擁而至大快朵頤；在水裡，鱷魚、魚類、蟹類和鯊魚的飢餓也不遑多讓。在這種情況下，調查人員不得不揮舞手臂把那群飢餓的食客趕走，然後才能挽救並且檢查殘留下來的東西。

曾經讓我感到有些棘手的案子裡有一具身首分離的屍體，在佛羅里達礁島群（Florida Keys）的不同地點被沖上岸。頭部和部分頸部出現在一處，而幾乎所有其他部位——軀幹、下肢和被切除掉部分的雙腳——出現在另一個處。頸部似乎被鯊魚噬咬過，但並未完全咬斷。遺骸上有清晰的鯊魚齒印。但是在頸椎骨上也有依稀可辨的細小痕跡，表示頭部是被鋸掉的。當我檢查從軀幹突出的椎骨頂部時，也發現了類似的痕跡。毫無疑問地，屍體在被扔進水裡之前已慘遭肢解。我們要偵查的是一起可能發生在船上的謀殺案，而不是一起公開水域裡的鯊魚襲擊意外。

我的結論是：在這起案件中，凶手使用鋸子，有可能是電鋸，把屍體分割成三個部分，而我們只找到了其中兩部分。由於殘骸上面都有遭鯊魚噬咬的痕跡，我相信屍體的其餘部分被鯊魚吃掉了。這起案件的受害者和凶手的身分都未能獲得確認，但至少我們知道凶手是人，而不是鯊魚。

順帶一提，鯊魚是海洋中真正的清道夫之一，鯊魚的胃裡經常可以發現人類的遺骸，但那必須是在鯊魚吞食後不久就被捕獲，並立即開膛破肚的前提下。鯊魚消化系統裡的胃酸極具腐蝕性。骨頭遭腐蝕的速度之快，使得在鯊魚胃裡找到遺骸的機會變得非常渺茫。我曾經檢查過一塊從鯊魚胃裡取出來的脛骨，已經被腐蝕成如紙片一般薄的圓柱形骨頭，直徑也明顯縮小。這塊骨頭被銷蝕得所剩無幾，以至於警方起初認為那是一塊尺骨，也就是手臂上的骨頭。我糾正他們：它實際上是一塊脛骨，腿上的骨頭，被胃酸溶解成這麼一丁點。在各種鯊魚裡，最嗜人肉的是虎鯊。在牠們的消化道裡最常發現人類的遺骸。

一九九〇年三月，我受邀參與調查一起陳年舊案。一九八七年十月，在佛羅里達東岸的棕櫚灘郡（Palm Beach County）發現了一只密封的乙烯基袋，裡面裝著一顆斷頭。三年來，那顆頭顱一直被保管在棕櫚灘郡法醫辦公室裡，等待著確認身分或者案情出現轉機的時刻。終於，法醫的耐心得到了回報。他得知在一九八三年，也就是這顆頭顱被發現的四年前，一具無頭屍體出現在佛羅里達半島的另一邊，一位前任郡治安官所有的牧場圍欄旁。凶手是用電鋸將頭顱從屍體上割下來的。

即使屍體的兩部分被發現的地點相距甚遠，時間跨度也有幾年了，這仍是我鑑定過的所有分屍案中，屍塊吻合最為整齊的案例之一。頭顱被從舌骨，也就是喉結部位的下方切斷。而頸部也正好在舌軟骨的上方斷掉。藉由將四年前拍攝的無頭屍體的X光片與在密封的乙烯基袋裡保存良好的頭顱X光片做比對，我們可以證實它們屬於同一個死者。受害者的身分獲得了確認，他是一名牙買加人，獲報曾參與毒品走私。在這個案子裡，我們最終查出死者的姓名，並且把頭顱和無頭屍體從警方的舊案中撤銷了。但是沒有人因為這樁謀殺案被起訴，凶手仍舊逍遙法外……

接下來的那個月，我收到了一具完整的屍體，它被切成兩部分，分裝在西爾斯商店出售的那種大小兩件套旅行箱裡。旅行箱牌子是海力克斯（Hercules），在相隔數哩的兩個不同地區被發現：棕櫚灘郡的西棕櫚灘（West Palm Beach），還有聖露西亞郡（Saint Lucie County）的匹爾斯堡（Fort Pierce）。

屍體被攔腰斬成兩段，截斷面在第五腰椎的上方。這種分屍方法並不常見，但也不是完全超乎想像。全看你想把屍體分成幾塊。如果為了省事只想切一刀，那麼顯然你會選擇從下背部下手。

然而，這個案子的特殊之處在於，屍體的下半部又在大腿的位置被進一步肢解。用來分屍的工具很可能是一種細齒鋸，例如鋼鋸。屍體上半身還穿著一件為Boot Hill Saloon做商業宣傳的T恤，那是位於德通納的一間酒吧，深受摩托車愛好者的喜愛。受害者的身分確認了，他是一名摩托車騎士，但是凶手同樣並沒有被找到。死者顯然是幫派私刑的受害者，凶手把他肢解之後，又打包在兩件套的旅行箱裡，送他最後一程。

行文至此，讀者或許已經能夠體會到這些分屍案帶給我的沮喪和無奈了。一次又一次，我都在扮演《鵝媽媽童謠》裡「國王的千軍萬馬」的角色，試圖把某個可憐的矮胖子（Humpty Dumpty）拼回原狀，只不過矮胖子現在是謀殺受害者，他並沒有從牆上掉下來摔碎，而是被槍殺或者刺死，然後又被凶手不厭其煩地大卸八塊。有些時候，我費盡千辛萬苦，最終也成功地把看似毫無關聯的屍塊拼回成一具完整的屍體。有時候，我甚至還能夠猜測出凶手的性格和犯罪現場的環境。我能夠看到一個分屍者作案時的心理脈絡，他氣喘吁吁，汗流浹背，牙齒打顫，把頭顱和四肢一塊一塊地切掉，而他所使用的工具我也辨認得出來。但是這些都還不夠。殘骸雖然找到了，凶手卻逃脫了抓捕和懲罰。

這些分屍案讓我們獲得的科學和知識上的勝利遠甚於道德上的勝利。今天，有愈來愈多的分屍案得到了應有的重視。在舊有的驗屍官制度下，沒有人會對分屍案多看一眼。它們太棘手，又太恐怖，因此人們不願意潛心研究。以「屍體遭肢解」做為結論記錄在案，遺骸會被埋葬，事情就此結束。現在，我們運用更清晰的解剖學知識和更先進的科學技術，更加深入仔細地調查這些讓人震驚的案件。就像我前面提到的，我們有時可以把那些被四處丟棄，相距數百哩，時隔多年才陸續被發現的屍體殘骸拼回原狀。我們並非每天都能滿足於看到自己的工作成果將謀殺犯、分屍犯繩之以法，但是我們一直在為此努力。

我調查過的分屍案中最驚人的一起，也有著想像得到的最完美的結案過程。當我為此案出庭作證完畢幾分鐘後，法庭就戲劇性地宣判凶手罪名成立。我把這個案子叫做「面無人色的印第安人案」，事情的經過是這樣的：

一九八一年，我剛協助完拉貝爾鎮那三名毒品走私販屍體的挖掘工作，就又被叫去鑑定一具遭肢解埋葬的屍體。受害者來自蓋恩斯維爾地區，在郊外擁有一塊土地。這塊空地上的一角停放著一部閒置的拖車屋。有一天，來了一個名叫提姆．伯吉斯（Tim Burgess）的越戰退伍老兵，此人神情絕望，蓄著深色長髮和亂糟糟的落腮鬍，他向地主請求在他的土地上搭帳篷落腳。地主同意了，但伯吉斯很快地就利用對方的好意得寸進尺，乾脆住進了拖車屋裡。最後當地主請他離開時，伯吉斯拒不從命。

這名地主得知伯吉斯有過前科，當時正處於假釋期。他曾多次被捕。有一次，他在華盛頓特區白宮門前遛他的杜賓犬，狗突然撲向一名路人，伯吉斯的大衣被扯開來，露出裡頭藏有的點四五自動手槍以及數百發子彈。

總之，伯吉斯是個可怕的客人，他有嚴重的暴力傾向，而且精神狀態相當可疑。敢怒而不敢言的地主不想與伯吉斯當面衝突，於是勉強寫信給他的緩刑監督官，投訴伯吉斯不僅未經允許就占用了他的房產，而且還在附近的樹林裡種植大麻。

對於我們司法系統的荒誕之處，我早就見怪不怪了。那位心地善良的緩刑監督官只是給伯吉斯寫了一封信，透露他被地主投訴。信中，他還嚴厲地警告伯吉斯銷毀大麻作物。

結果，這封信成了那名不幸地主的死刑執行令。

當地主終於忍無可忍，前去和那個非法停留的無賴當面理論，想把話一次說清楚時，他完全不知道自己向緩刑監督官打小報告這件事，讓伯吉斯怒火中燒。地主是帶著自己的寵物一起去找伯吉斯的，而從此再沒人見到他和他的狗活著出現。幾天之後，有人通報地主失蹤，於是警方前往那個地點查看。在那裡他們發現了受害者的皮卡車和他死掉的狗。當他們搜查現場的時候，一名調查人員被像是棍子的東西絆了一下，那根棍子從地下伸出來的角度很奇怪。經過仔細檢查，那不是棍子，而是一截折斷的人類大腿骨，周圍還有已經腐爛、風乾後脫落的皮肉。

一則古怪的側記：幾個月之後，還是同一名調查人員，當他跑到另一片樹林裡去解尿時，竟然又發現了一具屍體！那具屍體屬於另一個毫不相干的案件，他已經找了好幾個月都一無所獲。你若是知道有多少屍體是在人們跑去拉撒的時候被偶然發現的，一定會感到吃驚；一九三二年，著名飛行員查爾斯．林白（Charles Lindbergh）的兒子被綁架，小孩的屍體也是這樣被一名卡車司機發現的。

回到從土裡伸出來的骨頭上吧：我偕同我的考古學家同事辛格勒－艾森伯格博士一起，開始了挖掘工作。屍體的兩條股骨都被切斷了，雙腿和軀幹被埋在一處。還有一個令人震驚的細節是：受害者被剝去了頭皮，他的頭髮和軟組織從頭頂被完整切下。屍體還顯示臀部、腹部和頸部遭到槍擊。凶手朝他開了三槍，把他殺害。

伯吉斯逃跑了，但是沒跑多遠。就在我們挖掘屍體的時候，有人報告說，看到他手持一把點三五七麥格農左輪手槍在距離現場一哩外的樹林裡逃竄。所有的調查人員旋即一窩蜂地離開現場追了過去，急切地想將嫌犯拿下。當他們的身影消失在遠方，我和辛格勒－艾森伯格博士面面相覷。我們意識到，自己正身處一起可怕的謀殺案現場，我們手無寸鐵，孤立無援，而凶手可能仍在附近的樹林中徘徊！我們焦慮不安地等待著，不久之後警官們都回來了。但是才過一會兒——當我們需要他們幫忙把腐爛的遺骸抬上車時，又四處找不到人了。你肯定想像不到，這些身材魁梧的員警一遇到這類型的髒活時，腳底抹油跑掉的速度有多快！

抓捕伯吉斯的過程有點高潮突降。當搜捕還在進行時，伯吉斯打電話給他的鄰居——一名副警長，自己投案自首了。

這起案件中的分屍手法極不尋常。在一條大腿骨上發現的痕跡表明，凶手用一把刀子切割皮肉的部分，然後還是用這把刀切割骨頭。如果你曾經試過用一把大折刀或者獵刀砍伐樹枝，你就會明白，剛開始似乎進展不錯，但是沒過多久你的胳膊就已經累得沒勁了，而這時你連樹枝的一半都還沒有砍到。同樣的情形也發生在這裡。在疲勞沮喪之下，凶手找來了一把斧頭，沒多久就完成了肢解的工作。在一條腿上成功練習之後，他又揮動斧子砍向另一條腿，把它也截斷了。

這種千方百計地肢解一具屍體的行為讓人匪夷所思，但是跟伯吉斯的辯護律師在庭審中拋出的荒誕理由相比，絕對是小巫見大巫。我還從未見過一個罪行確鑿的人能像伯吉斯那樣，和律師沆瀣一氣，在法庭上狡詐地進行詭辯。他對謀殺指控拒不認罪，並且聲稱自己的行為是正當防衛。

據他的律師辯稱，伯吉斯相信自己是美洲原住民。他剝去受害者頭皮這一點，說明了他是出於自衛殺死對方的，因為印第安人不會剝去手無寸鐵的無辜者頭皮，他們只對那些在公平搏鬥中被殺的對手才採取如此手段！我從沒聽過如此讓人吃驚的胡編亂造。檢察官還真的安排了一位民族學家出庭作證，以證明這個理由有多荒謬。實際上印第安人經常不由分說地剝人頭皮，甚至去剝那些不是他們殺死的受害者頭皮，有些受害者還未咽氣，頭皮就被剝掉了。

然後就輪到我出庭作證了。與其他大部分的案件相比，為分屍案出庭作證是一個嚴酷的考驗。我不得不把我從一堆人類遺骸中所獲取的，讓人痛苦和難以承受的全部細節和盤托出。我講述的時候，法庭從我的陳述中聽到的，將會是一些非常駭人的描繪。法官在聽，陪審團在聽，被告人在聽——而且往往受害者的母親，或者父親，或者其他親人也同時在場，淚流滿面地聆聽。在這種時刻，一想到受害者的家人我就無法承受。我把他們隔絕在我的思緒之外，集中所有精力，只想遺骸。死者，而不是活著的人，才是我應該關心的重點所在。法庭的判決對於受害者來說為時已晚，對於失去親人的家屬們，也只能起到一點微不足道的安慰作用。但是，它確實幫助更多的人免遭凶手的殘害，如果凶手沒有被法辦，未來肯定會有更多人的生命受到威脅。

但是這一次，在法庭上重現犯罪細節的過程導向了讓人意外的結果。我手持伯吉斯那把折疊獵刀，向陪審團詳細地展示他是如何握住手柄的末端，以獲取最大的槓桿力量來切割骨頭，從而形成了我所觀察到的破壞痕跡。辯方很尖銳地質疑我的證詞，所以我不得不一次又一次地重複說明、解釋和示範。

整個過程中，伯吉斯都坐立不安。當我結束作證，輪到法醫上場時，被告向他的律師示意。兩人耳語良久。最後，伯吉斯的律師請求上前與法官商量。

伯吉斯改變了主意，決定「認罪」。他的律師解釋說，伯吉斯發現關於受害者的死亡過程和分屍示範過於逼真，與實際情況太相似，勾起了他無法承受的殘酷記憶。

聽到這些，我承認我感到一種「法網恢恢，疏而不漏」的快意。在庭審中，讓你永遠感到無比挫敗的是，你明明知道最能證明你證詞中關於犯罪過程的人，那個知道每一個細節的人，就在被告席上。他就坐在離你幾呎遠的地方，往往還用直勾勾的眼神盯著你——但是他永遠不發一語。對於過去那些我竭盡所能仍然無法解決的分屍案件，這個案子算是一個安慰。至少這次，我確知凶手已經伏法，我好像聽到了監獄大門猛然關上時那沉重的聲響，並且為此感到欣慰。

「當你病入靈魂」
"When the Sickness Is Your Soul"

要是有隻眼睛壞了連累到你，
把它摘除，少年，以獲得健全：
它會受傷，但你的身體還有其他好的僕從，
會送去許多慰藉。
要是手或腳壞了連累到你，
把它砍掉，少年，以獲得完好；
但是人之所以為人，全賴靈魂支撐，
當你病入靈魂，只有死路一條。

——豪斯曼（A. E. Housma），
《什羅普郡少年》（*A Shropshire Lad*）第四十五首

在很多人看來，自殺是與強烈的悲壯感有所聯繫的。那絕然不可挽回的行動，將自殺者推向那「無人歸來」的陰暗境界的最後一擊，都讓我們心生憂鬱和嚴肅。在西方文化裡，企圖自殺的行為是被宗教嚴厲禁止和詛咒的，自殺者將永遭天譴，任聖靈的閃電劈向靈魂。在《神曲．地獄篇》裡，但丁把自殺打入第七層地獄，在那裡，它們的暗影化作黑暗森林中的樹木，淌著鮮血的枝幹永遠被魔鬼的鳥啄開。嚴謹的基督教教義禁止自殺者的身體在聖地裡安息。莎士比亞的悲劇中，在國王的「極力要求」下，僧侶們勉為其難地允許哈姆雷特的愛人、溺斃的奧菲莉亞（Ophelia）的棺材進入教堂墓地。否則，「她應該長眠於不聖潔的土地上，直到最後的號聲響起。」

自殺有一種讓我們所有人都頓感不安的力量，它能使最駑鈍的頭腦也對生命的意義進行幾分鐘的思考。看上去，我們這些地球上孤獨的生靈都深知自己終將死去。「人們有著天使般的頭腦，並且從一開始就看到死亡之斧」，詩人愛德格．李．馬斯特斯（Edgar Lee Masters）寫道。從看到死亡之斧，到抓住斧頭，再到揮舞斧頭，這個過程可能花不到一分鐘的時間。在我的經歷中，確實有一些案件，那些不幸的人用斧頭把自己砍死。

歷史上不乏英雄式的自殺案例：西元前四六年，小加圖（Cato Minor）在輸掉了最後一場捍衛羅馬民主的戰役之後，於北非尤蒂卡城（Utica）自刎。死前的一整夜，他都在閱讀柏拉圖關於靈魂不朽的名著《斐多篇》（*Phaedo*）；一七九八年的尼羅河河口海戰（Battle of the Nile），法國艦隊「東方號」（L'Orien）上那個「站在燃燒的甲板上」的男孩，寧可被火焰吞沒，也不願離棄他死去的艦長父親；一九六三年，佛教僧侶釋廣德（Thích Quảng Đức）在西貢用汽油自焚，以抗議南越的腐敗政權。這些高尚的死亡在人類記憶中引發共鳴，就像一座宏偉的心靈雕塑紀念館。在我們的時代，我也知道一些全然無私的自殺行為：有人為了成全別人而自殺，像是為了替親屬獲得保險金，或者為了償清欠債。即使掌握了我們這個行業的專業知識，也無法避免因為懷疑和痛苦的積累而導致的自殺。英國著名法醫學家伯納德・斯皮斯伯里爵士（Sir Bernard Henry Spilsbury, 1877-1947）經過慎重考慮，決定結束自己的生命。在經歷了數次中風之後，他清楚知道自己的思辨能力已經受到損害，職業生涯也走到了盡頭，於是做出了一個高尚的舉動。他只領取一百份驗屍報告書，而不是通常領取的五百份。之後的每一天，他在實驗室裡檢驗屍體，案件一樁一樁地消耗掉他留給自己此生的最後時光。當第一百份驗屍報告出具完畢，斯皮斯伯里在俱樂部裡吃了最後的晚餐，回到他的實驗室，把頭伸進爐膛裡開煤氣自殺了。

唉，我本人經手的自殺案件就大多沒有這麼高貴和體面了。我目睹的案件不是很糟糕，就是很荒謬，要不然就是很讓人悲傷。我此刻所指的主要是自殺的年輕人。我堅信，如果更多打算自殺的年輕人知道員警會拿他們開多麼殘忍的玩笑，那些技術人員把他們的屍體拽走，開膛破肚地解剖，然後又為了下葬而重新拼裝完整的場景是多麼地難看，那些伴隨著自我毀滅而產生的光輝與燦爛的想像恐怕會消失殆盡。在我處理的大多數案件中，自殺被證實是對於某個難題進行的匆忙、放縱、肆意和衝動的解決方案——感情受挫、名譽受損、銀行帳戶透支、突然爆發的怒火，或者毒品引致的抑鬱。在這些一時衝動造成的自毀行為中，我想並不包括那些因為身患絕症而自殺的情形。對他們來說，生命已然成了一種痛苦而無法承受的負擔。孤獨、年老、不治之症和痛苦疾病，這些有時足以成為自殺的理由。在這種情況下，我們應該退後一步，不要妄下判斷，以慈悲之心來看待這些把死亡視為解脫的人。

面對死亡現場的時候，開開黑色玩笑或者故做輕鬆是慣常反應。記不清有多少次了，面對著頭部有四到五處槍擊傷口的屍體，或者頭骨被可怕地擊碎，或者被鐵鍊綁在沉沒的破船上的屍體時，警調人員都會裝出一副一本正經的口吻說：「這肯定是自殺對吧，醫生？」

而你確實不能馬上否認！自殺的傷口往往是最怪異的。我讀研究所期間，曾在奧斯汀的一家醫院裡兼職，見過一個絕對超乎尋常的案子：一名律師在自己辦公桌旁用一把點三八手槍對著自己的腦袋連開**五槍**自殺，當時他的祕書正發了狂似地想砸開他辦公室的門。門是從裡面鎖上的；祕書沒有任何共犯嫌疑。整件事都是律師自己幹的。當警方趕到現場從他手裡拿走手槍的時候，那律師還活著，還能注視著員警，眼神隨著他們移動。槍擊案發生在下午，在醫院裡我負責守在他身邊，陪著他經歷緩慢而痛苦的死亡過程，直到午夜時分他才終於死去。調查結果顯示，這個可憐的律師把槍管放進嘴裡，開了五槍。兩顆子彈從他的臉頰邊貫穿出去，另外兩顆子彈從靠近頭骨頂部的顱穹窿（cranial vault）穿出，第五顆子彈打進了他的大腦。替自殺者驗屍時發現多重槍傷並不稀奇，不過這些傷口大多出現在軀幹部位。像那名律師那樣朝頭部連開五槍還能存活那麼長時間，這種情況確實非常罕見。

很多人對於自殺的精心策畫程度尤甚於十月懷胎。我見過一些經過精妙計畫和決絕堅持之下的自殺案件。在這些案件裡，求死的決心等同——甚至更甚於——求生意志。有些自殺者寧願忍受地獄般的折磨，以求擺脫他們自身沉浸已久的苦海。科學文獻中曾記載一個案例，有個人用桌鋸把自己從腰部截成兩半。在古代日本，很多朝臣用切腹的方式自殺，用一把尖刀切開自己的腹部，之後一個朋友會上前去把自殺者的喉嚨割斷，以減輕他的痛苦。但是也有例外，尤其是著名的乃木希典將軍，他於一九一二年切腹自殺，沒有同謀，無人給他最後一擊。他安靜而堅忍地等待，最終腹部傷口血盡而亡。在我們學科的專著中記載過一個可怕的案例，有個人把一柄長刀楔進教堂的散熱器裡，然後反覆向刀鋒猛衝，用頭部撞擊刀尖，直到最後刀鋒刺穿了他的頭骨而如願死去。其他有紀錄的案件中，有人升起聯結車的液壓後擋板，或者降低砂石車的翻斗，讓它們砸在自己的腦袋和脖子上，就像是緩慢而遲鈍的斷頭臺。這種情況下，機器驅動的後擋板並不會將人的脖子斷成兩半，而是會把它壓扁，變成一團麵餅狀的東西。其他記錄在案的自殺行為還包括人們用電鋸鋸向自己，或者自願被毒蛇咬死。

還有另外一種類型的自殺，也許可以稱為精益求精型自殺，這類自殺者希望自己美麗整齊地死去，或者希望盡量不造成後續調查人員的麻煩。我記得有一個案子，一個男人朝著自己的胃部開了兩槍，而在開第二槍的時候，他很小心地擺正槍管的位置，讓子彈正好從第一槍的傷口裡擊入。出於某種原因，他不希望自己腹部出現兩個傷口。

女人在自殺前，通常會穿上一件漂亮的睡袍並且化好妝。俄亥俄州發生過一個奇怪的案子：一名十八歲的少女手持左輪槍頂住自己的後背，用拇指扣動扳機自殺。她的屍體上只有一個從肩胛骨中間部位射入的槍擊傷口，乍看很像是謀殺。但是從她四肢的姿勢，子彈的軌跡以及案發現場的房間是從裡頭反鎖等情況分析，警方意識到這是一個自殺案件。顯然，這個年輕女孩非常在乎自己的身體不要被傷口破壞，這樣她在棺材裡也會保持美麗。

類似的情況也發生在我處理過的另一個案子，那是在奧卡拉國家森林公園（Ocala National Forest）裡發現的一具男屍。屍體是在距離公路約五十碼外的樹林裡被發現的。發現時只剩下一副骸骨。從骸骨的姿勢判斷，這個人顯然曾經背靠著樹幹坐著。附近發現了一個盥洗包，裡頭有一條擠壓式牙膏、鬍後水、一瓶Right Guard除臭劑、指甲刀和刮鬍刀片，整齊地擺放在一個愛迪達背包裡。骸骨穿著愛迪達運動鞋和Dockers的卡其褲。他的手邊有一支原子筆；不過，假設他曾經用這支筆寫過什麼，那張紙也早就不見了。一顆子彈打穿了他的頭骨。

和這寂寞叢林裡孤單坐屍有關的一切證據都指向了自殺的結論——除了沒有槍！屍體旁有個拉鍊槍袋，但裡頭是空的，周圍也沒有發現槍。很難想像一個凶手在殺人之後拿走凶器，卻把槍袋留在現場。那麼，槍在哪兒呢？

我們大規模搜索了兩天，使用金屬探測器、耙子還有其他工具，把骸骨周圍的樹林都翻遍了。第二天，暮色蒼茫時分，當我用小鏟子撥動一處樹叢的殘枝敗葉時，我聽到了一聲金屬碰撞的鐺鐺聲：那裡，在樹葉覆蓋之下，正是一把點三八短管左輪手槍，距離屍體十呎左右。顯然，這就是自殺者使用的那把槍。

但是，槍是怎麼跑到那裡的？是有人來過，揀起槍，看到槍身已經鏽跡斑斑，就又把它扔了？還是有動物來吃腐屍的手時，把槍叼到了別處？這些都是讓法醫人類學家感到困惑的問題。死者的身分也未能獲得確認。在這個國家的某個地方，也許有一對父母還在為一個年輕人的命運擔憂。他二十歲出頭，充滿困擾，跑到佛羅里達，走進密林之中，就再也沒有走出來。為了確認死者身分，警方付出巨大的努力，他們甚至調查了牙膏的生產日期，但仍毫無線索。那把槍是憲章武器公司（Charter Arms）製造的點三八特型（.38 Special），警方循線追蹤到三藩市，五年前這把槍在那裡售出。但是書面紀錄僅到此為止。

另一起令人玩味、精心策畫的自殺案，發生在幾年前，蓋恩斯維爾當地。死者是佛羅里達大學的教師，他仔細地把一支啤酒開瓶器和另一個金屬物件綁在自己的手臂上，再把一根電線裸露的線頭部分纏在上面，然後接在一個定時裝置上，再把時間設定在凌晨四點。該名男子用威士忌服下了大量的安眠藥後，從容上床就寢。他睡得很香，再也沒有醒來。電子精準控制的計時器在凌晨四點準時啟動，接通電流把他電死，正如他精心策畫的那樣。

蓋恩斯維爾地區還發生過一件「請不要再來煩我」的自殺案，一個男人被發現死在他的汽車駕駛座上，屍體已經腐爛。一根連接汽車排氣管的軟管從駕駛座窗戶的縫隙伸進車內。車子的汽油已經耗盡，但是鑰匙切換至點火的發動狀態。顯而易見，這是一起一氧化碳中毒的案件。死者沒有留下遺書，但是在屍體旁邊的汽車座位上，整齊地擺放著一張當地法醫辦公室調查員彼得・澤勒（Pete Zeller）的名片。彼得對這個情況感到震驚不已，而更讓他震驚的是，他後來意識到自己認識死者。兩個月前彼得曾經見過死者，當時他看起來精神還不錯。彼得告訴對方自己已經從警局退休了，現在在法醫辦公室工作。那人貌似對這個消息很感興趣。他很隨意地問彼得，哪一種自殺方式最好。彼得也同樣隨意地回答說，他認為一氧化碳中毒比較沒有痛苦。

跟那人告別的時候，彼得給了他一張自己的名片，卻從未料到名片會被用在這種場合。之後不久，那人就自殺了。他把彼得的名片留在前座做為聯繫方式，以確保自己的遺體會被妥善安置。彼得也因此難免被同事揶揄。「彼得，」他們說。「下次告訴你要自殺的朋友，把車停在法醫辦公室門口。這樣我們還能省點汽油。」

當然，也有很多人毫無來由地把自己幹掉。意外死亡和自然死亡通常會與自殺和謀殺混淆。最常見的情況是，一個老邁年高的人在樓梯上，或者浴室裡，或者其他什麼地方摔倒了，摔倒過程中會造成嚴重的出血和傷口，以至於一個粗心大意的觀察者會認為死者是遭重器擊打致死。這些案件需要法醫病理學家運用全部的技巧來進行判斷。

我記得一件讓人印象深刻的案子，一名年輕人把自己打扮成吸血鬼的模樣去參加萬聖節派對時，意外地把自己殺死了。他穿了一件沾有假血跡的襯衫，並在襯衫下放了一塊蘋果板條箱的底板，是軟松木質地的那種。為了營造駭人的效果，他計畫在派對現身時，用一根「木樁」刺向自己的心臟。木樁實際上會刺入他事先藏在襯衫底下的松木板上。不幸的是，事情沒有按計畫進行。這名年輕人選擇用一把尖刀替代木樁，並且還用一把錘子將刀子敲進松木板裡。顯然，他相信隱藏的木板足以擋住刀尖，使他免受傷害。但實際上，沒有擋住。軟木在經過錘子鑿擊的刀尖下猛地迸開，刀鋒深深刺入了年輕人的心臟。他踉蹌地走出自己的房間，難以置信地說出他最後的遺言：「我真的這麼幹了！」

然後撲倒在地，死了。這並不是真的自殺，而是一起荒謬而悲慘的意外事件。

但是，意外造成的自殺可能源自更加黑暗的根源。在這些死亡事件中，有一種是畸形的性行為失控，導致了死亡這種意料之外的高潮。我所指的，是自慰性窒息（autoerotic asphyxiation.）。

這種行為很古老也很危險。薩德侯爵（Marquis de Sade）在他一七九一年的變態小說《瑞斯丁娜》（*Justine*）中描述了一個法國貴族，他習慣把自己勒至瀕死狀態，透過限制氧氣供給大腦的方式，來提高自慰時性高潮的強度。在幾個月的時間裡，這個貴族逐步增加這種折磨的持續時間並勒得更緊，直到他最終把自己勒死。薩德是個敏銳的異常行為臨床觀察者——尤其擅長自我觀察——人們也留意到了這個故事中的警示意義。讓人難過的是，時至今日這種古怪的做法仍然盛行，並且是偏差行為中廣為人知的一種形式，通常會導致災難性的後果。

這種自我折磨是否真的「有效」，它是真的可以增強缺氧大腦產生的性快感，或者僅僅是一種儀式性的性幻想手法的再現？這些問題我留給病理學家和精神病學家來解答。我所確知的，以及我們所有見過這類案件的人所確知的是，這種行為一旦開始，就會一波接著一波，進行得愈頻繁，就愈危險。這種扼頸的儀式通常會在相當長的一段時間裡，一次又一次地不斷重複。我們知道這些，是因為捆綁繩子的屋梁、管道，或者其他物體上都有磨損的溝槽，那正是長期重複這類行為造成的。

通常，受害者會把繩子繫在木梁上、地下室的管道上，或者樹幹上。然後他會將繩子的另一頭纏繞自己的脖子，一般會在脖頸處墊上毛巾以避免繩子造成的摩擦傷。手也可以被綁起來，一般都會是易於解開的活結。死者通常會易裝，穿上褲襪和其他女性服裝。此外，在受害者附近的地板上也會有露骨的色情刊物等。

在這種危險的作樂方式中耽溺的人是在找死。他們相信自己可以隨時停下來，但是他們並不了解的是，大腦缺氧會使人隨時失去意識，**沒有任何徵兆**。沒人會給繩套上的那位發個電報說：「你的大腦馬上要停工了。」所以他們會突然地癱軟、下滑，繩子的壓迫隨之增強。窒息導致意識喪失無法恢復，整個過程只需要幾秒鐘。受害者被發現時，是以一種極為尷尬的姿態死去，如果他們能看到自己的死狀的話。

過去，在這種異常行為被詳細記錄之前，很多這類案件會被歸類為自殺或是他殺，而不是意外死亡。但是犯罪分子乘虛而入：凶手掌握到這種人類行為中隱晦的弱點，於是他們企圖把現場布置成自慰性窒息的樣子來迷惑調查人員。在這類案件中，頭頂的屋梁上有無重複磨損形成的溝槽，成了重中之重的線索。調查人員也會注意到一個事實，那就是幾乎所有的自慰性窒息施行者都是白人男性。沒人知道為什麼，但從統計學上來看是如此。

這些死亡案例也並不罕見。在佛羅里達州平均大概每月就會發生一起。偶爾我們會見到一些異常古怪的案子。有些人實在很害怕傷到自己的脖子，就把鍊條纏繞在**腰間**以抑制自己的呼吸。這種方法對於減少輸氧給大腦同樣有效。受害者會把自己用鏈條吊車懸吊起來——之後他們就會被發現吊死在那上面了。有個倒楣鬼顯然很樂於讓自己的金龜車慢慢地拉動他腰間的鍊條。不幸的是，鍊條被捲進了車輪裡，汽車把他拖了進去，像脫魚鱗一般來回翻打，直到他粉身碎骨。

而對另一個倒楣蛋來說，痛苦與歡樂顯然是同胞兄弟。他把一台電車變壓器接上鱷魚夾，夾在自己的陰莖上。他習慣使用弱電流刺激自己的生殖器。很遺憾地，有一次——也是最後一次——變壓器發生短路，家用一百一十伏特電壓穿過了他的身體。他就這樣羞辱地被立即電死了。我們曾經在會議上提出這個案例，它受關注的地方在於，死者的父母在警調人員抵達之前，移除了所有和變壓器相關的證據。可以理解，當他們發現自己兒子如此淫邪的死狀時，是多麼地震驚和懊惱，並且竭盡所能地隱瞞他的死亡方式。但是，鱷魚夾留下的痕跡相當特殊，這些在驗屍時都顯而易見。警方小心而敏銳地問過幾個問題之後，死者的父母崩潰了，坦白了事件本身的不堪面目。最後這個案子被判定為意外死亡。

長期擔任紐約市首席法醫的密爾頓・哈布林（Milton Helprin）講過一個故事。幾個目擊者看見一名年輕的愛爾蘭人站在地鐵月臺的遠端，然後他突然默默地向前傾身，撲在一輛正在進站的列車前面。他被發現死在車輪下，血肉模糊。但是死者來自一個天主教家庭，他的家人無法接受最初判定為自殺的結論。他們非常確定自己的兒子沒有理由自殺，最終的調查證實他們是對的。哈布林重新檢驗了被軋碎的屍體，發現死者的右手拇指和食指以及陰莖頂端的部分有細微的灼傷痕跡。因此他向死者的家人證實，他們的兒子是死於意外。他當時正朝地鐵軌道裡小便，碰巧澆到了帶電的第三條軌道上，因富含鹽分而利於導電的尿液遂成了致命電流的導線。這孩子在落下鐵軌之前可能就已經死了。

在我檢驗過的所有死亡案件中，自殺是最讓人沮喪的。我的專業領域是骨骼鑑定，但是很多自殺的手段並不會在骨骼上留下痕跡。每當我們在樹林深處發現一具破碎或者散架的遺骸，我就會馬上抬起頭，在屍骨上方遍布的枝幹間尋找可能早已被遺忘的絞索。上吊的受害人屍體開始分解時，頸部會拉至幾呎長。最終，風乾後木乃伊似的皮膚會被扯斷，頭部和軀幹分離，全都掉落到地面上。然而絞索卻很可能保留下來，猶如一根麻繩擰成的手指，直指事實真相。

送來我實驗室的許多骸骨屬於那些在生命的最後幾小時內，像隱士一般生活的自殺者。通常他們都是在一些偏遠的地方被發現。人們常常會跑到某個隱蔽的地方自殺，不管是想獨自了斷不受阻礙，還是只想獨自消失，把生命的最後時刻用來在寂靜中回味。無論如何，很多屍體被發現時已經嚴重分解，也許只剩下骨頭了。需要依靠我們這些人類學家、病理學家以及調查人員，盡可能地推斷出這些人如何會死在如此僻靜隔絕的地方。不可避免的是，這些自殺者的遺骸會與那些遭謀殺棄置在荒郊野地的受害者遺骸相混淆。另一種容易混淆的情況是意外死亡——骨骸也許屬於一個因吸毒過量而死的人。

在處理與毒品或者毒藥有關的案件時，我們總是會尋找藥瓶或容器。當然，很多在樹林裡發現的遺骸旁邊都會找到瓶子——但大多數情況下裡面裝的是最後一點瘋狗20-20（Mad Dog 20–20），一種廉價的加烈酒。這些案子從某種程度上來說，也確實與中毒有關，酒精也屬於毒藥的一種，發作長期而緩慢；但是這些死亡不會被法律判定為自殺。

但是，如果死者在前往死亡地點**之前**就服用了毒品或毒藥呢？如果毒藥只是一粒膠囊呢？顯然在這些情況下，現場不會有任何證據。有時候，受害者會在服毒之後出於恐懼或厭惡而把瓶子拋得遠遠的。這些瓶子很難被找到。實際上，我遇過一個讓人瞠目結舌的案子，也是樹林中發現的屍體。這個案子的員警進行了現場調查，卻沒有發現五十呎外還有**兩具腐屍**。想像一下，如果你連一具腐爛的屍體都沒看到，那麼忽視一個小小的藥瓶就不足為奇了！最初那具屍體後來被裁定不是自殺。

有人也許會想，用槍自殺的案件，調查會非常地直截了當。死者的頭上會有個洞，屍體旁邊會發現一把槍。確認死者身分，找到他的人生絕望史——結案！但實際上事情並不是那樣。槍也許找不到。如果在樹林裡發現一個死人，身邊有支槍，很多人會把槍揀走而不報警。槍是值錢的東西。所以，找不到槍的自殺看上去更像是謀殺，帶給我們無窮無盡的麻煩。

我從未在自殺者的遺骸旁見過遺書。屍體在野地裡暴露幾週甚至幾個月之後，能找到任何遺留在紙上或者塑膠上的可辨字跡，對我們來說已經相當幸運了。偶爾我們會在火柴盒上找到電話號碼或者類似細小的線索，但這並不經常發生。著名的米克－詹寧斯遺書，在本書其他章節會有詳述，是這類文字證據中，我所見過最長最複雜的一份檔案。

安樂死在荷蘭是合法的，我也非常理解那些因為無法治癒的絕症，令病痛巨大到無法忍受，或者醫療帳單鋪天蓋地累積下來而導致的自殺。但是，我所見過的大多數自殺事件只是因為一時衝動，而給摯愛親人施加的最後一次痛苦。太多情況下，是一個痴男或者怨女，在拒絕他們的人面前把自己的腦袋轟開。這些都屬於一時衝動之下的報復行為，一個人試圖以自己的死亡做為武器，對別人造成永久傷害。這種事件通常會遵循一種古怪的規律，好像死亡是最後一齣戲，是一個大肆採購的理由。有時候我們會找到槍械店的收據，死者幾天前或者幾小時之前從那裡買到槍，雖然為了馬上自殺而特意跑去買槍的情況很罕見。有些槍枝非常昂貴，所用的彈藥也很複雜且價格不菲。通常這最後的、致命的揮霍會用信用卡付帳，因為買主知道，反正到時候他已經不在人世了。查爾斯・惠特曼（Charles Whitman），一九六六年在德州大學的鐘樓頂上開槍殺害十六人的屠殺者，他用一張空頭支票在奧斯汀的戴維斯工具商店（Davis Hardware）買了一把槍，另一把他是用信用卡在西爾斯商店買的。

佛羅里達州的自殺人數異乎尋常地高，特別是老年人的自殺率。一次又一次，都是相同的情形：在中西部某地，夫妻倆決定是時候退休，到陽光燦爛的佛羅里達州歡度餘生了。他們並未意識到什麼樣的痛苦在等待著他們。搬進旅行拖車或者公寓的一兩年之後，丈夫心臟病突發去世了，獨留妻子一人，或者相反。鰥寡者認識的人全都在中西部的家鄉。回去還是留下？出於某種原因，回頭路比前行更加難走。這些孤寡老人繼續待在佛羅里達，但是生活的土壤卻流失掉了。漸漸地，他們陷入了陌生人的海洋。陽光明媚的日子變得痛苦而乏味；在這熱帶氣候之下，一切看上去都太過刺眼和煩躁。自殺，就成為結束這種痛苦空虛的存在方式的寬慰和出路。

當佛羅里達州擠滿了來自美國北部的移民的時候，我時常希望在州界懸掛冷酷而誠實的標語：「老年人，歡迎來到佛羅里達！」上面會這樣寫，「請注意，你不僅把冰天雪地甩到身後，你也把你自己的生活甩到了身後。」太多情況下，來到佛羅里達的人們都不知道，在我們這裡展開格外無所寄託的新生活是多麼地痛苦。那不勒斯、麥爾茲堡、聖彼德堡、邁阿密海灘——這些居住區坐落在隱蔽的懸崖之上，從那裡俯瞰，下面正是老年人自毀的人間地獄。

有這麼一件案子，我記得它多半是由於死者的牙齒。一九八七年，在波爾克郡（Polk County）的迪士尼樂園附近，發現了一具已經白骨化的屍體。死者的頭骨正中間有個彈孔，在他旁邊發現了一把槍。他還有一口好牙，沒有特別磨損，沒有牙齒填充物，就連一個齲齒都沒有。他的牙齒像兒童的牙齒一樣潔白無瑕，不同的是它們出現在一個成人的口腔裡。法醫從佛羅里達中部致電給我，想知道死者的年齡。他估計死者四十多歲，理由主要是那一口完美的牙齒。我檢查了骨骼，特別是脊柱，然後說，這個人至少六十五歲了，甚至可能有七十多歲。

我感覺得到那位法醫認為這很荒謬，不過他用一個友好的微笑掩飾過去。但是我堅持我的結論。我不可能每次都是正確的，但我必須把我的結論說清楚。他把我的結論交給警方進行深入調查，並未抱多大希望。警方幾乎立即證實了屍體旁邊的那把槍是賣給一個八十歲的老頭，他已經失蹤幾個月了。我們檢查了那名男子的牙科紀錄，那一口特殊的完美牙齒，在X光檢查檯上閃閃發亮。對這個世界上屈指可數的一些幸運者來說，是沒有齲齒這回事的。他們的牙齒天生能夠抵禦各種侵蝕，平日的磨損會被不斷新生的牙本質，也就是牙齒內層的物質替換。牙本質持續代替被磨損的琺瑯質，就像噴湧不息的青春之泉。這個老人就是幸運兒之一，儘管如此，他並不快樂。鄰居們證實他在失蹤前曾表現出絕望的情緒。其他疑點很快就釐清了。在這個案子裡，年齡解決了所有的問題。當警方開始尋找一個八十歲，而不是四十歲的人時，很快就真相大白。

當絞盡腦汁發揮智慧之後，我們這些調查人員有時也不得不承認自己的失敗。殺人就是殺人，不管對象是自己還是別人，在某些情況下，有些案子根本無法確定死者是自戕還是出自他人之手。「你把他殺了，然後又讓現場看上去像是自殺！」這並不僅僅是電影裡的陳詞濫調，有時候現實就是如此。

我記得幾年前在傑克遜維爾（Jacksonville），一座臭名昭著的毒販聚居房屋被燒毀。在餘燼中發現了一具燒焦的女屍。起初，警方以為這名年輕女子是火災的受害者。當我仔細檢查的時候，我在她的身上發現了燒焦的蛆蟲——這很明確地表示，她在火災發生前至少四十八到七十二小時就已經死亡，並且開始腐爛。她是謀殺案的受害者嗎？她是死於吸毒過量嗎？她是自殺的嗎？我說不清，沒人能說清。這具被燒焦的無名女屍是長存在我職業生涯裡的眾多謎團之一。我希望每一個案件都有答案，但是看上去在我的世界裡，疑問永遠比答案還多。

7 與魔鬼賽跑的人

Outpacing the Fiend

就像一個孤獨的旅人
心驚膽戰穿過野徑荒丘，
他偷偷回首望了一次，
從此再也不敢轉回頭；
因為他知道有一個魔鬼，
緊緊追隨在他的身後。

——塞繆爾・泰勒・柯律治（Samuel Taylor Coleridge），
《古舟子詠》（*The Rime of the Ancient Mariner*）

我們這些法醫人類學家欠謀殺犯一筆黑心債。從一開始，我們的學科就幾乎與凶手齊頭並進，並力圖超越那些犯下罪案的「可怕惡魔」。有時候道高一尺；有時候魔高一丈。所有案件中，我們的指導者就是凶手本身。我們的任務是偵破——或者至少是嘗試偵破——擺在我們面前同類相殘的恐怖局面。年復一年，這些殘忍的老師誘發我們的潛力，刺激我們進步，讓我們鬥志昂揚。凶手總是持續犯下一些看似根本不可能偵破的惡性案件來挑戰我們，並最終在科技進步和知識擴展方面幫了我們大忙。一個簡單明確的事實是，我們這個行業裡，案件調查工作中最精彩的部分都與那些異乎尋常的謀殺手法緊密相關——罪行愈陰險，答案愈耀眼。

我們的專業學科還相當年輕。精確的骨骼測量直到一七五五年才出現，當時羅浮宮的一位解剖學教授尚・約瑟夫・蘇（Jean-Joseph Sue 1710-1792）發表了對四具屍體的完整測量報告，以及十四具年齡從六週大的胎兒到二十五歲的成年人不等的屍體上大部分骨骼的長度極值。從這些遲慢的起步開始，又經過少數幾個有趣的案件，法醫鑑識調查的一片新天地才得以逐漸形成，到今天，已經發展得如此廣闊，如此活躍，如此蓬勃，以至於每年有幾百位法醫科學家參與我們舉辦的年會，大家歡聚一堂研究新舊案例。在這個領域，美國人可以宣稱擁有顯著領先地位——在刑事案件本身和後續犯罪調查兩方面均是如此。

在美國，法醫人類學的興起可以追溯至一起家喻戶曉的謀殺案：一八四九年，喬治・帕克曼醫生（Dr. George Parkman）被哈佛大學一位欠他債務的教授殺死。帕克曼謀殺案是由另一位哈佛教授奧利佛・溫德爾・霍姆斯（Oliver Wendell Holmes）調查的。這兩人的兒子都比他們的父親更加出名。帕克曼的兒子是法蘭西斯・帕克曼（Francis Parkman），美國最偉大的歷史學家之一，他的著作《俄勒岡小徑》（*Oregon Trail*）堪稱經典。霍姆斯的兒子參加了內戰，然後光榮退役，他在戰爭中三次負傷，後來成為美國歷史上最偉大的最高法院大法官之一，直到一九三五年逝世。

謀殺發生時，老霍姆斯正擔任帕克曼解剖學的教職，這個職位正是由喬治・帕克曼本人出資捐助，並以他的名字命名的。所以，從某種意義上來說，是帕克曼從墳墓中出手相助，把殺害自己的凶手繩之以法。

帕克曼生前是波士頓當地一個有錢的醫生和地主，哈佛大學醫學院現在坐落的那塊地就是他捐贈的。他愛慕虛榮，又出了名的小氣。為了在醫學院的奠基典禮上體面示人，他預訂了一套新的假牙，並且告訴自己的牙醫內森．基普（Nathan Keep），如果新牙不能在奠基典禮之前完成，他就一分錢都不會付。基普醫生瘋狂地趕工，總算趕在典禮前把假牙做好了，而且，很幸運地，他還把牙齒建模時製作的帕克曼下顎模型保留了下來。

當時，貪婪的帕克曼借了一大筆錢給哈佛大學的解剖學教授約翰．韋伯斯特（John Webster）。當帕克曼向韋伯斯特追討這筆欠款時，韋伯斯特便把他殺了，並且肢解了屍體，還把一些屍塊混在他解剖實驗室裡其他的殘骸中，這樣就不會引起懷疑了。屍體的其餘部分被韋伯斯特藏在他的室內廁所裡，最終被一個疑心病重的工友鑿破牆壁發現而曝光。還有一部分殘骸，包括死者的下顎骨，是在附近一個分析專家的熔爐裡發現的，並且已經被灼燒過。

警方起初懷疑工友是凶手，並且將他拘留。霍姆斯和他的同事，解剖學家傑佛里斯．懷曼（Jeffries Wyman）在實驗室仔細檢查了帕克曼的屍體碎塊，發現這些有問題的殘骸並不是實驗室裡的標本——它們沒有經過任何化學防腐劑的處理。殘骸都來自同一具屍體，死者應該是一名五十到六十歲的男性，身高大約五呎十吋（帕克曼五十歲，身高五呎十吋）。最後，從化驗爐的爐底找到的假牙與基普保留的帕克曼下顎模型完全吻合。

在這些證據面前，韋伯斯特終於崩潰了，坦承他「在盛怒下」殺了帕克曼。韋伯斯特的謀殺罪名成立，並於一八五〇年被處以絞刑。

帕克曼案在當時被媒體廣泛報導，或許也影響了當時才七歲的湯瑪斯・德懷特（Thomas Dwight, 1843-1911）。他在之後畢生致力於解剖學的研究。今天，德懷特被譽為美國法醫人類學之父。德懷特是波士頓人，他用了四十年的時間從事解剖學研究與教學工作，在職業生涯的最後二十八年中，一直在哈佛大學擔任帕克曼解剖學教授。德懷特一生都在發表有關骨骼以及透過檢查骨骼來鑑定和區分性別、年齡和身高的論文。他在一八七八年發表的一篇論文更是這個領域中首開先河之作。

德懷特最著名的學生是喬治・阿莫斯・多西（George A. Dorsey, 1868-1931）。多西是一個多才多藝的人，興趣廣泛，涉足民族學、攝影等多個領域，人體骨骼只能算他的愛好之一。多西在事業上的飛黃騰達同樣也是由於他協助偵破了一件惡性謀殺案，那就是發生在芝加哥的那起讓人毛骨悚然的香腸製造商阿道夫・魯格特（Adolph Luetgert）殺妻案。

魯格特於一八九七年謀殺了自己的妻子路易莎（Louisa）。由於開設香腸工廠，所以他有得天獨厚的條件來毀屍滅跡。路易莎・魯格特在家中遭到殺害，但是她的丈夫在半夜用馬車把她的屍體運到位於芝加哥迪佛西（Diversey street）和赫米塔（Hermitage street）兩條街街角的五層樓工廠。在工廠裡，他把屍體放進一個裝有三百七十五磅碳酸鉀腐蝕性液體的大缸中。後來在此案庭審中，有證據顯示，當晚魯格特就坐在這口大缸旁，整夜不停地攪動缸裡可怕的混合物。第二天一早，人們發現魯格特在辦公室裡睡著了，一種油膩的物質從那只缸裡不斷地溢出，灑得遍地都是。碳酸鉀把路易莎・魯格特遺骸裡的鈣質全都置換了出來，骨頭慢慢形成果凍狀，也就是第二天早晨地板上那些「油乎乎」的東西。

魯格特向警方通報妻子失蹤，但是在幾天之後，路易莎的哥哥開始懷疑她是被謀殺的。於是警方對工廠展開搜查，在事先被排空的缸裡凝固的沉積物中，發現了路易莎的戒指和四塊細小的人骨。魯格特被控謀殺自己的妻子。他的無罪抗辯非常簡單直白：沒有**犯罪事實**。路易莎・魯格特的屍體已經被溶解了。

但是，在一場堪稱精彩絕倫的法醫人類學法庭演示中，喬治・多西成功證明了那四塊小到可以並排在一枚二十五美分銀幣上的碎骨都是人骨。被當作物證出示的骨頭有：手掌骨的末端碎片，肋骨的頂端，一部分指骨，也可能是趾骨，還有足部的一小塊籽骨。這些微小的骨骼碎片連同路易莎・魯格特的戒指，已足以讓法庭認定阿道夫・魯格特的罪名成立，並判處終身監禁。雖然魯格特並未企圖把妻子做成香腸，但這起案件所造成的影響已經讓工廠的名譽掃地，不久之後就因為沒有生意而被迫關門了。一八九八年，多西發表了一篇具有里程碑意義的論文《法醫解剖學中的骨骼》（*The Skeleton in Medico-Legal Anatomy*），正是基於他對魯格特案的研究。

然而，在取得如此非凡的成就之後，多西放棄了解剖學，轉而致力於北美印第安人的研究和拍攝工作。後來他成為美國駐西班牙的海軍武官。當時法醫人類學還不被視為是一門科學，而僅僅是解剖學的一個分支，偶爾可以為警方提供資訊和線索。

在我的藏書中，最珍貴也最有趣的書之一，是一本黑皮燙金的《魯克斯頓案的法醫學觀點》(*Medico-Legal Aspects of the Ruxton Case*)，出版於一九三七年。作者是約翰・格萊斯特 (John Glaister) 醫生和詹姆斯・庫珀・布拉什 (James Couper Brash) 醫生。這部出色的作品以驚人的細節，徹底審視二十世紀最駭人聽聞的一起雙重謀殺案。值得一提的是，這起案件的凶手本身就是一位精通解剖學的醫生，他在案發後決心銷毀所有的犯罪證據。魯克斯頓案很可能是現代法醫學教材中被引述次數最多的謀殺案。

這起古怪又凶殘的雙重謀殺發生在英國，也自然透露出其濃厚的時代氣息。在格萊斯特和布拉什的記述中，一九三〇年代中期的英國社會，人與人之間的凝聚力和依賴關係非常緊密，也因此讓人懷疑在這種情況之下，到底有沒有人能在殺人後成功逃脫。

魯克斯頓案的目擊證人很多。案發當日，人們一整天都在敲凶手的房門，而他當時就在房間裡進行著肢解屍體這項令人作嘔的工作。清潔女工後來回想起難聞的氣味和奇怪的污漬。醫生手指上的繃帶引起了鄰居的懷疑。凶手租了一輛車處理屍體時，匆忙間與一名騎腳踏車的人發生擦撞，那人隨即報警，員警則做了完整的筆錄。全英國的新聞媒體都在大聲疾呼嚴懲凶手。優秀的專家挺身而出，仔細重建遺體外貌，並且將之與受害者的照片進行比對。那個倒楣的凶手被逮捕了，即使他堅稱自己是無辜的，卻徒勞無功。這歸功於指證他的群眾個個看得清楚，聽得真切，他們的回憶沒有任何細節上的疏漏，這還歸功於腳踏車事故裡警覺性很高的員警和頭腦清晰的清潔女工。凶手被淹沒在大量證據確鑿的汪洋大海中，最終被判有罪並處以絞刑。光榮偉大的英國法典獲得了完全的勝利。不妨推測一下，魯克斯頓案對當時甫在英國嶄露頭角的年輕導演亞佛烈德．希區考克（Alfred Hitchcock）是否產生了什麼影響。在希區考克的電影中，謀殺終會敗露，永遠都是。沒有人能逃脫懲罰。警察永遠博學多聞，無所不能，威震四方。

巴克．魯克斯頓醫生（Dr. Buck Ruxton）於一八九九年出生在印度。他是帕西人（Parsee），原名Bikhtyar Rostomji Ratanji Hakim（「Hakim」是「醫生」的意思）。他在孟買大學和倫敦大學取得醫學學士的學位。在英國立足之後，他結識了一個名叫伊莎貝拉．凡．艾絲（Isabella Van Ess）的情婦。他跟鄰居們說她是他的妻子。兩人居住在蘭開斯特（Lancaster），關係時好時壞，風波不斷。「我們是那種不能住在一起，但又不能沒有對方的人。」魯克斯頓後來這麼告訴警方。兩人經常拳腳相向，有兩次魯克斯頓夫人不得不向警方尋求保護。

一九三五年九月七日，魯克斯頓指控自己的妻子和蘭開斯特市政機關的某個職員有染。不久之後，她就失蹤了。伊莎貝拉生前最後一次被人看見是在九月十四日星期六的上午十一點半。星期日，醫生去找他僱用的清潔女工阿格涅斯．歐克斯莉（Agnes Oxley），依約她應該在週一早上七點十五分去醫生家打掃房子。但他告訴歐克斯莉週一不用去了，改為週二再去，並解釋說他妻子不在家，到愛丁堡度假了。

九月十六日星期一，幾名推銷員和一名患者造訪魯克斯頓醫生位於道爾頓廣場二號的住所。他們都被打發走了。魯克斯頓解釋說，自己正忙著重鋪地毯，並且把手伸出來展示給來訪的人們看。「瞧瞧我的手有多髒。」他說。魯克斯頓還告訴其中一名來訪者，妻子的貼身女僕瑪麗·羅傑森（Mary Rogerson）也一起去蘇格蘭度假了。

當天上午十一點半，魯克斯頓帶著孩子們到朋友家，拜託對方幫忙照顧。那個朋友注意到魯克斯頓的手指受了傷，還纏著繃帶。魯克斯頓解釋說，那是早上開桃子罐頭時不小心劃到的。現在看來，這讓人很難不質疑他的手到底是怎麼弄傷的。肢解人體的過程非常棘手。我自己也做過這項工作，雖然我從未用解剖刀弄傷自己，但我曾被另一位醫生割傷過，當時他沒控制好刀子。我也曾被一截斷骨銳利的末端給割傷，當時我正在檢查一名空難遇難者的軀幹，這截骨頭剛好藏在屍體的腹腔裡。

魯克斯頓醫生隨後來到女僕家，向她的父母羅傑森夫婦解釋說，他們的女兒和他的妻子正在蘇格蘭度假，一、兩個星期之後才會回來。

那個星期一的下午，魯克斯頓請他的一名患者——漢普什爾夫人（Mrs. Hampshire）到他家裡幫忙擦洗樓梯。漢普什爾夫人同意了。當她走進浴室時，發現浴缸裡有黃色的斑跡，她用Vim清潔劑奮力擦拭了很多遍，仍然無法把那個顏色去掉。魯克斯頓還把自己的一套滿是污跡的西服做為禮物送給漢普什爾夫人。「他說我可以拿去洗乾淨再用。」後來她告訴警方。雖然第二天魯克斯頓改變心意，把西服要了回去。當漢普什爾夫人清潔地毯的時候，擦洗的水變成了血紅色。

還是那個繁忙的星期一，魯克斯頓租了一輛車。九月十七日星期二，他在湖區的肯德爾（Kendal）和一名騎士發生了輕微碰撞。魯克斯頓對前去調查這起交通事故的員警說，他是在從卡萊爾（Carlisle）出差回來的途中。

九月十七日，清潔女工依約前來，進入空無一人的房子打掃。到九月二十日之前的這段時間，還有兩名清潔女工也被招來打掃。後來她們都抱怨說屋子裡有污跡和臭味。魯克斯頓就讓她們其中一人去買古龍水和噴霧器，隨後女工給屋子做了噴霧處理和熏蒸去味。

九月二十九日，蘇格蘭莫法特（Moffat）附近的一個峽谷裡發現了兩具被肢解的女性屍體。屍體遭到嚴重的破壞並且高度腐爛，所以起初其中一具還被誤認為是男性。在報紙上看到這則新聞時，魯克斯頓還對歐克斯莉夫人（Mrs. Oxley）說：「看吧……不是我們認識的那兩個人。」

十月九日，瑪麗・羅傑森的母親向警方通報她的女兒失蹤了。第二天，魯克斯頓也親自到警局，請求他們展開「慎重的調查」以「尋找妻子的下落」。

在莫法特的棄屍現場，警方發現了一件女用襯衫和兩件魯克斯頓孩子們的兒童連身衣（它們被用來包裹其中一具屍體面目全非的頭顱）。報紙媒體公開懷疑魯克斯頓與此案有關，而醫生本人則向警方抱怨這種報導「毀我清譽並影響生意」。

十月十三日，魯克斯頓被控謀殺瑪麗・羅傑森；十一月五日，又被控謀殺伊莎貝拉。警方表示，魯克斯頓謀殺了自己的妻子，之後又殺害女僕滅口，因為她目擊了謀殺的發生或者謀殺之後的現場。醫生拒不認罪，並且說兩項指控都是「純屬廢言，無稽之談」。

在蘇格蘭的峽谷裡發現的遺骸包括兩顆頭顱，兩副軀幹，十七塊破碎的四肢，還有四十三塊軟組織。所有有助於辨識身分的特徵都被仔細地從屍體上移除。兩隻後來被證實屬於伊莎貝拉．凡．艾絲的殘手上，指尖全遭切除以防止指紋比對。另一雙手則完好無損，可能是凶手相信瑪麗．羅傑森的指紋並沒有記錄在案。另一方面，瑪麗．羅傑森的一隻眼睛有點斜視，而一顆頭顱上的雙眼都被小心地挖除。同樣地，魯克斯頓夫人的腿部非常粗壯，一直粗到腳踝部分——而其中一具屍體雙腿的軟組織被切掉了。就連其中一隻腳上有點突出的拇趾囊腫也被切除。兩名受害者死後屍體都遭到肢解，並且放乾血液。

幾乎每一個鑑識上能夠想到的著手點，每一處可能證明兩具屍體身分的特徵，都被凶手搶先一步想到並且剷除，他確實有著魔鬼般的細心。

不過，藉由一次至今仍然具有里程碑式意義、偉大的法醫鑑識實踐，屍體的身分最終確認無疑。格萊斯特和布拉什重建魯克斯頓案中的屍體，並且拍攝殘缺遺骸不同姿勢角度的照片，再與兩名謀殺受害者生前同一姿勢和角度的照片進行比對。照片的對比結果不是一般人有勇氣直視的。在最後的影像疊加過程，損毀的頭骨就如同鬼影一般與受害者生前拍攝的照片相融，又如死神的銀色頭顱顯現出它的影子。這項照片證據極具震撼。面目全非的頭骨和死者生前的頭像在每一個細節上都非常吻合。

巴克．魯克斯頓醫生被判有罪，並處以死刑。一九三六年五月二十一日，於曼徹斯特的史川吉威監獄（Strangeways Jail）絞死。

我出生於魯克斯頓被處死之後的那年。我常常感嘆於我們法醫人類學這門科學有多麼年輕。除了少數已經離開我們的偉大先驅，我本人也見過並且熟識許多業內的大師級人物。事實上，他們之中的許多人仍然在世。

我們的學科起步得較晚，所以在一九三〇年代初期，當時剛剛成立不久的聯邦調查局還不得不把案件送到一街之隔的史密森尼學會進行分析。那裡的體質人類學部門由一位傑出的解剖學家所帶領，那個人的頭像後來出現在捷克斯洛伐克的郵票上，他叫阿里斯．赫德利希卡（Aleš Hrdli ka）。赫德利希卡於一九〇三年加入史密森尼學會，他是個個性鮮明，性情古怪的人物，身形瘦小，禿頂，留著小鬍子，很講究體面。他豎起的衣領總是漿得筆挺，而且他花錢很節約。同事們仍然津津樂道於他出差時的軼事，他經常一手抱著一個裝滿人骨的大紙袋，骨頭有時還會從袋子裡露出來，一手提著小旅行包，就這樣來到飯店前檯，大聲要求訂一個沒有浴室的房間——為了省錢。赫德利希卡是《美國體質人類學雜誌》（*American Journal of Physical Anthropology*）的創刊編輯，他同時也負責展開史密森尼學會的人類骨骼庫的收集工作，至今已收藏超過三萬三千件標本。

但是，赫德利希卡從未將任何他參與調查的案件寫成論文發表。我懷疑他最偉大的成就都被深深埋沒在聯邦調查局檔案庫的舊紙堆裡了。他身後有許多學生、崇拜者，還有從他那裡獲益良多的同事——但他卻未給後人留下任何隻言片語的書面紀錄。法醫人類學要到一九三九年，才等來一篇把所有關於人類骨骼的知識都總結出來的論文。那就是威爾頓・馬力昂・克魯格曼（Wilton Marion Krogman）的《人體骨骼素材鑑定指南》（*Guide to the Identification of Human Skeletal Material*），最先發表這篇論文的不是大學出版社，也不是專業學術出版社，而是聯邦調查局。一九五八年，克魯格曼把他的論文擴編成集出版，書名就叫做《法醫學中的人體骨骼》（*The Human Skeleton in Forensic Medicine*），當時我剛剛入行。克魯格曼一直在賓夕法尼亞大學（University of Pennsylvania）工作，活到了八十四歲。他的晚年依然活躍，雖然有時他也抱怨自己還不到百歲，視力卻下降了！

我那些成就最為卓著的同事中，有一位艾里斯・R・凱利醫生（Dr. Ellis R. Kerley），他在其他領域的法醫科學家中大力推廣了我們的學科。我和艾里斯初次見面是在一九七一年，我訪問堪薩斯大學（University of Kansas）期間。一九七四年，我成為美國法醫刑事鑑識科學會（American Academy of Forensic Sciences, AAFS）的成員之後，也逐步加深了對他的了解。艾里斯是我們這一行裡很多人的導師，他品格高尚，是唯一一個擔任過學會主席的法醫人類學家，也是學會中人類學分部的創建者。從某種意義上來說，我們都受過艾里斯的提攜。艾里斯還與羅威爾・列汶醫生（Dr. Lowell Levine）和克萊德・斯諾（Clyde Snow）一同參與納粹「死亡天使」約瑟夫・門格勒（Josef Mengele）的骨骸鑑定工作。門格勒在二戰後逃脫了審判，最終於一九七九年在巴西溺水而死。門格勒在德國的家屬提供了DNA樣本，從而確切證實了某座墳墓中發現的屍骨就是門格勒本人。艾里斯還曾應邀參與一九八六年「挑戰者號」太空梭失事罹難宇航員的遺體檢驗。由於當時爆炸的威力過於強大，墜落入海的過程也相對較長，以至於遺體殘缺不全；為了確保鑑定結果準確無誤，眾人付出了相當大的努力。遺骸的相關細節從未對外界披露，但是艾里斯的專業無可挑剔，所以也從未有人提出質疑。

克魯格曼的《指南》一書成為了我們這門新學科的聖經，無論是對聯邦調查局還是對美國軍方來說都是如此。軍方很快就不得不開始鑑定二戰期間陣亡的美國陸軍、空軍和海軍將士的遺骨。太平洋戰線上激烈的島嶼爭奪戰，還有後來在韓國的地面戰導致當時許多士兵的屍骨遺留在戰場上，日後才被尋回。那些沒有銘牌的屍體只能由後勤部隊集中起來，送到後方的軍事太平間辨認。常常有日本人或者韓國人的屍骨被混在美軍遺骨裡，因此把我們的陣亡者和那些亞洲血統的屍骨區分開來，就成了一件很重要的事。（韓戰是最後一次美軍把大量陣亡者的屍體遺棄或者掩埋在戰場上的戰爭，到越戰時期，機動和運輸能力的提高使得絕大部分美軍士兵可以迅速從戰區撤離，不論他們是死是活。）

部分是緣於美軍在太平洋戰場的軍事部署，中央鑑識實驗室（Central Identification Laboratory, Hawaii, CILHI）於一九四七年成立。查爾斯・E・斯諾（Charles E. Snow, 1910-1967）是首位在那裡工作的法醫人類學家。另一位是米爾德麗德・特羅特（Mildred Trotter, 1899-1991）。特羅特在解剖學和骨骼學領域做出的巨大貢獻使她在業內享有盛譽。我的導師湯姆・麥肯（1920-1974）在一九四八到一九四九年也從事過陣亡士兵的鑑定工作。麥肯和另一位著名的人類學家湯瑪斯・戴爾・史都華（T. Dale Stewart, 1901-1997）合作，鑑定和測量了四百五十具在韓戰中陣亡的士兵遺骨。

戴爾・史都華是赫德利希卡的忠實追隨者。他非常崇拜赫德利希卡，甚至親自繪製了一幅他的畫像掛在自己的辦公室裡。畫像旁邊還擺放著赫德利希卡的骨灰罐。戴爾本人是個身強體健，活力四射的人，他八十多歲的時候摔斷了股骨，然後為了展示自己復原得多麼好，他逢人便表演開合跳的動作。戴爾曾經捲入一場激烈的學術爭論中，對方是學界另一位傳奇人物拉里・安格爾（Larry Angel）。拉里是畢業於哈佛大學的人類學家，他禿頂，留著落腮鬍，頭腦靈活，精力充沛。我從未聽拉里談論過工作之外的事情。那激辯的場面真的很值得一看，兩位巨人——我是指智力上，他們在個頭上其實都比較矮小——史都華和安格爾，在史密森尼學會裡就恥骨聯合的問題大聲爭論（恥骨聯合〔pubic symphysis〕是人類骨骼的一個部分，會隨著時間發生形態上的變化，因此在確定年齡方面尤為關鍵）。拉里很有個性，他是個讓人敬畏的老師，曾經在員警和聯邦調查局探員面前舔骨骼樣本，讓他們目瞪口呆。這看上去很令人震驚，但拉里這麼做是有理由的。小塊的碎骨通常容易和石塊混淆，區分兩者會很有難度。但是，只需要用舌頭舔一下，你就可以立即判斷出手上那一小塊東西是骨頭還是石頭：骨頭會黏在你的舌頭上，因為它的多孔特性，而石頭不會。這個訣竅我也經常使用，它也的確會引人議論。

一九七三年，我們從事的法醫人類學正式成為一個專門學科。同年美國法醫刑事鑑識科學會正式成立了體質人類學這個分部，由十四名成員組成。這是我們自己的分會，每年在學會的年會上我們都要相聚一次。我們的研究成果會發表在《法醫學雜誌》（*Journal of Forensic Sciences*）上，中間會出現一些這樣的文章標題：

〈屍體遭受後尾碰撞試驗後的觀測結論〉（這是把六具屍體綁在汽車上進行碰撞試驗，觀察死後傷的狀態）、〈嚴重褥瘡對於骨骼的影響〉、〈人類腳印的單一性〉，還有〈木乃伊化的心臟〉。

自從一九七四年加入以來，我從未錯過年會。我對每一次的重聚都熱切期待。我喜歡參加這些會議，因為那是可以一次見到很多同行的唯一機會——而我的很多同行都是相當有趣的人物。你會聽到非凡出眾的克萊德．斯諾用他西南部地區的口音，講述他最近在波士尼亞、阿富汗和瓜地馬拉的戰場檢驗屍體時發生的那些令人毛骨悚然的故事。與會者還要介紹最新的研究報告和技術論文。前紐約市首席法醫麥可．巴登還組織了一個「自帶幻燈片之夜」的活動，大家會在活動中展示很多非常驚人的影像。

我們聚會的一個亮點是進行「遺言公社」的活動，每個與會者都要宣讀一份關於棘手的歷史遺留問題的論文。我們爭論的歷史謎團包括：文森．梵谷（Vincent Van Gogh）的繪畫風格和用色意象是不是由於洋地黃（digitalis）中毒引起的？查爾斯．達爾文（Charles Darwin）是否受到尼古丁中毒的折磨？誰是開膛手傑克？理查三世（King Richard III）是否真的下令殺害倫敦塔裡的兩位王子？聖母大學橄欖球隊教練紐特．羅克尼（Knute Rockne）罹難的那次著名空難中到底死了多少人？哈特斐爾德（Hatfields）和麥考伊（McCoys）兩家世代仇殺中一共死了多少人？

一個甫從美國法醫刑事鑑識科學會上歸來的人會精力充沛地重新投入工作，會希望嘗試一些新的東西，用一些新的方法做事。通常在會上我們會相互交換筆記、複印資料或者案情報告。也許我們會受到啟發，回去重新檢查一具無名屍骨，看看它是否和會議討論時提及的某個失蹤人口案有關。有時候我們會帶著標本赴會，並不是為了樂趣，而是為了消除確實存在的疑惑。在我們工作遇到阻礙時，就會想要徵求其他人的意見，集思廣益。通常我們獲得的建議都是非常有價值的。這類年度會議是我們交流科學思想，消除學術隔閡的絕佳機會。

在這些年度會議上，想要加入美國法醫人類學協會（American Board of Forensic Anthropology, ABFA）的申請者需要進行審查。考試為期兩天，難度很大，第一天是筆試，第二天是現場骨骼鑑定考試。第二天的考試顯然需要死者在場，所以我們有些人就要帶著骨頭標本赴會。

而這就很需要費些口舌來解釋，尤其是在機場。我通常都會告訴航空公司的機票代理人我的行李中有多少顆頭骨——不是要嚇唬她，而是要確保萬一飛機失事了，調查人員會知道為什麼頭骨的數量會超出登機人數。這同時也是對我的同行們的一種專業上的關照，如果出了事故，他們就是把我的遺骨揀出來的人。

我記得有一次，我們需要使用一家大型博物館的骨骼標本做考試用途。這家博物館有很多有趣的標本，包括大量十九世紀初期德克薩斯革命（Texas Revolution）期間被槍殺的受害者標本。但是最讓人著迷的一副骨骼並不是戰爭陣亡者，也不是謀殺或者其他暴力犯罪的受害者。它屬於這家博物館的一名館長，他死後把遺骨捐贈給博物館，在那裡放了很多年。這具骨架很顯眼，倒不是出於什麼科學上的原因，而是因為上面黏有金箔。

金箔！我們得知，原來這位館長的骨架在他死後的很多年裡還經常被「邀請」去參加博物館的聖誕派對，聽說他的骨架還被戴上聖誕節的裝飾品——做為證據，那些金箔仍然在那裡閃著光呢，證明傳聞基本屬實。通常我並不贊同對於屍骨輕視不敬的做法，但是在此我不做評價。這個人在世的時候受人愛戴。他把自己的骨頭留給了自己曾經度過快樂時光的博物館。我覺得，他的繼任者把他的骨頭帶去耶誕節派對並沒有什麼不妥，他活著的時候也一定很樂於參加這個活動。並且，如果他們舉起蛋奶酒向他致敬，並且把他的骨頭裝飾得繽紛多彩，他們一定也是出於誠摯的敬意和對一位過世的科學家的熱愛。那才是真的同志情誼！

8 非自然死亡
Unnatural Nature

心上的瑕疵是真的垢污，
無情的人才是殘廢之徒。
——莎士比亞，《第十二夜》第三幕第四場

我一生中的大部分時間都在探索人類骨骼的獨特屬性，以及人體骨架嚴絲合縫的和諧統一。從蒼白、透明、有著珍珠光澤的胚胎骨架，細小而夢幻；到著名的「象人」約瑟夫・梅里克奇異的骨頭上像煮沸的牛奶一樣湧出的泡狀突起，恐怖而目不忍睹。人體永恆的框架——骨骼——對我來說是一個無窮無盡的奇跡所在，是一本我永遠也讀不完的書。

如果有一件事是我必須讓我的學生們牢記的，那就是，他們絕對不能認為骨頭是堅固而不會改變的。人骨驚人的硬度和耐受力會讓一些外行認為骨頭像石頭一樣堅固，並且不會變形。事實恰恰相反。我們的骨架一直在持續生長，持續重塑自身。當我們活著的時候，我們的骨頭也在活躍著，由一群活細胞所組成，這些活細胞在骨壁的基質之間和周圍生成，溫暖地環繞在骨髓腔中製造的紅血球之間。骨頭表面的覆蓋層，又叫骨膜（periosteum），會不斷地生成新的骨細胞，同時摧毀舊的。在我們有生之年，每一個小時我們的骨頭都在變化。隨著年齡的增長，它們開始慢慢地融合在一起，重新塑造它們的形狀，變得更加堅硬，更加易折，缺少韌性。我自己也並不能免於這種變化，因為我做過一些詳細的研究：秋冬之際，我可以感覺到隨著年齡增加，身體內部的關節部位不可避免地逐漸變得僵硬。年復一年，我的行動就會多一點限制。我只是覆在骨架上的一副皮囊，像提線木偶，你也一樣。

對骨頭我們無法隱瞞任何祕密。我們毫無保留地向這些沉默而順服的隨從坦白一切。我們的骨架書寫下關於我們生活最親密的檔案：我們的祖先，我們的疾病史，我們的傷處和弱點，我們勞動和鍛鍊的習慣，有時甚至還有我們最隱祕的罪和讓人羞愧的虐行。我們經歷過的所有，或者幾乎所有事情，都被銘記保存在我們的骨架上，只有當最後皮肉落盡，它們才會裸露出來，揭示一切。而解讀所有這些事情——就是法醫人類學的藝術。

這讓人驚嘆的構造是由什麼組成的？英國偉大的文體學家和博學家湯瑪斯・布朗爵士（Sir Thomas Browne, 1605-1682）曾經驚嘆，一個人在被火化之後居然只剩下那麼一點點：

> 一個人的軀體怎麼能夠減弱至這麼少的幾磅骨頭和灰燼，這對於任何沒有想過骨頭組成的人來說，都足夠奇怪……每一塊化為灰燼的骨頭都確實損失了相當一部分。因為組成部分裡有一些易揮發的鹽分，當它們被火燒掉，剩下的就是一些沒有什麼分量的殘渣……

布朗是一位非常精明的觀察家。火焰確實把骨頭分解為兩個重要的成分：一類是無機的，由各種礦物質如碳酸鈣組成；另一類則由更為複雜的有機化合物組成。

骨骼中的這些有機部分包括一種叫做骨膠原（〔collagen〕又稱膠原蛋白）的物質——你可能從電視上的洗髮精廣告裡聽說過它。骨膠原是一種很重要的物質，它賦予骨骼彈性，增加它的堅固度，防止骨折。它使骨頭在能夠承受的限度內彎曲和變形。如果沒有骨膠原，我們每次摔倒都會像瓷娃娃一樣粉身碎骨。我們可以從一根新鮮的骨頭裡把鈣和無機物過濾出來的，只要把它泡在稀釋的酸溶液裡，如鹽酸。經過酸液浸泡之後，餘下的是一塊看上去像是硬橡膠的東西。此時的骨頭非常有彈性，以至於一條腓骨——小腿部分又長又細的那根——有時候可以被小心地打成一個結！

軟骨病（〔osteomalacia〕源自希臘語對軟骨的形容）的形成就是由於骨膠原過剩，破壞了與無機骨基質的平衡。這種疾病的患者可以把他們的腿打成結，或者表演其他讓人震驚的柔軟功夫。這些奇人以前經常在馬戲團裡面表演，並且被宣傳為「印度橡皮人」或者「無骨奇人」。後者這種形容曾被溫斯頓・邱吉爾（Winston Churchill）在一九三一年一場著名的國會演說中引用，用來諷刺當時的首相詹姆士・拉姆齊・麥克唐納（James Ramsay MacDonald）。邱吉爾說，他小時候一直都很想去P・T・巴納姆（P. T. Barnum）馬戲團看無骨奇人，但是他的父母不允許，「他們覺得那種場面對我這麼年輕的觀眾來說，太離經叛道也太讓人洩氣了。」

「我等了五十年，」邱吉爾語帶嚴厲，然後轉向拉姆齊・麥克唐納。「才看到那個坐在國務大臣席位上的無骨奇人。」

另一部分，無機的成分就是骨頭在火烤或者長時間的日照之後遺留下的物質。所有有機成分都揮發掉以後，剩下的是一種白堊的殘餘物：「煅燒骨」（calcined bone）。這是骨頭最乾燥的狀態，它所有的有機成分都因受熱而消失。但疾病同樣可以奪去骨頭中的骨膠原，而當骨膠原流失時，骨頭的彈性也就不存在了。骨質疏鬆症（osteoporosis）、副甲狀腺功能亢進症（hyperparathyroidism）和成骨不全症（osteogenesis imperfecta）——這些病症實質上都是由於骨頭的化學不平衡造成的，使它們像小樹枝一樣易於折斷。有時患有這類疾病的兒童會因為折斷好幾根骨頭而被送往醫院急診室，然後被診斷為家庭暴力的受害者。真是不白之冤！該譴責的不是他們的父母，而是他們的骨頭。

有一種格外可怕的病叫做骨性獅面（leontiasis ossea），所幸發病率極低。這種病可以使頭骨形成大量泡沫噴湧或流瀉而出一般的不規則突起，形成可怖的冠狀或者泡狀骨形。患者的頭骨看上去呈波浪狀，很像一頭獅子狂亂的鬃毛。

我們都見過報紙上刊登的智力題：人體中一共有多少塊骨頭？答案通常是超過兩百塊，但是這個問題問得非常不科學。嚴格來說，你體內骨頭的塊數取決於題目所指的年齡段。即使過了壯年期，答案也有不同。尾骨部分會融合在一起。一些成年人的胸骨是一整塊，另一些人的胸骨卻仍然是兩三塊。在一些年長者的骨架上，你可能會發現只有幾十塊可以區分開的部分，因為太多骨頭都融合在一起了。甚至有骨架完全融合成一整塊固體的案例。在這種極端的情況下，當事人必須選擇他願意以站姿還是坐姿度過餘生。

《聖經》上說，分娩時的劇痛終會消失，並立即被初為人母的喜悅所取代。但是女性應該知道，懷胎的那段日子會被永遠地鐫刻在她們的盆骨上，叫做「分娩疤痕」。這些疤痕在懷孕第四個月時開始形成，那時人體會釋放出一種能使連接骨盆的肌腱變柔軟的荷爾蒙鬆弛素（relaxin）。用內行話來說，這些告密的痕跡出現在恥骨聯合的背側，接近關節面的邊緣，還會出現在腸骨關節盂旁溝。用白話來講，意思就是婦女每次分娩之後都會在骨盆上刻下記號，就像美國西部的槍手每殺掉一人就會在槍托上留下記號一樣。

俗話說情人眼裡出西施，但是我相信，女性的骨架要比男性的骨架更美麗這種說法也是不無根據的。實際上，已經有確定的科學名詞用來將女性骨架形成的美學印象與男性的加以區別。這些名詞的作用就是為了協助我們分辨，或者按我們的說法叫「對骨骼進行性別區分」。一套典型的女性骨架被形容為「纖細型」（gracilis）——較平滑，較少結節，邊緣優雅地連接或者形成斜面，好像被一把無形的扁斧打磨過似的。一副典型的男性骨架則被形容為「粗壯型」（robustus）。骨頭粗厚，上面有不規則的粗糙突起，附著肌肉和肌腱。這些關於粗壯或纖細的標準通常用來確認不完整或者未發育完全的骨架性別，並且帶有一定的主觀性。有一些骨架，特別是兒童或者青少年的骨架，其性別特徵是非常模糊的。女性健身愛好者在努力鍛鍊獲得新的肌肉組織的同時，也在骨頭上創造了結節突起，所以她們的骨骼看上去更健壯一些。服用雌激素的變性人則走向反面，從健壯變成了纖細，使他們的骨骼更加平滑和柔和。

毫無疑問，女性的頭骨看上去比男性的更加優美和平滑，好像在無形的陶工旋盤上打磨過一樣。我們男人是粗糙的生物，內心也是如此。男性的頭骨有著方形的下顎骨和粗重的眉骨。我們的骨頭上會形成嶙峋的坑窪、突起和結節，肌肉牢固地貼在上面。我們的頭骨通常看起來像是用粗糙的黏土雕塑而成。男性的臂骨和腿骨也有同樣特性。男性有更大的關節。如果你不相信，就去海灘上觀察膝蓋吧。一個人頭髮的長短也許可以迷惑你，但是膝蓋——永遠不會！

我曾經處理過一個非常令人費解的案子，幾年前發生在傑克遜維爾。在一支鏽蝕的點二二口徑來福槍旁邊，發現了一具已經完全乾燥、沒有任何皮肉的骨架。骨架仍然穿著一套很髒的慢跑服。腐爛的皮肉把慢跑服完全浸透，使它變成又硬又乾皺巴巴的一團。頭骨的前額上有個點二二口徑的槍擊傷口。警方把骨架和衣服帶來，請我進行分析。

那是一具小骨架，屬於一個非常「纖細」的人。我大致檢查了一下慢跑服，把它放在一旁，轉去關注骨頭。過了一會兒，我致電給法醫辦公室：「我相信這個人是男性，也許來自亞洲，不到三十歲，身材矮小。」他們向我致謝，表示會清查失蹤人口報告。

幾天之後，他們回電說：「我們找到一些報失蹤的亞洲女性，但是沒有男性。」

我表示會再檢查一下骨架。然後我告訴他們，死者骨盆上顯示出一些女性特徵，但是總體來看，我認為他是男性。他們懇求我：「你能不能再告訴我們一些別的發現？」

所以，我又回去第三次檢查了骨架。我把那塊硬邦邦的慢跑服撬開，發現褲子內側藏有一個口袋。我從口袋裡取出幾樣東西，然後致電法醫辦公室。費了這麼大力氣之後，我很得意於用這麼簡單的方法就揭開了謎底。

「我還是無法告訴你他的名字……」我佯裝無奈，語帶遺憾地說。「但是，他的住址和駕照號碼能不能幫到你們呢？」

那個皺成一團的口袋裡的物品中，有一張已經開始分解的駕駛執照可以證實所有人是一名二十八歲的男性，來自菲律賓，兩年前曾經因為襲擊男童被捕。他在押送途中逃跑後，搭上一輛卡車的順風車，從後窗的架子上偷了一把點二二口徑的來福槍然後跳車。從那以後他就消失了。看來，這名逃犯在絕望下最終決定用偷來的來福槍結束自己的生命。

一八一八年二月十七日，蘇格蘭鄧弗姆林修道院（Dunfermline Abbey）的土地上發現了一座墳墓。砂岩板下方隱藏著一個淺墓穴，只有十八吋深。鉛棺內有一具身材高大的男屍，屍體旁有橡樹枝、指甲和金縷衣衫的碎片。立即有人猜測，這就是遍尋不著的羅伯特・布魯斯（Robert Bruce）國王的墓穴，他是蘇格蘭獨立戰爭中的英雄人物。傳說他在獄中時，從窗櫺上結網的蜘蛛學習耐心。一三二八年，他簽署了《北安普頓協議》（*Treaty of Northampton*）迫使英格蘭放棄對蘇格蘭的領主地位。然而，但是羅伯特國王的死卻一直是個謎。獨立戰爭勝利的隔年他就去世了，他與世隔絕，似乎被某種神祕的病症摧毀。一三二九年六月七日，他嚥下了最後一口氣，時年五十五歲。遺體被安葬在鄧弗姆林修道院，他的心臟則被單獨供奉在梅爾羅斯修道院（Melrose Abbey）裡。

甫重見天日的墓穴又被匆匆合上，直到一八一九年十一月五日才正式重開。一大群著名人士和科學家在場觀看。顱骨部分的鉛封被鋸開，覆蓋四肢的鉛皮被剝離開來，露出一具身高大約五呎十一吋的男性屍骨。屍體的胸骨開裂，心臟似乎在死後被強行移出。下顎骨上還有殘存的牙齒，但是上顎骨缺了門齒，上顎骨本身看上去也很奇怪，像是被侵蝕和磨損得很厲害。屍骨被仔細檢查，並且製作了一模一樣的頭骨模型，頭骨原型現存於愛丁堡大學醫學院的解剖學博物館裡。複製的模型一個存放在鄧弗姆林修道院，還有一個保存在倫敦英格蘭皇家外科醫學院博物館。之後，遺骨被隆重埋葬，陪葬的還有一本書，約翰・巴伯（John Barbour）於一三七五年以羅伯特的生涯為藍本創作的史詩《布魯斯》（*The Brus*）。這具骨架幾乎被確定屬於偉大的蘇格蘭國王羅伯特・布魯斯所有。

不過，重新安葬並不是故事的結尾。頭骨的意外出土讓調查人員有機會釐清長久以來關於羅伯特國王的一項傳聞。這項傳聞始於一三二七年，出自一位法國的編年史家尚・勒貝（Jean Le Bel）。勒貝說羅伯特國王死於「嚴重的疾病」，這是中世紀對於痲瘋病（〔leprosy〕現正名為漢生病）的隱語。今日，痲瘋病可以藉由使用達普頌（dapsone）和利福平（rifampicin）等抗生素來治療和控制，但是在中世紀，罹患這種病就等於宣判病人從此與人世隔絕，直到孤單無助地死去。痲瘋病的病菌叫作痲瘋桿菌（Mycobacterium leprae），這種病菌怕熱，所以會向人體相對低溫的地方生長：臀部、鼻子、肢端以及男性的睪丸。病菌在這些地方繁殖生長，侵噬神經末梢、皮膚和軟骨組織。隨著鼻軟骨和上顎遭到破壞，患者的外貌會被完全毀掉，形成標準的「獅子臉」或者說是痲瘋病引起的獅面特徵。但是因為痲瘋病可以偽裝成任何一種皮膚疾病，通常很難判斷中世紀《聖經》中提到的「痲瘋者」（leper）是否真的患有此病。

現在，該輪到威爾海姆．莫勒－克里斯滕森（Vilhelm Møller-Christensen）出場了，這位丹麥醫生有著超乎常人的耐心，他的癖好就是檢查自一九三〇年以來在丹麥發現的中世紀屍骨。一九四四年他在丹麥阿貝霍爾特修道院（Aebelholt Abbey）工作的時候，找到了一具嚴重畸形的年輕女性的屍骨。他懷疑死者患有痲瘋病，為了證實他的理論，必須經過曠日費時的調查研究。據悉，中世紀的痲瘋病醫院大多被命名為聖喬治（St. George，丹麥語稱為聖約根〔St. Jørgen〕），而在中世紀的丹麥，這類醫院共有三十一所。在奈斯特韋茲（Naestved）附近一處叫作聖約根（St. Jørgen）農場的土地上，他開始了漫長而耐心的挖掘工作，從而找到了中世紀痲瘋病死者最集中的群葬地。在二十一年的時間裡，莫勒－克里斯滕森挖掘、清理並保存超過六百五十具屍骨。很多屍骨的門齒都缺失，上顎骨也被侵蝕，莫勒－克里斯滕森將這種畸變的臉型稱為「痲瘋臉」（leprous face）。

一九六八年，這位丹麥醫生終於得以對羅伯特國王的頭骨模型進行檢查。他只檢查幾分鐘就得出了結論。痲瘋臉造成的毀壞是不會錯的。「這件事最終塵埃落定了」，麥可．霍威爾（Michael Howell）和彼得．福特（Peter Ford）在他們一九八五年的著作《幽靈疾病》（*The Ghost Disease*）中寫道：「一個偉人遭受了一次嚴重的不幸，羅伯特．布魯斯，蘇格蘭的王，那個時代的英雄，死於痲瘋病。」

我檢查過最意味深長也最讓人同情的一副骨架，或許應該屬於約瑟夫・梅里克，也就是「象人」，他的故事透過一齣著名的舞台劇和一部電影而廣為人知。

對我來說，象人不是藝術舞臺上的道具，也不是遙遠歷史中的一個注腳，他是一個感人至深的現實存在。我曾經非常仔細地檢查他的骨頭，那些異乎尋常的骨架給我留下不可磨滅的印象，即使我已經見過上千具或完整或分解的形態各異的屍骨。

我要求檢查那些異常的骨骸出於兩個原因。我想要近距離地觀察梅里克的骨架，因為看起來，他生前的照片或者畫像上顯示的畸形和他骨架的照片並不十分吻合。並且由於約瑟夫・梅里克死後，人們馬上對他進行了骨骼處理和屍體模型的製作，這兩個標本還都保存在倫敦皇家醫學院博物館裡，因此我們就有可能運用現代影像疊加技術，把屍體模型的照片疊加到骨架照片上面，進行吻合比對。經過了幾天的檢查之後，我們有些驚訝地發現，梅里克的畸形來自於他的皮膚，而不是他的骨架。

但是，還有另外一個原因讓我覺得進行這項計畫很重要。博物館的研究員當時告訴我，一九八八年，美國搖滾巨星麥可・傑克森曾經出價一百萬美元想要買下象人的骸骨。館方很正式地拒絕了他的要求，但是消息一經傳出，梅里克那些杳無音訊的親屬突然一窩蜂地出現，並且急於從博物館的館藏中把骸骨「搶救」出來。人們也許能揣測到他們的動機。我覺得，在這具獨特、著名且無法替代的骨架被如此強烈地要求出讓的情況下，如果能夠證明象人的骸骨仍具有一些科學價值，對於保留它也許會有幫助。人類遺骸不應該被閒置在博物館內無人問津。醫學博物館不是保存珍奇異物的閣樓。他們的藏品應該被用於持續的科學研究。如果約瑟夫．梅里克的骸骨要繼續保存在館藏品中，那就必須證明它確實有屬於該地的價值。我希望我可以和博物館的研究員一起「堅守陣地」，抵抗那些希望靠梅里克的骨架賺錢的人。

這也並不是一個空穴來風的項目。對於約瑟夫．梅里克所罹患的基因變異的診斷結論近來也受到了質疑。發現「象人」並率先就此發表專著的弗雷德里克．特雷弗斯醫生（Dr. Frederick Treves）診斷梅里克患有多發性神經纖維瘤（neurofibromatosis）。但是最近的研究論文提出，他也許患有普洛提斯症候群（Proteus Syndrome），一種新發現的極罕見的畸變。

我不是病理學家，所以並不想加入論戰，但是我想確保骸骨和身體模型所提供的證據能夠被認真地運用，並且對於那些對此感興趣的病理學家能夠永遠開放。

倫敦皇家醫學院博物館是一座迷人的老建築。在樓層的迴廊間行走，你可以感受到維多利亞時代醫學院的氛圍。一九八八年的耶誕節期間我在那裡度過，這座樓裡像冰窖一樣。那些陰鬱的夜晚，我離開醫院，呼吸著黑暗潮濕的空氣，也呼吸著查爾斯．狄更斯（Charles Dickens）的氣息，分享著《小氣財神》（*A Christmas Carol*）或者《老古玩店》（*The Old Curiosity Shop*）裡那些人物的靈魂。倫敦是我心愛的城市，一個名符其實的時光機器，能夠讓你很容易就回到那些已經逝去的年代，很簡單，只要你轉過一個街角，走進一條狹窄的小巷或者陰森的側道。

除了梅里克的骨架，醫學院裡還有其他豐富多彩的古怪藏品，包括一九一一年著名的「圍攻西德尼街」（Siege of Sidney Street）的證據，當時警方和一群無政府主義者發生了衝突。在一個罐子裡有個標本——一塊帶有槍傷的組織——是從當時被無政府主義者槍殺的一名警官的屍體上取下的。

我從後面的樓梯間爬上兩段階梯，前往為我備好的梅里克骸骨的所在樓層。在樓梯前方的牆上，懸掛著昔日醫學院成員的照片和姓名。其中我看到有著名的法醫學病理家法蘭西斯・坎普斯（Francis Camps）；華生沃森・瓊斯（Watson Jones），當時最出色的整形外科醫生之一；還有格拉夫頓・艾略特・史密斯（Grafton Elliot Smith），他對於埃及木乃伊的偉大研究至今仍然是業內翹楚。

梅里克的骸骨平時存放在博物館的一個大房間裡。但是為了方便我檢查，它被移到了一個小工作室，房間裡還有一大缸熱帶魚，以及一個能夠俯瞰醫院旁邊狹窄巷道的窗戶。這景象一定與約瑟夫・梅里克本人所看到的景色類似，因為他生命的最後幾年就是在這座醫院的兩個房間裡度過的。我們最終進入的房間有一把老式的暗鎖，末端是一塊單片，上面有鎖孔，用一支老舊沉重的鐵鑰匙打開。

那裡，在面向我們的一個矮臺上，立著那具著名的骷髏。

我驚嘆於它是多麼地小！梅里克生前就很矮，他的身高又進一步被脊柱側彎縮短了。我也立即震驚地發現骨架的左側與右側有著非常大的不同。這具畸形的骸骨一點都不對稱。梅里克的病症大肆侵蝕了他的右半邊身體，卻放過了左半邊。他骸骨的右邊呈現出大規模的擴大和骨質增生，而左邊幾乎沒有任何這種病變。在顱骨上也是如此，右邊的頭骨顯示出大量的小骨瘤，但是左邊卻平滑無損，除了後來屍檢時，開顱取腦留下的細小方形切口。切口被金屬線縫合上了。

我從不同角度測量了身體模型和頭骨，並且準備了大量的影像和圖片資料，以便實際確認他的骨頭和皮肉是怎樣結合的，他的皮膚組織到底有多厚。由此就能夠得出確切的結論，有多少異常增生是由於軟組織腫瘤造成的，有多少則是源於骨頭的變化。如我之前所說，我們發現梅里克頭部的變形大部分是由於軟組織的異常，而不是骨骼畸形。

然而，冷冰冰的科學實驗逐漸開始承載一些情感。梅里克死後，屍體被製成模型，當我的手從模型表面輕輕掠過的時候，我感覺到幽靈的存在：我可以切實感覺到梅里克的頭髮仍然存在於這具模型裡。他死於一八九〇年四月十一日，死後馬上被塑模，石膏模具拿掉時，他的頭髮也從顱骨上被扯了下來。也許終有一天，這些頭髮裡面含有的DNA會為梅里克所患的病症提供最確定的證明。也許很快地遺傳學家就能確認梅里克所患的畸變的遺傳學背景。諷刺的是，這些骨頭裡卻沒有DNA，梅里克死後，他的骨頭在塑模之前被煮過了。

他身體的其他部分也曾被保存過，包括一大塊有顯著軟組織增生的皮膚。不幸的是，博物館坐落於倫敦碼頭附近，二戰期間這個地區遭受過嚴重的轟炸。在閃電戰中，那些舊標本罐裡的酒精揮發了，裡頭的皮膚標本變乾然後丟失。否則它們會是很理想的DNA來源。

還有一件怪事：弗雷德里克·特雷弗斯醫生，那個發現並照顧約瑟夫・梅里克的著名外科醫生，曾經把象人的名字改為「約翰・梅里克」(John Merrick)。沒人知道為什麼，這件事就這麼以訛傳訛，見於所有關於梅里克的文字資料裡，包括倫敦藍皮指南。但是，如果有人像我一樣檢查過特雷弗斯的原始手稿，就會發現那個醫生把「約瑟夫」這個詞劃掉，再寫上「約翰」。梅里克的出生證明也保存在博物館裡，上面清楚地寫著他出生時的名字：約瑟夫。

這具著名而獨特的骨架會讓你產生視覺和心靈上的強烈震撼。也許是因為我們已經看過大量關於這具骸骨的主人的故事，我們對約瑟夫・梅里克這個人，對他在馬戲團當「怪物」時的悲慘生活，對後來特雷弗斯醫生把他救出苦海的壯舉，還有他為了實現自己人性潛能而進行的高尚抗爭，都有著深切的印象。對我來說，我不得不承認，這具骨架以簡單、有力、人性化的語言對你**說話**，和我以往接觸過的任何一具骸骨都有所不同。他透過物質的感覺向你傳達情感，直截了當的程度是任何其他我所見過的骨架所無法比擬的。當我詳細察看梅里克的盆骨——他超大號右盆骨和正常的左盆骨並排放置——我彷彿像是在注視著梅里克本人，看著他拄著拐杖，一瘸一拐地緩慢前行；他飛舞的斗篷上還戴有特大號的帽子，遮著他巨型的頭顱，並且抵擋路人嘲弄的目光；他衣衫襤褸……梅里克，這個男人，這樣苟活，拖著他形狀恐怖的身體，蹣跚著穿過白教堂附近漆黑的夜色。這個場景那麼逼真地出現在我眼前，並且成為我無法忘懷的記憶。當我看向他的手，他那精巧而外形完美的左手，和巨大、球棒一般粗礪的右手，我可以看到約瑟夫・梅里克截然不同的兩面：他的靈魂與他的身體。在內心深處，他是一個優雅、有智慧的男人，給每一個和他接觸過的人都留下溫柔、耐心和有趣的美好印象；可是他又擁有一個由突起的骨骼、堆積的皮肉組成的恐怖扭曲的外表，它像一座監獄一樣把他的靈魂鎖住，使他被無知的人們視為怪物。

這兩方面的事實都清楚無誤地寫在那副特殊的骸骨上，也再度讓我對人類骨骼的誠實與表現力堅信不疑。即使被最大限度地拉伸，或者產生超出想像的畸變，骨頭的訴說從來不會變得含混不清，吞吞吐吐，或者乾脆陷入沉默。愈是在承受大自然反常而不幸的折磨之後，骨骼就會愈大聲地昭示事實。在我們活著的時候，骨骼緘默不語，耐心等待，我們死後，它們才開始向天堂和後世呼喊。

9 「陽光照不到的地方……」
"A Sunless Place..."

據我看來，
生活在無盡的空間裡往復奔波：
並且，在她的腳下，因著以往的步伐，
波濤卷過，海浪翻湧，
像追逐的墳墓，將她的腳印吞沒……
所以他們就在遲鈍的燈光下和衣而臥，
透明的夜色覆蓋而下，
像被莊嚴的幽靈用崇高的名義誘惑
直到獲得永恆的安息——時間
和他們一起沉睡，他有一張黑暗的錶盤上
沉默的臉，在一個陽光照不到的地方。

——湯瑪斯・胡德（Thomas Hood），
《死亡之海》（The Sea of Death）

有些神學家宣稱，地獄並不是一個地方，而是一種存在狀態。魔鬼並沒有獨立的存在形式，聖奧古斯丁（St. Augustine）寫道，它只存在於對善良的漠視和否認之中。

這些微妙的形容超出了我的理解範圍。我是個科學家，不是神職人員。我不知道魔鬼從何而生，但是我目睹過它們降臨人間，滅絕生命，殘害肢體。我曾經仔細地檢查過魔鬼作惡的後果，在它們戕害那些溫順、柔弱和無辜的人們很久以後。在我的實驗檯上，我閱讀過它們用傷口和暴行寫下最殘忍的語言，那場面會讓最冷酷的心都為之痛苦。

而我也曾參與對作惡者本人的屍檢，在他們被依法處決之後。我見過電刑在他們剃光的頭頂和腿上留下的黑色焦痕；見過他們的大腦和內臟在解剖刀和Stryker電鋸的作用下裸露出來，他們頭骨的頂端被Virchow顱骨破壞器輕輕一撐就裂開了，這種工具的外觀就像是一支大而閃亮的T型溜冰鞋扳手。我見過他們的內臟被逐一地移出體外，放置一旁，秤重然後拍照。屍檢過後，解剖室會用稀釋的漂白劑徹底地清潔和消毒；但是，如果你仔細觀察，你會看到用來在黑板記錄器官重量的粉筆碎片上，還有斑駁的人類血跡。

在這樣的場合，我們顯然並不希望魔鬼從打開的顱腔裡蜂擁而出，像黑蝙蝠一樣在解剖室裡飛來飛去。但是，當你看到一個殺人犯的大腦時，幾乎不可能沒有一點不由自主的好奇心，在這個由珊瑚狀灰色螺紋組成的安靜國度的深處，究竟隱藏著什麼？在由軸突和樹突精密構建的大腦網絡裡，從生理上來說，那無數細小的火花脈動正是人類思想形成的源頭，而那錯綜複雜的廊道間，究竟發生了什麼事？在大腦本身被電流擊中死亡之前，這塊特殊的血肉被有著何種威力的毒藥侵襲過，從而顛覆此人原本正常的思想，讓他成了魔鬼的門徒？

我無法回答。這些年來，我在工作中時常直視罪惡的淵藪：那裡有窮凶極惡的謀殺犯行和罪大惡極的凶手。但是，即使經過長時間被迫與最愚蠢、蠻荒的人性陰暗面打交道之後，我仍無法找到這條黑暗之河的源頭，我也提不出將之攔截或使其轉向的建議。依我所見，作惡的衝動在一個人生命的最初便已深深埋下，甚至是剛出生時。有些人性格的迷宮深處潛藏著嗜食人肉的魔怪，而我們還無法在這迷宮中找到接近並消滅這惡獸的線索。

謀殺的工具也和人類無盡的想像一樣花樣繁多。除了獵槍、來福槍、手槍、刀子、短斧和斧頭這些常見的凶器之外，我還見過切肉刀、開山刀、冰錐、刺刀、鐵錘、扳手、螺絲起子、鐵撬、撬桿、二乘四木料、樹枝、千斤頂手柄（和「輪胎十字扳手」不一樣，現在沒人用輪胎扳手了）、建築模塊、拐杖、義肢、黃銅床腿、鐵管、磚塊、皮帶、領帶、褲襪、繩索、鞋帶、毛巾和鏈條——所有這些東西以及更多的東西，都被人類用來將其同類置於死地。我從未見過有哪個凶手使用分枝燭臺。這種講究的東西顯然僅限於英國。不過，我卻見過被用來殺死一個女人的球鞋，凶手踩住受害者的喉嚨致她於死命之際，球鞋留下了獨特的印記。我也沒見過用冰柱殺人的情況，雖然它被譽為最完美的凶器，因為之後它會融化。但我知道在一個案件中，一個男人被一塊凍得僵硬的火腿猛擊斃命。

凶手通常不喜歡重體力活——當然，他們往往最終要做一點這種粗活，當他們把人殺死需要處理屍體的時候。他們更喜歡使用輕便靈活的凶器。你會驚訝於用玻璃瓶把人打死的情況有多麼地頻繁。和電影中使用的那些「糖玻璃」道具不同，真正的玻璃瓶經得起反覆擊打。長頸啤酒瓶還有那種沉甸甸的老式可口可樂或百事可樂的玻璃瓶是極為有力的凶器，威力強大到足以把一塊二乘四的木頭敲出缺口，瓶子本身還不碎裂。我記得在一個案子裡，一名女子被人用百事可樂瓶毆打致死，瓶身特殊的螺旋凹槽還清晰地顯現在她碎裂的頭骨邊緣。至於眾所周知的凶器——「鉛管」，已經是過去式了。鉛已經不再用來鍛造管子。

誰若是想深入探究一個人對另一個人可以慘無人道到何種程度，他只需要去看一本叫做《法醫學死亡偵查》（*Medicolegal Investigation of Death*）的書即可。這本書由病理學家沃諾・U・史畢茲（Werner U. Spitz）和羅素・S・費雪（Russell S. Fisher）共同編撰，是我們這門學科的標準教材。這本六百二十三頁的大部頭裡充滿了讓一般人不忍卒睹的圖片，雖然那些圖片對我和我的同事來說已經一點都不恐怖了。

書中呈現了男人、女人和小孩在死亡以及腐敗各階段的景象。謀殺和折磨的每一種細節，命運製造的每一起混亂的意外，都在這些書頁中被冷靜地展示出來。這裡有遭到槍殺、刺殺、絞殺、棒殺、毒殺、砍殺、斬首、肢解、剝皮、溺斃、勒殺、車裂、壓碎、焚燒、乾燥、木乃伊化和僵硬得猶如木板的各種屍體。還有被狗和老鼠、魚和鱷魚、昆蟲和蟑螂啃咬過的屍體，以及被蠅卵和蛆蟲毀壞和繁衍過的屍體。同樣也有保存得驚人完好、新鮮如初的屍體，屍體在死後不久就被水晶罩般閃亮的冰雪包覆起來，沉睡在寒冷中，看上去彷彿永生一般。

但是從很多方面來看，這本猶如黑色博物館的書中，最可怕的章節莫過於第十八章，主題是童年時期不當致死的調查。扉頁放了一張新生兒屍體的照片，他身中數刀而死。這個章節的合著者之一詹姆斯．T．韋斯頓醫生（Dr. James T. Weston）將殺害和虐待兒童的行徑稱作「人類對同類所施暴行的最極端形式」，同時他也注意到這種極度黑暗的行為「被人們用幾乎各種理由找到合理的藉口，包括宗教信仰和修行，紀律和教育，還有好些部分竟是為了增加經濟利益。」孩子的無助和天真，使這些罪行顯得格外駭人。「凡是使一個信我的小弟兄犯罪的，倒不如把一塊大磨石拴在這人的頸項上，沉在深海裡。」耶穌基督在《馬太福音》十八章六節裡發出警告。在我看來，用一塊大磨石做為懲罰，實在是太輕了！

收錄在這個章節裡的一些案件和照片會讓你心碎不已。有對父母為了懲戒孩子，逼他吸入胡椒粉，導致他窒息而死。一個孩子被浸入滾燙的熱水中，全身有一半以上嚴重燒燙傷。有個孩子口中連接上唇至牙齦根部的繫帶是斷裂的，因為他的嘴巴經常遭到毆打（繫帶撕裂傷在家暴兒童身上相當常見）。一名嬰兒被喝醉酒的父親活活打死，只因為他的哭聲干擾了電視上的足球比賽。一個孩子的臀部和背部滿布被電源延長線鞭打的環狀傷痕。有一張可怕的照片顯示孩子的指尖發黑壞死，是由於經常被毆打頭部，為了保護自己所形成的。

我陳述這些恐怖的案件並不是為了使人消沉。我自己有兩個孩子，都是女兒，她們已經長大並且有了自己的兒女。我可以敏銳地察覺到一個正常的父親在想到這些殘酷的傷痕時所感受到的痛苦。在我的專業範圍內，我竭盡所能把任何人面對那些敗類時都會產生的憤怒放在一邊。如果我需要為調查達成清晰而冷靜的結論，我就必須把這些感情擱置一旁。

這類事件我們知道的愈多，就愈會對它們發出的訊號有所警覺。我衷心地希望藉由我們的工作，使那些野蠻的父母或成人會因為害怕事跡敗露，停下他們那即將打向孩子的手。他們得知道，那些老套的理由：「她跌倒了」；「我只是轉過身一分鐘，事情就發生了」；「他總是那麼笨拙」……不再能站得住腳，取而代之的是司法系統的迅速介入、起訴和嚴厲的懲罰。

我經手過一些和幼兒有關的鑑定調查，他們在我的記憶中永遠鮮活。其中最讓人不安的是一名五歲女孩的遺骸。遺骸是在一只布袋裡發現的，布袋曾被扔進池塘裡。女孩的母親及其男友被控謀殺。有證據顯示，他們逼迫孩子在缺少食物和水或其他液體的情況下，在臥室角落罰站了十天左右。他們不准她躺下，每當她體力不支倒地時，就會被迫重新站起來。為了將這種殘酷行徑發揮到極致，他們給孩子的學校寫了一張字條，告訴她的老師說，由於她正在接受藥物治療，這孩子白天不能吃東西或是喝水。而不明就裡的老師居然遵守了這個奇怪的要求，無意間成了對這可憐孩子施加折磨的幫凶。幸運的是，老師保留了字條，這張字條至關重要，後來用作調查小女孩命案的證據。

她確實是被謀殺的。起訴書已經準備完畢，說明女孩死於頭骨一處穿透傷。在這起駭人聽聞的案件中，我的工作是負責檢驗傷口。在仔細檢查遺骸之後，我認為頭部受傷致死的結論有誤。女孩頭骨上的洞是自然形成的。屍體在水下腐爛時，一小塊骨頭從頭骨上剝落了。

我跟法醫討論了我的發現，然後他回去找地方檢察官，向他表明真正的死亡原因：飢餓，可能還有腹部受到毆打形成的鈍器傷。新的起訴書出具時，排除了穿透傷的部分。我們在庭審中得知，女孩被迫吃下肥皂，並且不斷地背誦字母表。每當她弄濕褲子時，就會被用皮帶狠狠地抽打。她被禁止睡覺，整夜站在一只半滿的旅行箱裡。那名母親的男友，一個叫做唐．麥克杜格爾（Don MacDougall）的混蛋，是虐待孩子的主謀。那名母親向地方檢察官請求辯訴交易，以換取十五年的徒刑。她入獄服刑後，由於在獄中表現良好而獲得了減刑，現已重獲自由。麥克杜格爾於一九八三年年初受審並入獄服刑。他原本預定在一九九二年除夕從北佛羅里達州麥迪遜郡（Madison County）的監獄獲釋，同樣因為在獄中表現良好，也成功獲得了減刑。他即將出獄的消息傳出後，引發了公眾的強烈抗議，佛羅里達州檢察長鮑勃．巴特沃斯（Bob Butterworth）不得不出面干預，撤銷了提前釋放麥克杜格爾的決定。本書寫作之時，他仍被關在監獄裡，做為一個親眼見過被他殘害的受害者遺骸的人，我並不為他感到遺憾。

———

有時候結案需要經過一段漫長的時間。一九八三年，佛羅里達州那不勒斯市（Naples）的一位法醫寄給我另一名五歲女孩的頭骨。他想知道是什麼樣的凶器對頭骨造成了損傷。當我仔細檢查頭骨時，我發現有東西擊中小女孩前額的中心位置，造成她雙眼內側脆弱的顏面骨碎裂，然後又穿過了額骨，在她的臉上形成從鼻子底部向上傾斜一直延伸到她頭頂中央的創傷。那是猛烈攻擊造成的恐怖傷口。她肯定當場就被打死了。

經過一番測量，並且檢查了碎骨形成的銳角之後，我的結論是，凶器的表面平坦，有兩個尖角，兩側平行。看起來，她像是被一塊二乘四木料稍窄的表面擊中，或者某種形狀和尺寸類似的東西。我能確定的只有這些。

很多年過去，直到一九九二年，她死去將近十年以後，一名調查員告訴我他在獄中採訪了一名戀童癖患者，那人承認是他殺害了那個女孩。我們不得不把她身體的其他部分從墓地裡挖掘出來，以收集更多的證據。凶手的供詞和我最初的調查結果非常接近。他告訴警方，自己用的不是木料，而是一塊厚約一吋半的建築模塊。其銳利的角度和筆直平行的邊緣和小女孩頭骨上的傷口十分吻合。他最終伏首認罪，這個案子終於可以結案了。小女孩的頭骨做為證據一直與身體分開保存，現在終於可以埋葬在一起。

我們的第一印象總是最強烈的。多年來，有個案件一直困擾著我，因為當時它給我留下了深刻的印象，那也是我處理的首批此類案件之一。它發生在一九七八年，一名年僅十三歲的年輕女孩遭到殺害然後肢解。

當時女孩從佛羅里達東岸的一個校車站失蹤，僅僅幾週之後，她的頭顱在一個油漆罐裡被發現。頭顱被發現時很乾淨，油漆罐本身則鏽跡斑斑，很可能在她遇害之前就生鏽了。這個細節有一定的重要性，你後面就會知道。而屍體的其他部分從未找到。

經過檢查，我發現覆蓋在枕髁（〔occipital condyle〕脖頸上用來支撐頭骨的部位）上的軟骨組織，它的前表面被切開然後向後彎折，並且發生在軟骨仍然新鮮的時候。實際上，我初次見到警方拿來的頭骨時，部分軟骨組織已經乾燥、變深、變硬，但是顯微鏡分析顯示，切割發生在軟骨變乾硬化之前。

這個結論很明顯也很可怕：女孩死亡之後，馬上被人用刀子從頸部的骨頭上取下頭顱。頭骨上還有其他刀痕，有些是位在很深處的地方，那些地方就算用最猛烈的力氣把刀刺入都不可能刺及。我認為，凶手在殺人後用刀把皮肉刮離了骨頭。

頭骨的上顎部分有一處骨折，可能是下巴遭到猛擊造成的。所以，可以判定發生過造成鈍傷的襲擊行為。小女孩被打得很重，也許重到足以致死的地步，幾乎可以肯定這樣的擊打一定會讓她失去知覺。

顱頂則發現帶有鏽跡的劃痕，呈平行排列。由於警方調查人員在移出頭顱的時候，很小心地把油漆罐切開並且完全打開，所以我們可以推測這些劃痕是凶手把頭顱塞進油漆罐時造成的。這說明當頭顱被塞進鐵罐時，頭骨上已經沒有任何軟組織了。頭顱一定在短時間內被煮過，然後清得乾乾淨淨。

骨頭生成時，會被一種非常頑固的纖維狀物質覆蓋，那種東西就是骨膜（periosteum）。請原諒我舉這個例子，當你吃烤肋排時，把肉和骨頭黏附在一起的就是豬的骨膜。眼前的這個案子，我的結論是，如果頭骨上還留有一絲骨膜的成分，那些生鏽的劃痕也不會出現在骨頭的表面上。因此，所有的骨膜都被凶手仔細地徹底清除了。

一幅恐怖的景象逐漸形成。女孩被劫持、毆打、謀殺、斬首，凶手用刀子把她的頭骨刮得乾乾淨淨，然後煮沸，最後塞進一個生鏽的油漆罐裡——這個小女孩的命運太過殘酷和駭人了。雖然她的身分得到了確認，遭劫持的時間也確定了，但凶手卻一直逍遙法外。

我時常想起那個小而悲慘的頭顱。幾年之後，我請求重新檢查，希望藉由經驗積累所獲得的專業知識，我可以發現某些當初檢查時所錯過的線索——然而，我一無所獲。對於這個頭顱，我已經掌握了我所能掌握的一切。我幾乎接受了這個事實，不是所有的謀殺案件都能夠偵破，而這個小女孩就是那些無法報仇的無辜生命之一。在這個案子裡，伴隨著痛苦的唯一欣慰之處就是女孩的父母知道發生了什麼事，知道他們的女兒確實已不在人世。有許多失蹤兒童的案件一直未能偵破。那些父母的餘生都會在不確定的痛苦中度過，永遠期待著一絲微弱的希望，他們的孩子也許還活著，就在某個地方。這樣的案件中，父母的生活也被永遠毀掉了。

一九九四年上半年，在我撰寫本章之際，一名男子在新英格蘭被捕，警方懷疑他和幾名十二、三歲的兒童謀殺案有關。我得知，他和那個頭顱被我仔細檢查過的十三歲受害者少女住在同一個郡。當時，緊鄰的地區有另一名十二歲女孩被謀殺，我也參與了調查。我把案件號碼交給了調查人員，希望可以由此建立一些更確定的連結。但願最終能將凶手繩之以法。

有時候，我們會從謀殺犯本人的口中證實我們的發現。一九九〇年，一個名叫麥可・杜洛徹（Michael Durocher）的男子，因為另一起案件被關押在斯塔克（Starke）佛羅里達州立監獄的死牢裡，他意識到自己離坐上電椅的日子愈來愈近了，決定解除自己良心上最後的負擔。

杜洛徹告訴調查人員他埋葬自己的女友葛蕾絲・里德（Grace Reed）、她五歲的女兒坎蒂斯（Candice），以及他六個月大的親生兒子約書亞（Joshua）的地點。他在大約十年前將他們殺害。杜洛徹因為一九八六年在傑克遜維爾用獵槍殺害一名店員被判處死刑，他當時搶了四十美元和一輛車。他還因為一九八八年在傑克遜維爾毆打一名室友致死，被判無期徒刑。

一九九〇年，根據杜洛徹指出的方位，佛羅里達州執法局（Florida Department of Law Enforcement, FDLE）的一個小組在綠灣溫泉市（Green Cove Springs）一處隱蔽的埋屍地點找到了坎蒂斯和約書亞的遺骸，同時也找到了葛蕾絲・里德的屍體。杜洛徹承認自己用獵槍射殺了母女二人，但是當調查人員問他嬰兒——他的親生兒子——是怎麼死的，他突然沉默了，隨後臉上浮現出陰森的笑容，神祕兮兮地說：「你們自己去查吧。」

確實，法醫分析清楚顯示，這名女性死者是被子彈擊中後腦，小女孩的外衣和骨頭則證實子彈擊中她背部接近右腋窩的地方，然後自胸骨穿出。

但是，小約書亞的骨頭上一點痕跡都沒有。顯然不是被獵槍射殺的。他是被刺死的？被悶死的？被勒死的？還是遭到活埋？「你們自己去查吧。」杜洛徹說。我相信他的話，接受了這個挑戰。我萬分小心地把自己的注意力集中在眼前這具幾乎骨骼化的細小骸骨上，它屬於一個十年前被殺害的嬰兒。

肋骨的狀況並不是很好，但是根據能觀察到的情況，骨頭上沒有裂痕。它們很乾淨。如果遭刺殺的被害人是成年人，那麼有百分之五十的可能性，刺入傷不會傷及骨頭。對於兒童來說，傷及骨頭的可能性就會高出許多。因為兒童的骨頭，特別是肋骨，間距更近。但是在這起案件中，沒有任何骨骼損傷的跡象。

嬰兒身上仍然穿著連褲外衣，上面有一個圍兜繞在他的肩膀上。連褲外衣的褲腿內側採釘扣設計以便於更換尿片。圍兜裡頭是一件有著心形和氣球圖案的T恤。上身還穿有一件帶帽子的外套。連褲外衣上所有的鈕扣都是扣上的。圍兜上方的綁帶繫得很緊。在綁帶和圍兜下面，T恤完好地穿在身上，外套最上面的扣子是扣好的，但最下面的兩顆扣子則敞開著。

我們對保持原狀的衣物拍照取證，前後左右任何地方都沒有發現有孔洞。不過，之後我把外套的鈕扣解開，把衣角掀到後面，在圍兜上發現一個洞。我檢查圍兜下方的T恤，也發現了一個洞，和圍兜上的洞有相同的傾斜角度和位置。在顯微鏡下觀察到，人造纖維的末端有非常鋒利的斜向切割。

我向檢察官和辯方律師報告我的結論：我認為那個孩子是被小心地刺死的，凶手的手法非常講究，他把嬰兒外衣的衣角掀開，用刀子刺穿裡面的兩層衣服，再冷靜地翻回衣角，蓋在那個瀕死嬰兒的致命傷口上。

我對自己的結論很有信心，但是顯然檢察官沒有。不過後來杜洛徹崩潰了，對這三起謀殺案的一級謀殺罪供認不諱，並遭判處三個死刑。他被定罪之後，法庭公布了一份他與監獄精神科醫生進行的訪談紀錄。檢察官致電給我時，語帶激動，她表示我是對的。杜洛徹承認自己從外衣下刺入嬰兒的左胸，就像我說的那樣。我告訴檢察官我並不吃驚，我一直相信自己是正確的，她應該更加信任我。我很自負嗎？我希望沒有。

杜洛徹在一九九三年秋天被送上電椅。他最後表現得很冷靜，拒絕乞求寬容，或者申請上訴，甚至不願意爭取暫緩執行。在寫給佛羅里達州州長勞頓・柴爾斯（Lawton Chiles）的信中，他坦承自己相信死刑，並補充說：「我恭敬地請求伏法。」他如願了。麥可・杜洛徹已經不在人間。不幸的是，被他冷酷殺害的五個人也同樣不在了，其中包括他尚在襁褓中的兒子。

因為和此案的關係，我受邀出席杜洛徹的驗屍，但是我不得不婉拒，因為當天我必須到夏威夷進行越戰遺骸的鑑定工作。在佛羅里達州，死刑犯的屍體並不會在監獄裡解剖。在電椅處死並宣布死亡之後，屍體會裝上一輛靈車，送往蓋恩斯維爾第八區的法醫辦公室。

當你親眼看見這樣的驗屍過程，你的思緒自然會浮現關於死刑的議題。我認為自己對於像英國這樣已完全廢除死刑的國家有著出於理想和人道主義的敬佩。但是當回到現實中的美國，回到我手裡的工作時，我很不情願地做出結論，我們也許還沒有進步到足以邁出那高尚的一步。我見過太多的案例，謀殺犯被釋放後再次因為殺人入獄。我見過在監獄裡被服刑中的殺人犯殺害的囚犯的屍體。有一次我見到一個遭殘害的囚犯的屍體，他戴著手銬，眼睛和身體的其他部位都挨了刀，然後從監獄內三層樓高的陽臺上被扔了下去。

死刑是一種類似於「焦土政策」的刑罰，一種最終的、絕望的手段。我們在謀殺犯和他的罪行周圍創造出一個無菌的死區，一種如同莎士比亞在《馬克白》(*Macbeth*)中形容的「枯萎的荒野」，那裡沒有任何生命，除了邪惡的濃霧和幽靈的警告。不見殺人犯，也不見受害者，留下的只是令人毛骨悚然的記憶，以及對死去的凶手永遠不會再折磨、嘲弄或者殺害他人的確知。然而，受害者的親屬一生都會哀痛，永遠得不到安慰。

說到死刑的不同執行方法，我認為其中有些是不必要的殘酷。絞刑可以是一種仁慈的麻醉，也可以是一種漫長難挨的痛苦勒斃，還可以是因為長距下墜而瞬間斃命的突然死亡法。一篇於一九一三年發表在英國醫學雜誌《刺胳針》(*The Lancet*)上關於絞刑的經典文章提到，理想狀態下，絞刑會造成第一、二頸椎骨脫位，也就是第二頸椎向上延伸進第一頸椎的齒狀突(odontoid process)發生骨折。這會切斷頸椎，停止呼吸系統的功能，繩索本身對氣管的壓迫也產生同樣後果。

但幾乎可以肯定的是，受刑人在墜落之後，他的大腦仍然保持幾秒鐘到半分鐘的清醒狀態。在一些搞砸了的絞刑過程中，如對刺殺亞伯拉罕・林肯(Abraham Lincoln)的共犯瑪麗・薩拉特(Mary Surratt)的行刑，犯人的身體會恐怖地掙扎好幾分鐘。大腦在這幾分鐘裡耗盡了生命的最後時刻由身體輸送而來的氧氣。我知道很多劊子手在他們的自傳裡吹噓自己的行刑技術：「身體落下後就一動不動了。」這什麼都說明不了。當脊髓被切斷時，神經系統也跟著被截斷了，無法向下肢發送訊息。但是大腦很有可能會在被分離的頭顱的「指揮艙」中，痛苦萬分地多活一會兒。

此外，斷頭臺也並不能馬上結束生命。眼睛在被切斷的頭

▶ C. A. 龐德人類鑑定實驗室的標誌

▶ 邦妮・派克的墓碑。每一個罪犯都可能被生命中的某人所愛著。

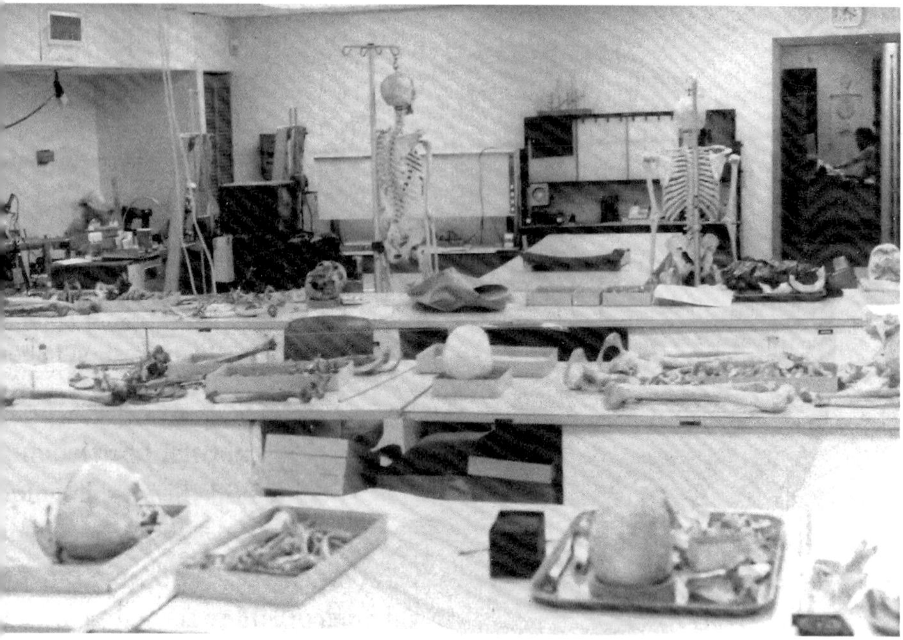

▶「這些粗略的註解，還有我們的屍體……」
法醫人類學的科學包含聆聽死者的低語。

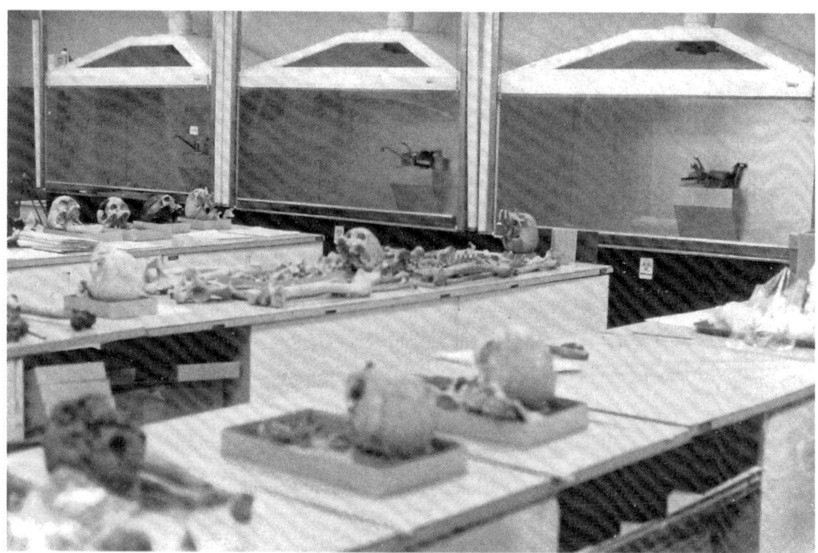

▶ C. A.龐德人類鑑定實驗室的「氣味罩」。
在這些通風的塑膠氣泡裡，遺骸被煮沸以清除血肉，並準備進行檢查。

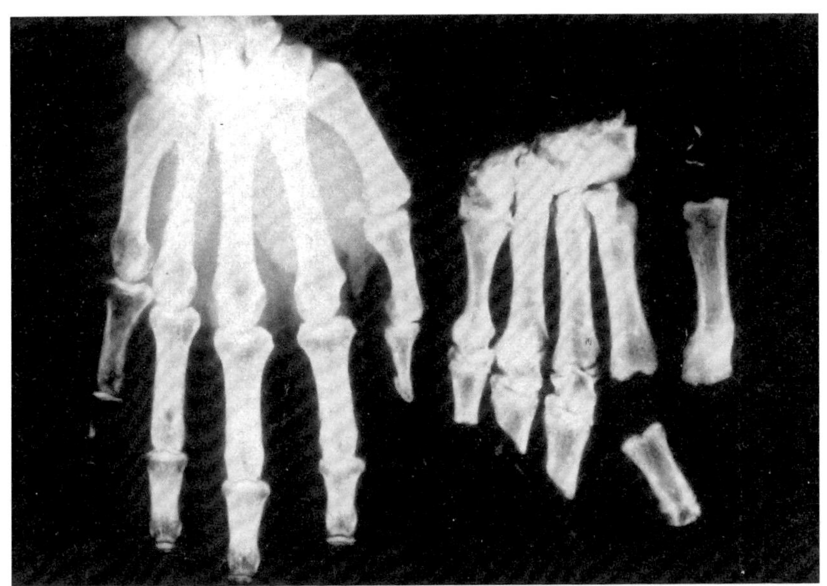

▶自然的詐欺之術：人類的手（左）和熊掌（右）的X光攝影。

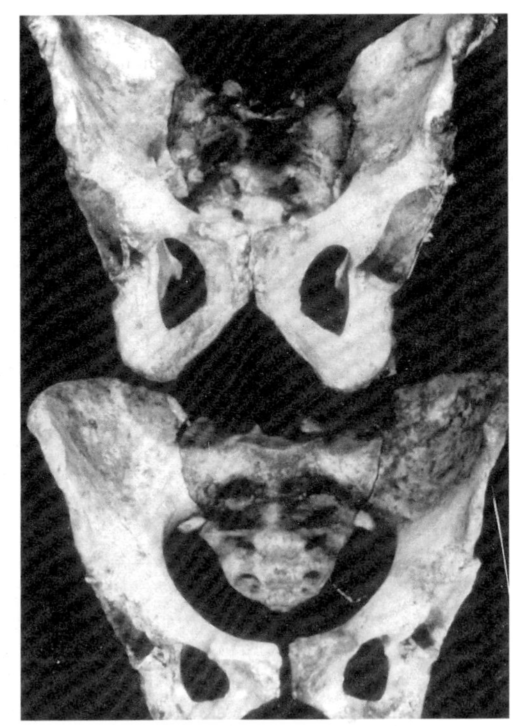

▶男性與女性的骨盆。
可注意到女性的樣本（下）
骨盆寬度更大，
恥骨下角角度更寬。
這類區別有助於我們
所謂的「骨骼性別判定」。

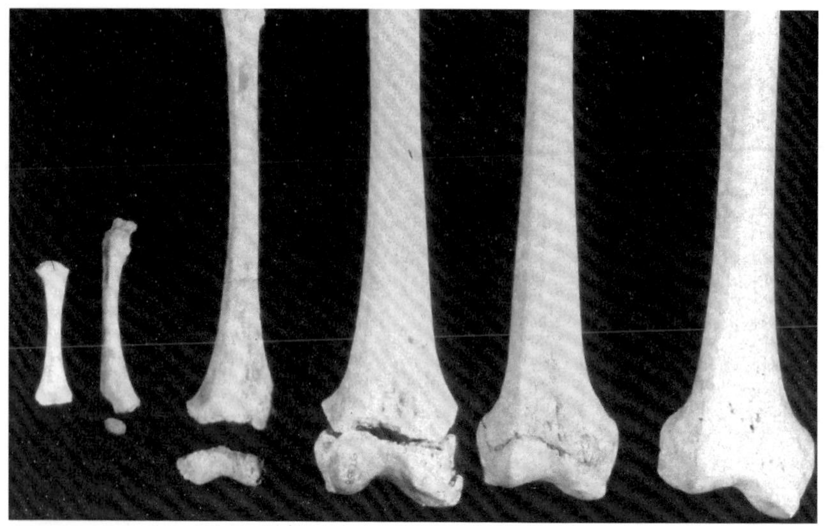

▶ 不同生命階段發展下的人類大腿骨（股骨）。
人類剛出生時，股骨末端接近膝蓋處是單獨的部位，亦即骨骺（epiphysis）。
隨著成長，骨骺會變大並改變形狀，開始與股骨的其餘部分結合。
骨骺或疤痕顯示出最近合起的股骨，是生長期結束的跡象。
在成年的股骨中，骨骺會消失，
我們可能永遠看不出單一骨骼一開始是好幾個部分所組成。

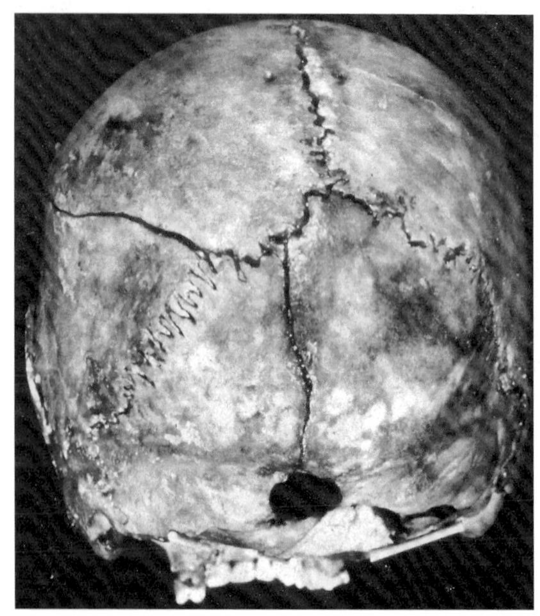

▶ 在後顱骨底部的一個點四一口徑槍傷入口。

▶ 一個不完整的槍傷出口。注意近頭蓋骨上方的裂痕。
第二枚子彈的圓形槍傷入口顯示出顱骨表面沒有外部斜角。

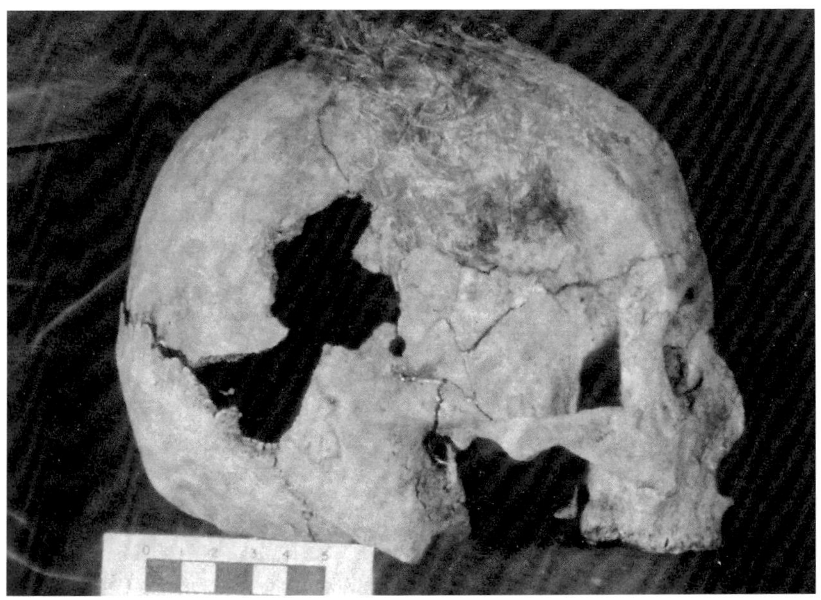

▶ 一個十二口徑的槍傷入口，從距離受害者約十呎處開槍。

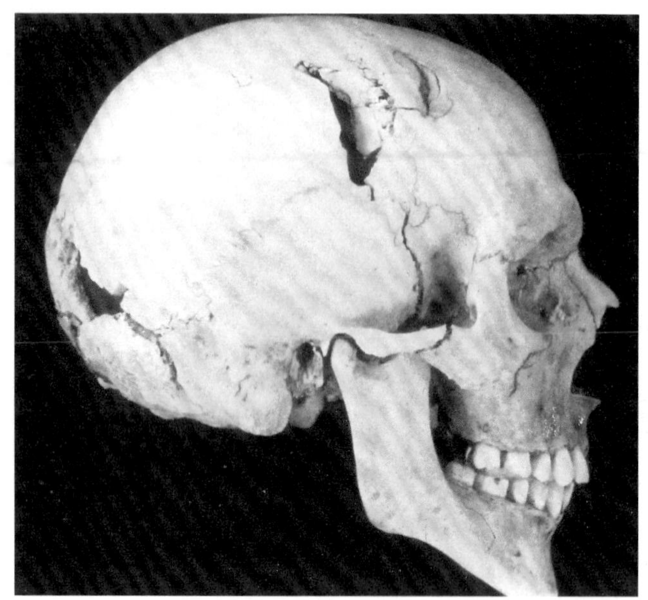

▶ 頭骨顯示一種工具造成多處骨折。

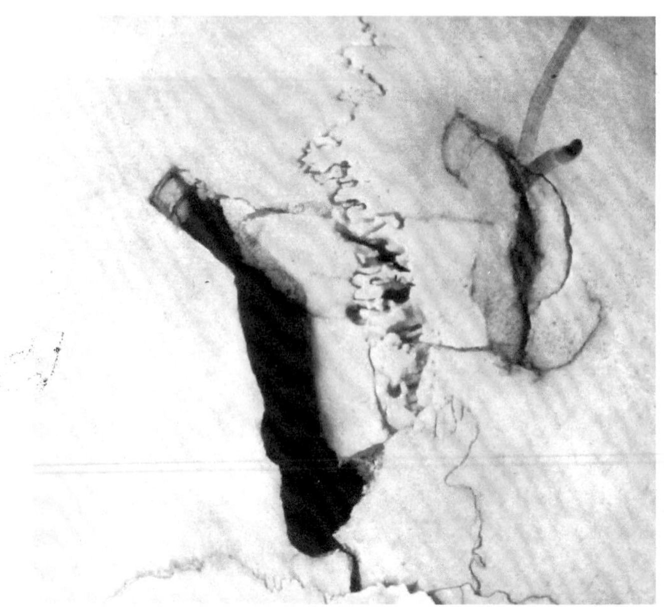

▶ 哪個傷處最先造成？這張特寫照片顯示右方傷處先於左方，因為右傷的骨折（見箭頭處）穿過左方傷處。
因此是右側那一擊先發。

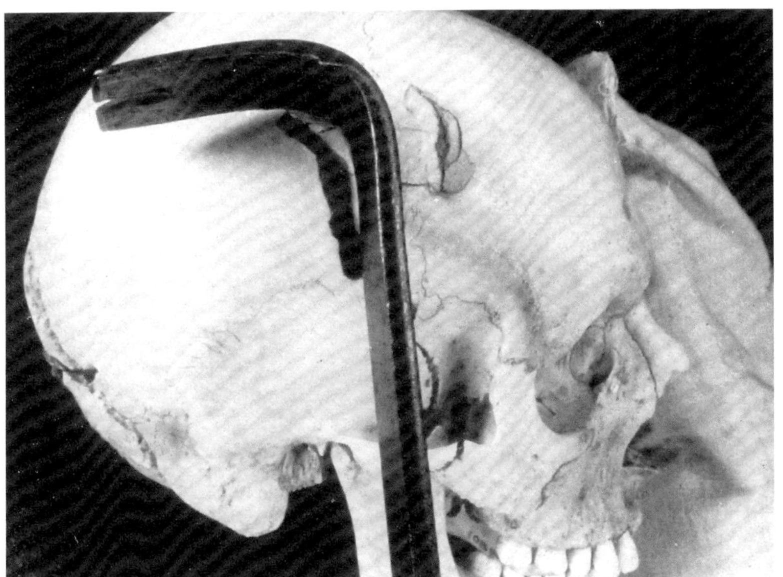

▶ 明顯不吻合處。當工具放在傷口旁時，它與傷口並不一致，有一個直角的彎曲。
這種工具可以很順利地插進細的骨頭裡面。
可注意到該工具的頂端被磨掉了，而工具的柄部保持圓弧型。

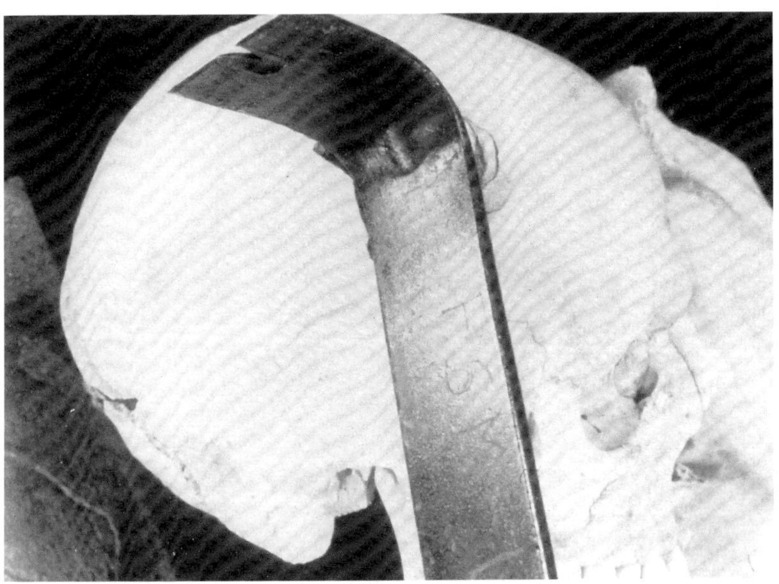

▶ 然而，把這個工具旋轉一下，如今它的有效角度大於九十度。
這個工具現在可以把骨頭壓碎，導致我們在傷口上所看到的傾斜表面。

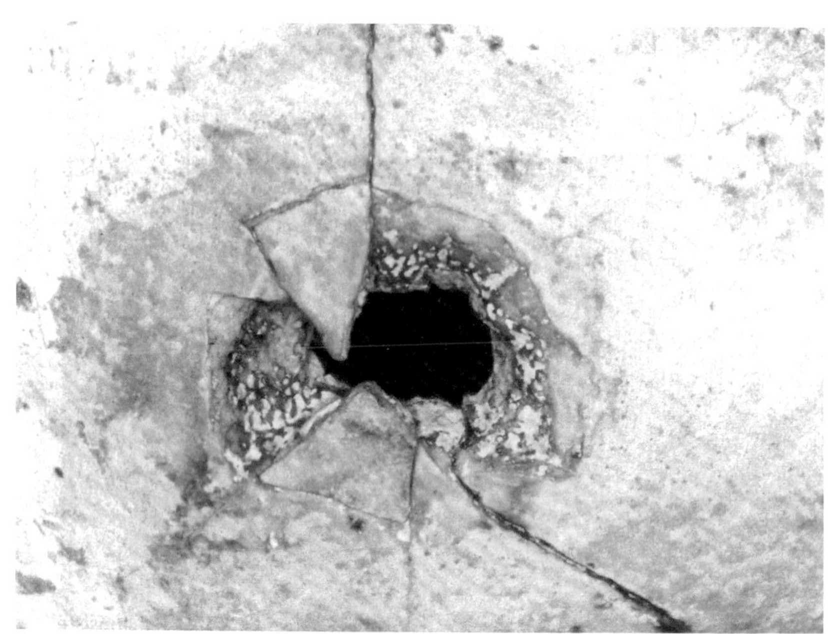

▶ 一個槍傷出口，造成骨頭表面的外斜角。

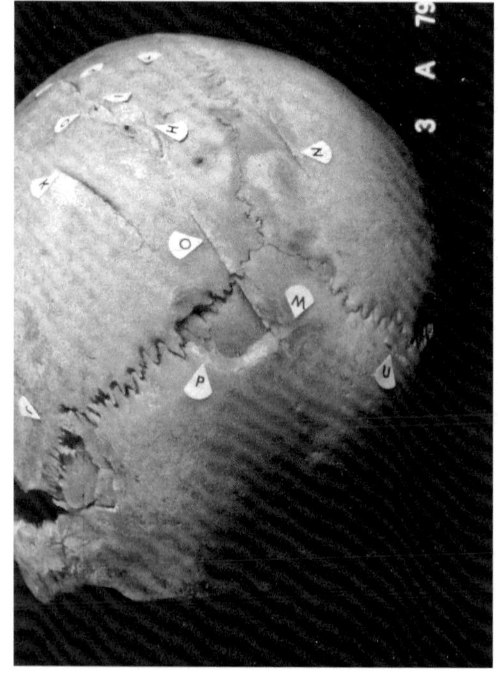

▶ 大型剁肉刀
造成的多處傷口。

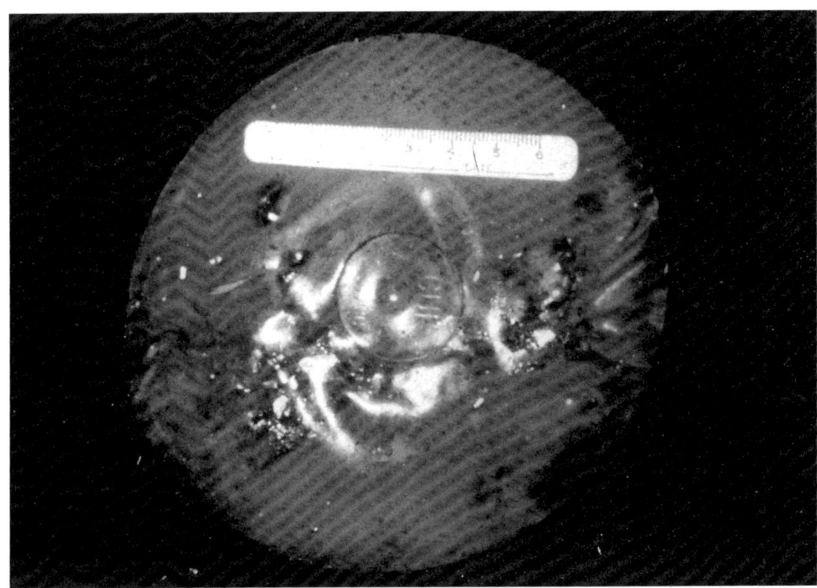

▶ 在這個隆乳用的矽膠植入物中心旁邊，可以見到其尺寸標示與製造商商標。我有一名學生曾經誤把它當成水母。

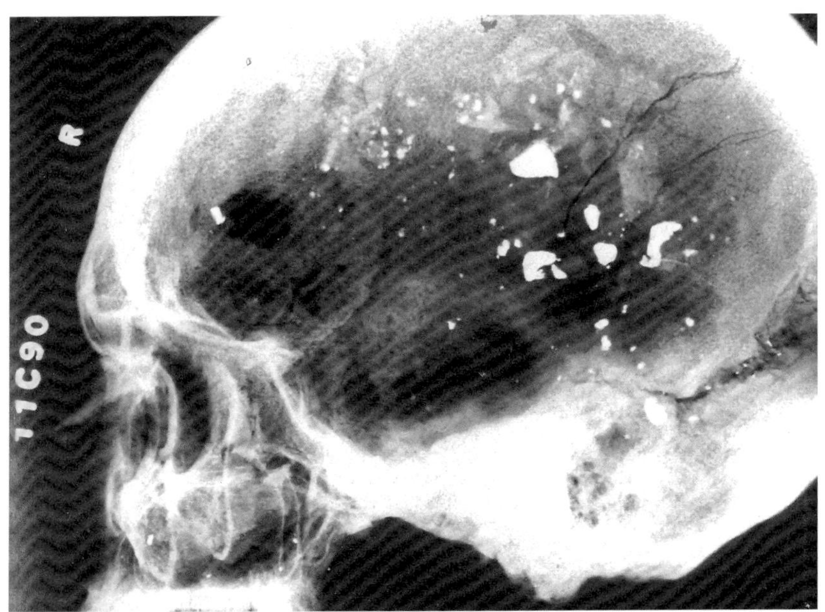

▶ 這張X光照片中有許多大片的白色區域，是在頭部造成多處槍傷的點二二子彈碎片。

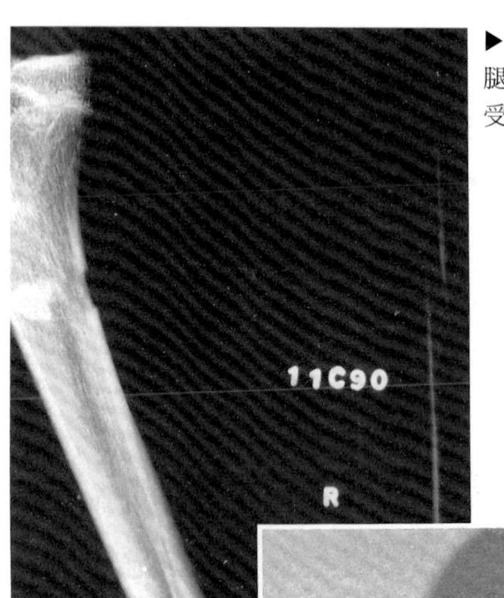

▶ 可看到一發點二二子彈嵌入腿骨中。
腿骨背面的槍傷入口顯示
受害者被槍擊時可能正在跑離攻擊者。

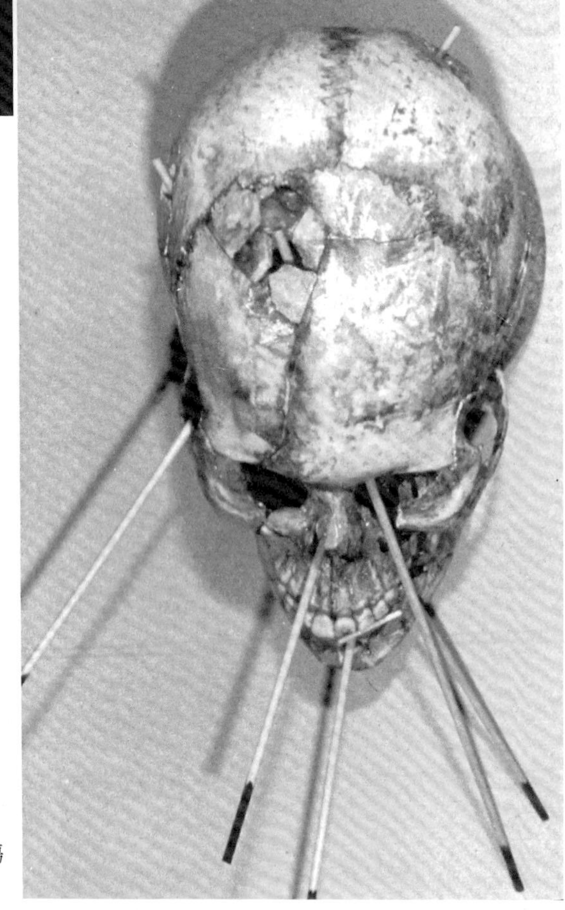

▶ 插銷顯示出頭部
有五個點二二口徑槍傷
的子彈軌跡。

▶ 一名長者的胸椎骨顯示出上面的骨贅疣（骨刺）以及多處脊椎融合。這名長者在生活中的行動將受到嚴重限制。

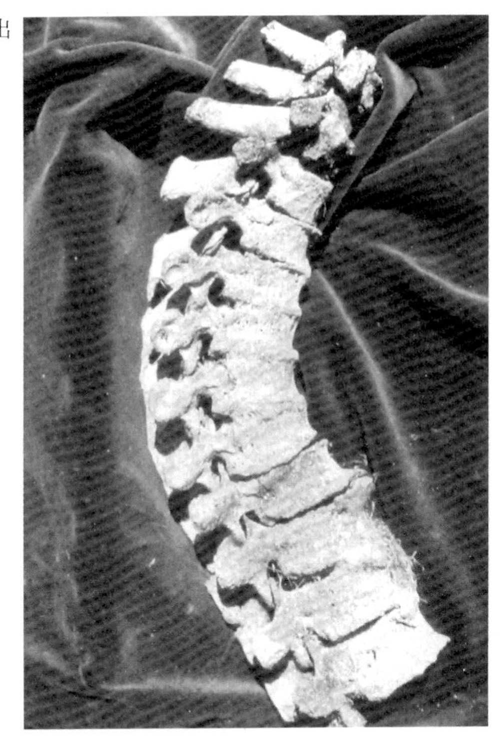

▶ 拉貝爾鎮毒品謀殺案。這三名受害者被綁住並槍殺，一個疊著一個丟入坑中。被謀殺的男子的鞋子出現在挖掘過程的早期。

▶ 出於背痛，我被迫躺在被害者旁邊。
我發現喝胡椒博士可樂可以讓我從燠熱和惡臭中舒緩一些。
（感謝瓦利．格雷夫斯醫生提供照片）

▶ 拉貝爾鎮謀殺坑中挖出的三具屍體。

▶ 拉貝爾鎮謀殺案的三名受害者，從另一個角度拍照。
我們的挖掘行動顯示埋在最底處的受害者是最後一個被槍殺的。

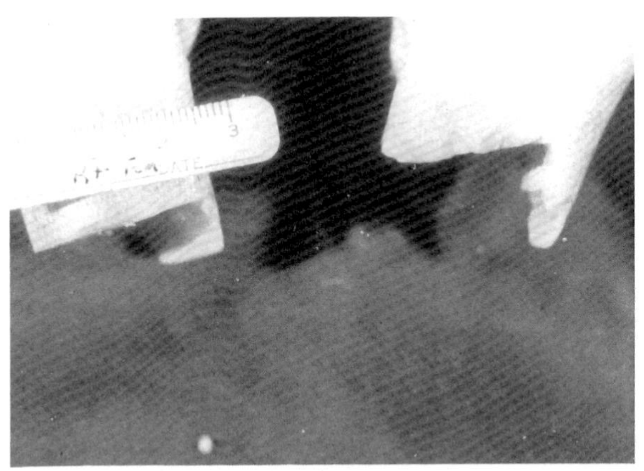

▶股骨顯示了電鋸肢解的典型模式。

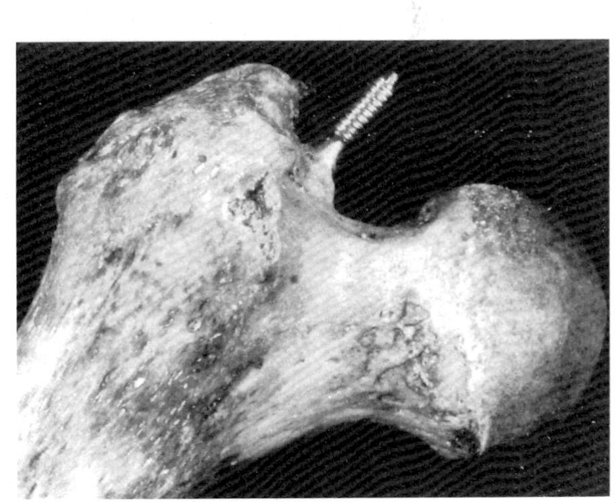

▶一根用於股骨骨折修復的骨釘。

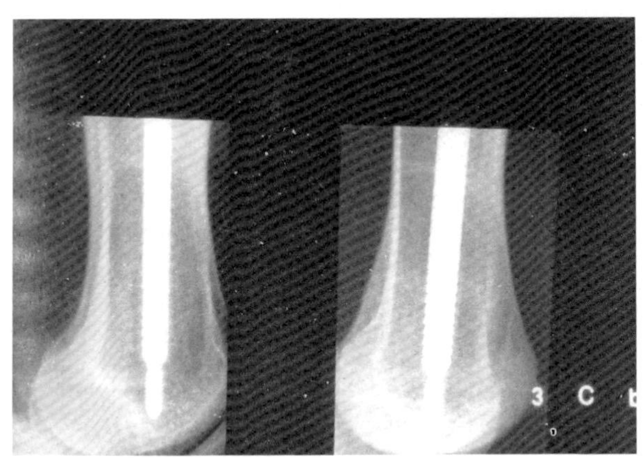

▶生前（左圖）與死後（右圖）的同一根骨釘底端。

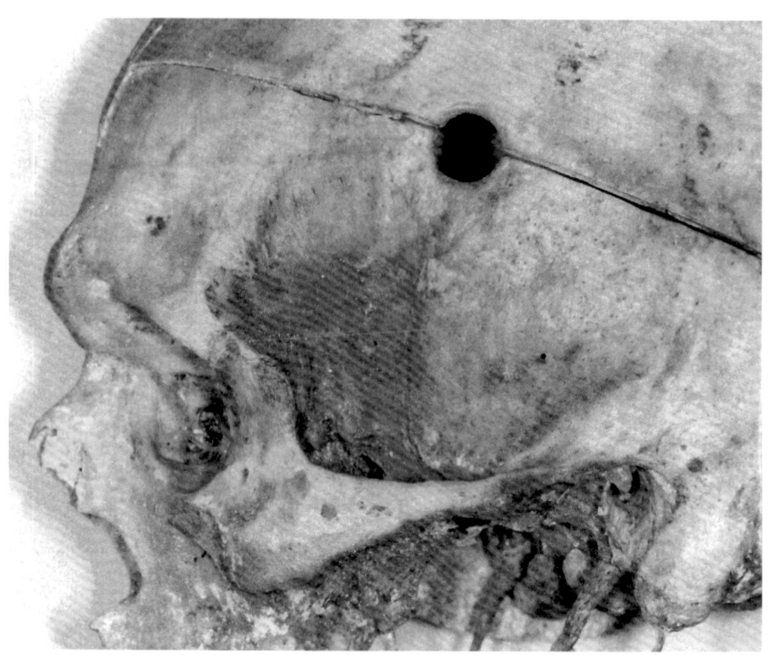

▶ 頭骨上一個癒合了的洞（環鋸鑽孔處），在頭部受傷後鑽孔以便減輕壓力。

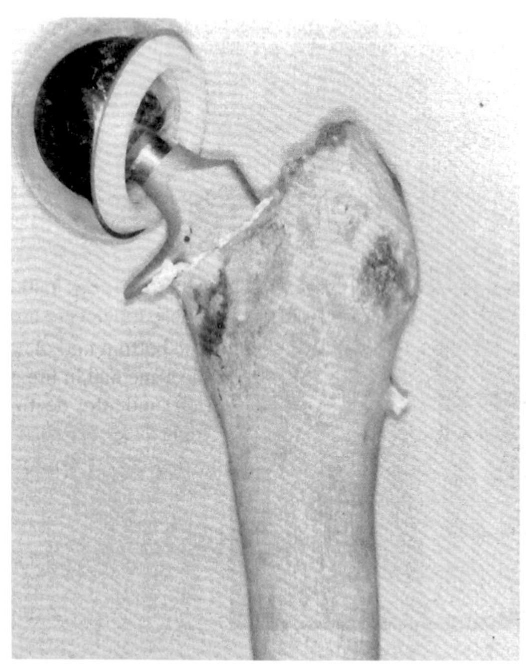

▶ 從一副骸骨中取下的人造髖關節。

顱上眨動，這種可怕的現象也證實了大腦在死後二十到三十秒內仍然有所活動。只要有氧氣供應，我們的大腦就會持續運轉，缺氧時它們就會停工。斷頭臺僅僅切斷了氣管、血液供給和神經末梢，但是大腦需要幾秒鐘的時間才能感覺到氧氣和血液突然不足的後果。受刑人臨死前，因為恐懼，他的心臟劇烈跳動，他的肺呼吸狂亂，這些都讓他不由自主地延長了自身的痛苦，因為這些行為給大腦提供了豐富的氧氣和血液，使大腦在刀落之後，意識還會痛苦萬分地多保持幾秒，否則，刀落時大腦就該停止運轉的。我可以想像，斷頭臺是世界末日般痛苦的一種刑罰。對於血管和神經系統的劇烈創傷肯定會帶來巨大的衝擊。

在我看來，毒氣室也沒有人道多少。氰化氫（Hydrogen cyanide）無法對每一個人都立即見效，這和人們通常理解的不同。很多死刑現場都有過無數關於受刑人苟延殘喘的紀錄。毒氣致死不同於其他任何一種死刑方式，它的特別之處在於，這需要受刑者的配合。他必須自己進行致命的呼吸，通常是在典獄長或死刑執行人的指示之下。在一些案例中，受刑者屏住呼吸，絕望地想讓生命再延長個幾秒鐘，以至於不情願的最後幾次呼吸使毒氣死刑幾乎成了一種自願參與的行為——迫使某人自殺總是讓人隱隱感到不快。

在佛羅里達州，我們用電刑的方式來執行死刑，這被認為是迅速而沒有痛苦的。我並不支持電刑，但我相信它也許是所有死刑執行方式中最不殘忍的一種，只有一個例外。我大學時期在德克薩斯州的一所精神病院裡打工，經常要照顧那些即將開始或者剛剛結束電痙攣療法的精神病患。這種療法是讓相對微弱的非致命性電流通過患者的大腦，我看著他們立即失去知覺，在醒來後的恢復過程中也沒有抱怨過任何痛苦。實際上，沒有一個人記得發生過電擊。因此我相信，電刑時通過大腦的強大電流一定有效地摧毀了神經系統，使他們感受不到任何痛苦。

如果讓我來決定，我會傾向於用注射做為執行死刑的唯一方式。不幸的是，那些反對死刑的人——我欣然認同他們的出發點是純粹而人道的——針對這項十分必要的改革設置了很多法律上的干擾。

注射死刑是將一種混合化學試劑注入死刑犯的靜脈。這種混合劑中的氯化鉀（potassium chloride）成分能使呼吸功能癱瘓，並且令心臟停止跳動，巴比妥類藥物（barbiturates）可以平靜而毫無痛苦地讓大腦停止工作。很多自殺的案例中都使用了類似的巴比妥類藥物，它們通常用於麻醉動物。在大多數這類案件中，針頭還扎在死者的手臂上，針管還沒推到底——就是這麼快。

顯然，注射死刑唯一讓人感到頭疼的地方就是偶爾會找不到靜脈。把針頭刺入長期藥物濫用者的血液循環系統幾乎是一件不可能完成的任務。醫生也對於實施這種致人死命的差事有所猶豫，因為那違背他們遵從的希波克拉底誓言：「首先，不造成傷害。」所以護理人員會代為執行。這種猶豫並不新鮮。如果你有印象，在柏拉圖的《斐多篇》中，給蘇格拉底發放毒藥的並不是醫生。一名獄卒替醫生把毒藥杯送進牢房，簡單交代幾句就離開了。蘇格拉底自己喝下了毒藥。

我想，我所見過最臭名昭著的凶手的屍檢當屬連環殺手泰德．邦迪（Ted Bundy）。一九八九年一月二十四日，在經過多次上訴後，他因謀殺至少三十六名年輕女性被送上電椅。邦迪的屍體在嚴密的保護措施下，被送到蓋恩斯維爾法醫辦公室進行解剖。我記得當時有一群穿著綠色刷手服的年輕人向醫院保全人員表示自己是那裡的住院醫生，企圖蒙混進去。他們當然不是醫生，實際上他們是記者。最終沒人成功，雖然有一張邦迪屍檢後的照片在屍體運離法醫辦公室時被抓拍了，並且刊登在超市八卦小報上。

當我第一次看到邦迪的血肉之軀時，有幾件事情讓我吃驚。首先，他比我想像中來得魁梧。不知道為什麼，他受審時的照片給我的印象是，他是個中等身材、偏瘦的人。實際上，他的身材高大健碩。他在獄中增加了不少體重，顯然很注意鍛鍊身體。另一個有趣的細節是他曬成了小麥色。邦迪沒有顯露出獄囚的蒼白膚色，他被處決後，從他的牢房裡找到的個人物品中就有一瓶助曬劑，那種油即使沒有陽光也能起作用。我相信他這麼做是有險惡用心的。直到最後，邦迪仍然持續跟執法部門近乎偏執地交涉，說可以和他們一起到西部去，為他們指出受害者的埋屍地點，以換取暫緩執行死刑。邦迪已從羈押中逃脫過兩次，我相信他還想再逃第三次。他有著健康的體魄和膚色，在內心深處希望能夠逃脫警方的看管，混入獄外的滾滾人潮中。倘若如此，他的如意算盤落空了，他最終死在佛羅里達。

讓我驚訝的第三件事情是邦迪的年齡。你可以在他臉上看到歲月的痕跡。他衰老得非常迅速，看上去比受審時老了很多。

就像所有被電椅處死的罪犯一樣，邦迪的頭皮上有個環狀的灼傷痕跡，他腿的一側也有同樣的痕跡。當顱頂被打開時，大腦組織的頂部呈現一大塊凝結的血跡，對死於這種恐怖刑罰的人來說，這是很常見的現象。

人們對大腦的物理結構進行了大量研究，試圖確定一個天才的大腦如何不同於一個凶手的大腦。我們都記得一九三一年的電影《科學怪人》（*Frankenstein*）裡的一幕，笨拙的助手打破了裝有「正常大腦」的罐子，就用一個罪犯的大腦代替，放進法蘭克斯坦博士創造的怪物腦袋中。卡爾・薩根（Carl Sagan）一九七四年出版的《布魯卡的腦》（*Broca's Brain*）一書中，有這樣一段精彩、令人回味的段落，薩根仔細端詳著名科學家保羅・布羅卡（Paul Broca）那漂浮在裝有防腐劑溶液罐中的大腦，讓他好奇的是，伏爾泰堤岸（Quai Voltaire）和皇家橋上（Pont Royal）的那些夜晚，和維克多・雨果（Victor Hugo）共進晚餐，和其他科學家激烈辯論的記憶，是否仍存在於眼前這漂浮大腦裡那些死去的神經元中？

但是，就像許多行為科學家證明的那樣，大腦的物理結構無法就善惡問題給出答案。有缺陷的大腦可以向你呈現出解剖學上的明顯變異；患有退化性腦部疾病，比如梅毒，可以呈現出細微甚至嚴重的變化。但總的來說，一個天才，一個瘋子和一個呆瓜的大腦看上去可能沒有任何差別。腦組織的大小和智力無關。歷史上一些傑出人物的大腦都比平常人小得多。男性的大腦通常比女性的大一些，但是這說明不了什麼，並且我相信很多女性都能證實這一點。平均而言，現代人的大腦要小於尼安德塔人大腦。

不。如果邪惡存在於大腦之中，那它很可能在生命最初就在那裡，並且和個人的人格本質有很大關係。

最終被移出和檢查時，泰德・邦迪的大腦和其他人的並無二致。

10 烈焰與甕

Flames and Urns

黃泉不是傳說：死亡並非一切都終結，幽靈的暗影從葬禮的火堆裡竄出……辛西婭在我面前顯影，對著我置身的沙發頂端欺身而來……她的頭髮、眼睛和她下葬時一樣：她的衣裳貼著身子被燒焦，手上戴的綠寶石戒指被火焰吞噬……她的靈魂和聲音還活著，但她脆弱的拇指骨在嘎嘎作響，「負心人！」她哭喊道……「現在讓別人擁有你吧！很快你就是我一個人的了；你得和我在一起，我要讓我的骨頭抵著你的骨頭，把它們碾磨成灰，混在一起！」

——普羅佩提烏斯（Propertius），《哀歌集》（*Elegies*）

目睹一個人的身體與靈魂被迅速地投入烈火，然後在火葬場的火化爐中緩慢燃燒殆盡，就像是一場既莊嚴又色彩繽紛的表演。

這是人生所有浮華的最終一場火焰，我們的一生在這明亮而活躍的過程裡如殘渣般被掃蕩一空，只剩下那些持久而堅固的骨頭。如果在火化的過程中打開爐膛的門向內張望，你可以看到火焰舔噬死者的場景，他像雕塑一般躺在那裡，在幾乎無色的微弱藍色燃氣的包圍中永久沉默。身體被慢慢燃盡的過程是讓人膽寒的場面，當骨頭暴露出來時，火焰會變換不同的顏色，因為我們體內不同的無機鹽類和化學物質會陸續在火焰的作用下揮發。大部分的火焰呈橙黃色，時而會有黃銅燃燒時產生的藍綠色火花，閃爍的紫色火光則來自於鉀。最終，骨頭直接和火焰接觸，因碳化合物而燃燒成黑色，然後又漸漸變成深灰色，淺灰色，最後是灰白色。骨頭也許會變形或者裂開，不過盆骨通常會保持完整。頭骨燃燒時雖然也會有些微裂開，但基本上仍然形態完整。火化完成後，頭骨上那毫無生氣的眼眶向上凝視著耐火磚砌成的天花板和煙囪，我們生前絕大部分的身體已經化作一縷青煙，從那裡飄向天空了。

我曾經進到火化爐（操作人員稱之為「反應罐」〔retort〕）的內部，仔細地調查火化過程以及遺留下來的殘餘物，這跟我後文將提到的一件可怕訴訟案有關。火化爐磚壁的餘溫猶在，上一場火化才剛結束不久，我在V形的地板上沿著中間的凹槽躡腳行走，以免骨灰沾附在褲子上，並且小心翼翼地縮起手肘，以保護我鍾愛的花呢夾克。火化爐的角落裡有幾塊煅燒骨（calcined bone），我謹慎地測量它們的尺寸——也許日後我會被傳喚提供相關證詞。火化爐裡狹窄、黑暗，沒有氣味也沒有煤煙，不過倒不乏撲面而來的陰森氣息。我不得不用手電筒照明才能窺視爐子的最深處，而光束所到之處，揭露出爐壁上那些藏有燃氣噴嘴的幽暗孔洞，通常這陰鬱空間內唯一能獲得的光亮和溫暖都來自那裡。後來我打電話給瑪格麗特告訴她我剛剛去過的地方，她的反應算得上相當鎮定。我的工作常常會把我發配到一些奇怪的地方去，對此她已經司空見慣了。

火焰會讓骨頭發生一些非常有趣的變化，而我的一部分工作就是檢查那些被焚燒後的人體骨骼遺骸。你可能會認為燃燒後的殘餘物沒什麼研究價值，人死後再經過如此熾熱猛烈的燃燒，留下的灰燼也不會有何等祕密可言。這樣想就錯了。烈焰可以產生一些非常生動的故事，而這些故事都保存在那甕罐之中。

火葬場通常設置在一棟獨立的建築物裡，與負責經營的殯儀館分開。而且火葬場家家不同，他們火化屍體、分裝骨灰的工作品質和用心程度也大相徑庭。

大多數的火葬場都有一種工廠氛圍。天花板通常有裸露在外的空調管線，還有許多金屬排氣管。地板多半是裸露的混凝土。用來處理骨灰，並將其放進適當容器的設備蜿蜒排列著。我參觀過一家設備精良的火葬場，火化爐的兩端都有可以開啟的門。其中一端通往布置精美的房間，房間裡有木鑲板和裝飾，氣氛猶如教堂。通向火化爐的那扇門外側也是木質的。安放在棺材裡的屍體會從這些漂亮的入口送進火化爐裡，再由禮儀師輕輕地把門關上。如果家屬願意，他們可以在這個教堂般的房間裡靜待火化完畢。另一端的門通向混凝土地面的處理室，在這裡，骨灰和殘餘的骨骸會經過篩選、碾碎，然後交由訓練有素的工作人員裝入最終的容器。大部分的家屬不會在那裡等待，因為火化過程需要好幾個小時。

火化的流程和所使用的設備存在著很大差異，不過我現在描述的或多或少都是火化過程中發生的事。

屍體大多是由禮儀公司安排送達火葬場，也有從護理之家、醫院或者其他死亡發生的地點運送的情況。有些屍體可能直接從葬禮現場送來，抵達時著裝整齊，也許還戴著珠寶首飾。如果死者生前配戴假牙，那麼假牙很可能還在他的嘴裡。有些屍體甚至還戴著眼鏡，即使很顯然眼鏡對他們已經沒什麼作用了。

多數火葬場拒絕火化裝在棺材裡的屍體，不過有些地方還是會接受。最常使用的容器是一種紙板箱，棺材大小，用一塊平坦的紙板折疊成盒狀，在邊角處用膠水或釘子固定，加上一個很淺的蓋子。外觀就跟一個超大號的鞋盒沒什麼兩樣。屍體被放進一個這樣的盒子裡，然後置於像是醫院擔架車的平板推車上，一路推到火化室或者火化爐的門口。火化爐的內壁是由耐火磚砌成的，表面粗糙。磚縫的灰漿時常因為火焰的高溫而裂開或者剝落，所以必須不斷地進行維修。這種粗糙且凹凸不平的表面有它的不足之處。骨灰會積聚在這些磚面上，以至於無法完全收集起來。但是金屬也不能用作火化爐的內壁，它們很容易受到熱浪侵蝕。只有耐火磚能夠長期承受火焰的考驗。

火化爐的地板中央通常會有一道溝槽，用來聚攏燃燒後的剩餘物，使它們更加易於收集。焚燒屍體所用的燃料是天然氣，爐內的溫度通常可以達到華氏一千七百度（約攝氏九百二十六度）左右。一套便宜的火化設備幾千美元便能購得，比較精良的設備則需要花上數十萬美元。其中一些英國製造的型號具有先進的功能，如定時裝置，可用電腦監控溫度和其他變數，並且控制冷卻過程。

燃氣點燃後，火化所需的時間會根據溫度和屍體的個體特徵而定。但是通常都需要幾個小時。肥胖的屍體比精瘦或者肌肉型的屍體燒起來要快很多，我甚至知道一個例子，一具肥胖的屍體由於燃燒得過於猛烈，導致火化爐的內壁起火，造成嚴重的破壞。

火化完成後，骨頭裡所有的有機成分都被破壞了，起初是碳化，然後是完全燃燒，直到燒毀。因為有機物質碳化，骨頭從原本的顏色變成黑色。然後，隨著這些有機化合物進一步燃燒，黑色逐漸變為深灰、中灰、淺灰，最終變成白色。當骨頭變成白色後，它們被稱為煅燒骨。此時的骨頭非常脆弱易碎，但從表面來看，它們多少還是挺正常的。骨頭在火焰中可能會被縮小，有時候會縮短四分之一。它們可能會扭曲、彎折，有時還會碎成棋盤狀的小塊，就像安全擋風玻璃裂成小方塊那樣。通常這種棋盤圖案不會延伸到整個骨壁內部，而只是在骨頭的表面形成。

這種縮減、變形和棋盤紋路只有在屍體燃燒到裸骨階段才會發生。如果在顯微鏡下觀察骨骼燃燒的不同階段，你會看到有趣的變化。燃燒前，一段骨頭的截面會清楚地顯示它的內部結構。燃燒後，結構仍然可見，雖然孔徑會縮小或者閉合。但是燃燒過程中，一切都變成黑色並且被殘碳阻隔，幾乎無法看到骨骼的結構。

屍體的體積和重量與火化後骨灰的體積和重量並不十分相關。大多數成年人的骨灰重約二・二到八・八磅。骨灰的重量和你生前的體重無關，但也許和你的骨骼重量有關。一個身材矮小、骨質疏鬆的女性的骨灰，要比一個身材健碩粗壯的男性的骨灰來得少而輕。骨灰中，灰燼和碎骨的比例約莫是一半一半。

當屍體以這種煅燒狀態從火化爐中出來時，一個訓練有素的骨骼學家可以站在幾呎遠的地方，一邊看著露出來的骸骨，一邊告訴火葬場人員關於死者的種族、性別和大概的年齡。換句話說，骨頭可供辨認的特徵仍在。**火焰並沒有破壞它們**。不過，接下來發生的事就很有毀滅性了。

焚燒後的遺骸被移出火化爐，有時是通過拉出一個滑動式的托盤，但更常使用的是一把大型、鋤頭一般的刮板和一支形狀類似的刷子。那把鋤頭更容易使人想起賭桌上荷官用來拖曳投注籌碼的耙子。骨頭和骨灰被掃進地板中央的溝槽內，然後再從槽裡刮進下方一個備好的容器裡。這個金屬容器隨後會被送往一個有著大塊磁鐵的地方。這塊磁鐵的尺寸和形狀與一塊超重型的燙衣板類似。它並不是一塊電磁鐵，但是運作起來也差不多。這套設備有一個操縱把手，藉由轉動它，可以取消或者開啟那塊強力磁鐵的磁極。把操縱把手轉向一邊，磁鐵開始吸附；把它轉向另一邊，磁力立刻消失，所有被吸附的金屬就會馬上掉落下來。

在這個過程裡，那塊重量級的磁鐵還被用來碾壓脆弱的煅燒骨，像是用錘子搗碎一樣。這個時候，大塊的碎片已經從骨灰中移除了，包括人工髖關節、矯正牙托、活動義齒、火化爐裡的零件、心律調節器等，諸如此類——雖然心律調節器不應該被火化，因為它們的電池會爆炸。火葬場人員會仔細查找死者胸口心律調節器的導線，如果發現了，就會在火化前移除。但是導線很細小，所以想要每次都能找到它們是非常困難的。這些不含鐵的金屬碎片通常會被挑揀出來丟掉：它們不被認為是身體的一部分，因此也很少被放進骨灰甕中。

隆胸用的矽膠假體是每一個殯葬經理的噩夢，因為它們會爆裂開來，燒熔的物質會在火化爐內壁濺得到處都是。因此，在屍體火化之前，通常會加以檢查並且移除。如果不是放在火中，這些袋狀矽膠是非常難以毀壞的，它們會比自己的主人存活得更加長久。我曾經在一具曝屍荒野的遺骸中發現乳房植入物。我們有個案件，在佛羅里達中部地區，要檢查一具女性遺骸以及她的私人物品。我的一名女研究生目睹我找到並且撥弄著一塊乳房植體，它像是一個裝滿果凍的袋子那樣晃動著。「我不明白，」那個學生天真地說。「在這麼遠的內陸怎麼會有水母？」過了很久她才讓人們忘記這樁糗事！

回到火化的過程：經過粗略篩分的骨灰接著會被放入「處理器」中，那是研磨機的委婉說法。不同類型的研磨機其作用也各不相同，但最常用的機型會把骨灰磨碎，直到顆粒足以通過研磨機底部的一個弧形帶篩孔的平面，亦即篩網。這些篩孔的直徑大約五毫米，比一顆玉米粒略小。

處理的過程到此就全部完成了。從篩網穿過的焚燒殘餘物包括骨灰和其他根據濾網孔徑不同而大小不一的顆粒。它們被裝入骨灰甕，或者家屬安排的其他臨時存放的容器裡。有時候，所選的骨灰甕裝不下那麼多的骨灰，家屬會被詢問是否願意購買一個大一些的甕；如果答案是否定的，殯葬經理就有責任告訴家屬，多餘的骨灰將會依法處理。以往它們會被倒入火葬場附近的一個墓坑裡，現在則多半送往墓地，然後倒進一個為此特別設置的公共墓坑。

有個很重要的步驟需要說明一下：在火化之前，大多數的火葬場會將一塊不會被燒熔的、帶有識別碼的金屬板或者圓盤和屍體放在一起。這塊牌子上刻有一組五位數或者六位數的號碼，該組號碼只使用一次，用來標記這具特定的遺骸。如果牌子是鋁製的，那麼屍體火化前必須取下，火化完畢後再放回骨灰裡。如果是黃銅製的，就能和屍體一同進入火化爐，因為黃銅的熔點在華氏一千八百一十度（約攝氏九百八十八度左右）。這塊牌子通常會在清理火化爐，收集骨灰時被重新找到。在碾壓程序之前它會被挑出來放在一旁，最後再和處理過的骨灰一起放進骨灰甕中。這與醫院為了避免發生混淆而為新生兒佩戴母嬰手環的做法非常相似，新生或新燒，在我們看來都差不多。

有些火葬場在火化開始前就把死者身上佩戴的首飾取下，最後把未經焚燒的首飾放回骨灰甕裡。也有些火葬場直接把首飾連同屍體一起火化，在研磨前檢查金屬製品的時候再把它們挑揀出去，最後和磨碎的骨灰一起放進甕中。順帶一提，大多數的首飾都經得起焚燒，因為它們在地球深處形成時，周圍的溫度要比天然氣火焰高得多。舉個例子，人造紅寶石是珠寶製造商用一種叫做伐諾伊焰加熱爐（Verneuil furnace）的容器，在攝氏兩千度的高溫下結晶而成。人造鑽石只有在二十萬大氣壓環境下，用攝氏兩千六百度的高溫煅燒才能形成。天然鑽石的形成需要更高的氣壓和溫度，因此火化爐裡噴射出的天然氣火焰根本無力將它們熔化。

至於牙科手術的殘留物，牙齒上的瓷冠在火化爐中會凹陷，但不會熔化；而鑲牙用到的金和銀更是不會熔化了。標準純銀要到華氏一千六百五十度（約攝氏八百九十九度）時才開始熔化。金在華氏一千九百四十五度（約攝氏一千零六十三度）時熔化。牙科用的金有更高的熔點，因為它是一種合金而不是純金。汞合金的牙齒填充物或者其他修補物通常不會從烈火中倖存，焚燒後便消失殆盡。一種稱作「骨灰渣」的奇怪物質通常會出現，這種東西呈不規則的灰色小塊，形狀有點像小珠子。如果把它們鑿開，會發現它們中間是玻璃狀的空洞，就像是很細小的晶洞。對於這種渣子的形成原因說法不一：熔化的頭髮和沙粒都會產生矽酸鹽（silicates），骨骼中的化學成分熔化後也會產生類似物質。這種渣子其實相當常見。

標準程序不允許在同一個火化爐裡同時火化一具以上屍體。想當然耳，家屬都希望他們收到的骨灰甕中只裝有他們親人的骨灰，而沒有其他人的。

不過實際操作起來，在耐火磚砌成的火化爐裡，想要把前一位火化者的痕跡完全清除掉是非常困難的。大多數的火葬場都非常認真負責。他們努力提供專業的服務，並且嚴格遵從他們的職業操守。然而，事情有時也會和預期的不同。當這種情況發生時，或者說有人感覺到它將要發生時，就會有法律訴訟。這時，我就會被要求介入調查。

這些訴訟中提出的指控各不相同：送還給家屬的骨灰有誤，骨灰被放置在一個不合法的地方，如高速公路邊；嬰兒的屍體與成人的一起火化了；或者一個不知道哪來的陌生人的骨灰被混到了某位法蘭克叔叔的骨灰甕裡。索賠的金額往往相當龐大。這類訴訟案通常會要求幾百萬美元的賠償，這時，我就會介入了。

當被要求根據一堆粉末狀的焚燒殘餘物，一堆灰燼和煆燒過的骨頭碎片中說出點什麼有用的東西時，你或許會感到絕望。怎麼可能回到焚燒之前，把那些被火焰毀掉的東西重新恢復並且找到清晰的脈絡呢？我要告訴你這是可以實現的，我就實現過。

當接到這類案件時，我們必須先確定是否真的有調包或者其他形式的錯誤發生，和從一副完整的骸骨上尋找證據相比，我們這時必須尋找完全不同的證據。就跟你想像的那樣，碾壓環節將大部分有關性別和種族的證據毀滅了。年齡偶爾可以透過關節炎所引發的脣形變（lipping）、骨贅，或是椎骨以及牙齒結構來判斷，但是這類骨骼的殘留物很少能在骨灰甕中被找到，即使有，它們通常也會是非常細小，難以辨認。

在未成年個體的案件中，如嬰兒、胎兒或者幼兒，未發育成熟的骨骼會特別突出。有時候，非常精確的年齡判定也是有可能的。我清楚記得一起有關胎兒遺骸火化的案件，我在幾週之內就確認了胎兒的年齡，因為一根細小的骨頭通過火焰的考驗完整地保存了下來。

然而，在大多數的案件中，真正重要並且能夠說明問題的，並不是一個人的骨灰，而是我們所攜帶的身外之物。如果你稍微思考一下，就會明白我的意思。拜先進的醫學和牙科技術所賜，我們大多數人的體內都攜有數量驚人的人造物。外科手術會在我們體內留下各種痕跡。在膽囊或者腎臟切除術後，在心臟繞道手術後，在乳房切除術後，血管會被細小的金屬夾封閉。因為這些夾子會永遠留在體內，所以它們以堅硬、稀有的金屬製成，以防止腐蝕。它們可以是很單純的高品質不鏽鋼，也可以是非常罕見的金屬，如鉭。這些金屬夾可以和執行手術的醫院留存的醫療紀錄進行交叉比對，也可以和醫院的採購紀錄進行核查。這些細小的夾子能夠承受火化爐烈火的焚燒，因為它們是非鐵質的，也能夠逃脫巨大磁鐵的吸引力，直到最後被裝進骨灰甕中。我們通常可以用肉眼在骨灰中辨認出它們，不過更多時候（也更準確）是透過X光。接著，我們就可以進行一些非破壞性的化學實驗來精確地分析它們的確切組成。

牙科裝置也有助於鑑定被火化的遺體。雖然牙冠很少被放進骨灰甕裡，但是用來把人造牙冠固定在細小牙根上的不鏽鋼或鈦製成的牙柱是非常重要的。它們不僅在化學組成、尺寸和形狀方面的區別很明顯（每一種品牌看上去都不一樣），也因為牙醫在把它們裝入牙齒時，通常都會在末端進行打磨修形。這些修正過的末端可以和牙科X光片進行對比，並且獲得唯一絕對的確認。它們會在死者生前的X光片上顯現，也會在骨灰的X光片上再次出現。它們可以像指紋一樣獨一無二，因為牙醫為了把它們裝入某一顆牙而進行過特殊的修正。

我們還會在骨灰中尋找手術中使用的不鏽鋼縫線——心臟手術需要把胸骨打開，然後再縫合——還有心律調節器的各種金屬導管裝置、骨頭上的螺釘以及許多其他物品。如果火化時，假牙仍留在死者口中，那麼假牙大部分會被破壞，不過瓷牙以及用來固定假牙的金屬釘柱都會被保留下來。

我們還能在骨灰甕裡找到什麼呢？有時候會找到用來裝訂紙板火化箱的U形釘，雖然磁鐵通常會把它們吸出去。偶爾也會有一副眼鏡上面的小螺絲。纖維和毛髮可能會在顯微鏡分析時出現，但是它們絕大多數都是火化後才融進骨灰裡的污染物。它們不屬於死者，而是之後處理或者檢查骨灰的火葬場員工。

檢查骨灰需要像瑞士鐘錶匠那樣有巨大耐心。你需要一台顯微鏡、鑷子、X光機和有網格的盒子，這樣可以找出X光顯示出的任何金屬碎片。如果你用X光檢查了一盒骨灰，然後又試圖通過篩濾來尋找X光片上顯示的細小碎片，那就會像俗話說的大海撈針一樣。但是如果你把網格疊加在傾倒出來的骨灰上，再拍攝X光片並且逐格檢查，就能快速地找到它。

一切都必須仔細記錄：重量、體積等等。需要拍攝大量的照片，這有時候非常辛苦，那是珠寶匠一般的工作，需要運用微距攝影或者顯微攝影術。你總是會驚嘆於在骨灰裡能夠發現什麼，或者不能發現什麼。想像一下，在一組骨灰裡，發現一塊聽小骨（ossicle），一個嬰兒內耳中的細小骨頭，而且完好無損！這項工作需要非常紮實的骨骼解剖學知識以及對於骨骼各種形態的深刻了解，同時還要有非常活躍的結構重建的想像力，才能分辨出這些骨骼或者金屬的細微碎片。

那麼，誰來出錢讓我從事這項工作呢？通常是律師。他們也許代表原告（比如，前面提到的那位法蘭克叔叔的親朋好友），也許代表被告（比如，斯泰克斯河殯儀館），但是他們有一個共同之處：雙方都已經劍拔弩張，深深陷入一場官司之中。在這些案件中，我們面臨到的最大問題通常不是骨灰的狀態，而是有人試圖以便宜的價格進行調查。這些檢查是需要時間來完成的，倘若你僱用一位專家來做這件事，就意謂著要花大錢。幾分鐘可以變成幾小時、幾天、幾週。在我的經驗裡，原告律師總是試圖縮減他們請來的專家的調查時間。他們這麼做，實際上是貪小失大。畢竟用來篩查骨灰的時間愈少，可能找到的有用材料就愈少。

相較之下，為殯儀館工作的專家通常會有足夠的時間把每項發現都詳細地記錄下來。如果你身為一名專家，迫於時間的壓力——因為有人對你說：「你必須在六小時內完成這件事」——而沒有找到骨灰中的某些證據，那會是非常尷尬的，尤其如果對方的專家有六天的時間來仔細檢查同樣一堆骨灰。

你會驚訝於在這些案件中，雙方的情緒是多麼地激烈高昂。我現在要講述的案件必須非常小心措辭，儘管這個案子早已了結了。我不能提到當事人的名字，甚至不能透露這個案件所發生的州別。

當事者是一個家庭幸福的女人，在經歷了與癌症長期而痛苦的奮戰，不幸去世。她第一次被診斷出罹患惡性腫瘤時就進行了手術，但是一年多之後，癌細胞出現轉移。在病症晚期，她得到了良好的治療和照顧，包含定期X光和掃描檢查。她的遺體在去世時所在的城市火化，骨灰被運往臨近一處較大的公墓安葬。在那裡，她的骨灰從紙板製的臨時運輸容器中移到骨灰甕裡，並隨即安放進骨灰龕永久安息。

當晚，有人在高速公路上發現寫有她名字的臨時運輸容器，裡頭是骨灰。

死者的家屬被找到並交還骨灰盒之後，他們怒不可遏，立即找了律師，將公墓告上法庭，索討一千萬美元的賠償。於是公墓方面的保險公司僱用的辯方律師遍訪全美各地的法醫科學家，想組織一個專家小組。法醫人類學界的人丁並不興旺，最終，我的名字不可避免地出現在名單上。

我還記得飛到那個地方進行過一次面談，地點就在機場酒店的套房裡。我被至少八位甚至更多律師團團圍住，他們連珠炮似地詢問我會做什麼，什麼該做，什麼不該做等一大堆問題。過了一會兒，他們告訴我，我被選中組建一個專家小組，成員由我決定。我組織的團隊成員，包括曾經在巴西檢驗過門格勒遺骸的克萊德．斯諾；史密森尼學會的道格拉斯．烏貝雷克（Doug Ubelaker）；曾在泰德．邦迪案出庭作證，全美最傑出的法醫齒科學家羅威爾．列汶（Lowell Levine）；芝加哥的法醫副主任鮑勃．克須納（Bob Kirschner）；還有國內最頂尖的法醫放射學家羅伯特．菲茲派翠克醫生（Dr. Robert Fitzpatrick）。我們還租用了全國最頂尖的顯微鏡實驗室來進行所有的顯微分析和化學分析。

官司進行到這個階段，被告方已經向原告方提出一筆數目相當可觀的金額以求庭外和解。但是對方拒絕了。所以，我們被告知這件事很可能會一路鬧上公堂。我們用盡一切方法進行檢驗分析，在骨灰的檢查工作上耗費了大量時間。隨著我們費用的增加，保險公司對公墓管理階層咆哮說道：「我們說的是確保你們能有一個凱迪拉克等級的辯護費！沒人說是勞斯萊斯等級的！」

死者的醫療紀錄堆起來足足有十八吋高。光是X光片就有好幾十套。我們也取得了品質很好的牙科X光片。這名女士接受過的外科手術有一個很重要的特點：醫生使用了血管夾來封閉血管。在她生前拍攝的X光片中，我可以數出至少二十九個這種夾子。她的手術紀錄顯示，醫生使用了Hemoclip血管夾，那是一個很獨特的品牌。Hemoclip血管夾相當細小，大約四分之一吋長。醫院的採購紀錄顯示，他們使用的血管夾是鉭製成的Hemoclip，雖然有時Hemoclip也可能由其他金屬製造。

從壁龕骨灰甕裡的骨灰中，我們找到了至少十八支完整的或者斷成兩截的Hemoclip血管夾。其他十一支已在火化和研磨過程中被粉碎，並且四散在骨灰中。儘管如此，這些不起眼的小碎片還是能夠透過X光和化學分析找到。而每一份骨灰樣本中，都有少量的鉬金屬存在。在高速公路上發現的被扔棄的骨灰裡則沒有任何相似碎片，甚至一點鉬金屬都沒有發現。所以，不可能是盒上名字所示的那名女士的骨灰。

此外，我們在骨灰甕裡找到了一個曾經被固定在人工牙冠上的牙柱。為了安裝，牙柱的兩端都被牙醫修正過。牙柱兩端的修正非常獨特，因為它們的形狀各異，並不規則。我們在死者的X光片中發現了五個角度不同的牙柱影像。我把我們從骨灰裡找到的牙齒放在一台攝影機的鏡頭下，然後把每一張經過電腦增強效果的牙科X光片放在另一台攝影機鏡頭下，將它們重疊顯影。我們俯下身去，一根一根地把牙柱上的每一條螺紋都重疊起來，用來證明這微小的金屬標本是獨一無二的。

調查結果清楚無疑：我們證實了死者的骨灰就在壁龕的骨灰甕裡，在它本該被安放的地方。我們證實了在高速公路旁發現的骨灰並不是她的。結果，我們團隊裡的第一位專家才剛宣誓作證完畢不久，原告方便匆匆地達成了庭外和解的協議，據我所知，賠償金的數目比原本的少了許多。和解的細節總是嚴格保密，所以我並不知道具體數字，不過僱用我們的律師滿面春風，看上去充滿感激。我猜他們至少省下了數百萬美元。

讀者也許會問，如果我們的辯詞如此無懈可擊，為何公墓方不能一毛錢都不賠呢？我並不是律師，不過我猜測那可能是因為擔心陪審團裁決的不可預測性。一個裝有骨灰的盒子在高速公路旁被發現，盒上寫著那個女士的名字。總是有一種可能，陪審團即使面對所有指向反面的科學證據，也會固執地認為：那個盒子、那個名字和那份骨灰，就是對原告做出有利判決所需的所有證明。

不久之後，我受邀調查另一起案件，當我報出我的收費標準時，那些新手律師大吃一驚。他們致電給高速公路案的律師。「他是不是要的太多了？」我後來得知他們這樣問過。高速公路案的律師回答：「付給他。不論他要求多少，他都值得。」能夠得到這種小小的尊重總是讓人高興的。更何況，誰跟錢有仇呢。

那麼，高速公路上那個盒子裡的骨灰到底是誰的？它們一直未能獲得確認。我們能夠證明的是，那是好幾個人的骨灰混合物，每個人的骨灰量也相對很少。為此，我還親自進到火化爐內部做調查，也就是我開頭提到的那一幕。在爐膛裡，散落在角落或者耐火磚的縫隙中，總有先前被火化的遺體留下的少量骨頭碎片和骨灰。

因此，我懷疑火葬場裡有一名心懷不滿的員工偷偷地收集這些殘餘物和其他一些類似的東西，然後把它們放在盒子裡，扔到高速公路旁，好給殯儀館找些麻煩。顯然他成功了。

但是最終，發財或者復仇的黃粱夢，因著憤怒而傷神的官司，還有因著莫須有的罪名要求數百萬美元的賠償——所有這一切，都已灰飛煙滅。時至今日，唯一剩下的，只有遙遠的骨灰龕裡那個冰冷沉默的甕。

11 碎屍萬段

Death in 10,000 Fragments

你可能會說，現實不一定非有趣不可。我的答覆是，即使現實可以不必有趣，但要說在人臆想的世界裡也沒有趣味，那是不可能的。

——波赫士（Jorge Luis Borges），
《死亡與指南針》（*Death and the Compass*）

蓋恩斯維爾地區以北大約二十哩處，七十五號州際公路（簡稱I-75）的一個路段從一片綠意盎然的風景中穿過，茂密的松樹和橡樹林連綿不絕。每次我經過這個特殊的路段，都會望向一座美麗的牧場，它就坐落在二三六號郡道靠近高泉鎮（High Springs）出口的南側。牧場邊上有一株獨自佇立的老橡樹，西邊則是密集的森林。

隱蔽在這片森林之下，是一間被燒毀的老舊棚屋的殘跡。一九八五年一月二十八日，在那片燒焦的殘跡中，發現了兩具已呈煅燒狀態的人類遺骸，由於被燒得太厲害，兩具遺骸幾乎快要化為齏粉。在其中一具遺骸旁邊，有一把十二口徑的伊薩卡37泵動式霰彈槍（Ithaca Model 37），槍身被那場吞噬了棚屋及其住客的大火燒得變形，槍托則完全化為灰燼。

今天，當人們問起我經歷過最困難、最讓人迷惑，也最複雜的案件是什麼，我會不假思索地回答：米克－詹寧斯案。我曾經檢查過各種各樣的人類遺骸，古代的、現代的，著名的、平凡的，我到過亞洲、非洲、歐洲、南美洲各地，以及美國本土的每一個角落。但我只需要從自己家門口出行二十哩，就能與法醫人類學史上最困難重重、錯綜複雜的案件相遇，它讓我投入了大量精力，也讓C.A.龐德人類鑑定實驗室的資源受到了極大挑戰。

米克－詹寧斯案起於一場地獄般的大火，而從一開始，案件就如同地獄般錯綜複雜。那場大火以及那些骸骨，占用了我和我的學生之後整整一年半的時間。很多次，在我們調查期間，一項非常關鍵的證據會變得捉摸不定，遙不可及，而當我們重新將它抓在手裡，它又會再次溜掉，或者有了截然相反的意義。我要弄清的這堆骸骨只占了幾平方呎的空間，但是它糾結的歷史宿怨從阿拉斯加到佛羅里跨越了達數千哩的距離，長達十二年。

關於這個案件的每一方面，看上去都無法找到簡單的答案。相關線索好像是在自我複製、自我繁殖和自我分裂。很多時候我們似乎是在望向一個萬花筒，而不是放大鏡。

起初我們認為自己要處理的是一場火災，結果發現有兩場火災。我們以為自己在調查的是兩條命案，後來發現有四名死者——他們成對死去，在相距遙遠的兩個州。有兩封自殺遺書，看上去都像是偽造的。有幾十張生前或死後拍攝的X光片需要比對，其中一些片子品質很差。另外的一些X光片其實可以立刻把案子解決掉，但是它們都被銷毀了。一名外科醫生記憶中的小小失誤把我們推向了無解的絕境。一顆很關鍵的金質鑲嵌讓我們迷惑了好幾個月，而幾百哩之外發現的另一顆牙齒，又讓我們對當時得出的結論產生了嚴重質疑。在我們調查期間的不同階段，那些被焚燒的骨頭看起來都像是個惡作劇，只是為了逗弄我們而存在。凶手似乎超乎常人地狡詐，其手段匪夷所思，他甚至可以拔下自己的牙齒丟進火裡，以此誘騙我們誤入歧途。

「我們將會死在一起，這樣我們的骨灰就不會被分離。」在距離火場幾百呎處發現的遺書上如此寫道。我的任務是證明這句預言是錯誤的。

火災現場除了找到兩具人類骨骼遺骸之外，還有一具燒焦的狗屍，之前還有一具已經燒成灰燼的狗屍，這些全都混在一起。在被燒毀前，那間破舊的棚屋是一間廢棄的農舍，這意謂著在灰燼中會出現許多雜七雜八的東西。這裡的動物世代繁衍，野生的或者馴養的，經年累月，牠們死後的骸骨都在這座農舍的地下。混雜在一起的，還有一大堆舊子彈和彈殼的碎片、鞋眼、熔化的釦子，甚至還有一枚年代久遠的中國硬幣。

要是我早兩天被叫去現場就好了！阿拉楚阿郡（Alachua County）警局以為我人在祕魯，可能聯繫不上；實際上，我在發現遺骸的前一天早晨就回到了美國。我原本可以直接到被燒毀的棚屋查看遺骸的原貌。結果，法醫辦公室的一名調查人員把她所能找到的每一塊骨頭碎片都仔細地收集起來，統統裝進一個屍袋裡送回法醫實驗室。東西送達時，它們已經像在水泥攪拌機裡滾過幾回一樣，完全混在一起了。

打開那個乙烯基袋的時候，我震驚不已。袋子裡約莫有一萬塊骨頭碎片混在一起，還不包括已經化成灰的骨頭和混進來的砂土。我在職業生涯中還未見過如此混亂到不可想像的一堆骨骼碎片，先是被火燒碎，然後由於處理不當而再度被人為碾碎，它們和砂土、煤渣、煆燒骨、脫落的牙齒還有沙子混在一起，成了一堆讓人絕望的殘渣。如果只是骨頭被切成了一萬塊碎片那都會容易很多。事實上，遺骸被破壞了兩次，一次是大火，另一次是證據技術員。

照目前情況來看，高泉鎮的這起命案與幾天前發生在新罕布夏州的一起極其凶殘、令人髮指的雙屍案有著密切關係。由於新罕布夏命案的受害者遭到了非人的折磨，引起媒體大肆報導。麻塞諸塞州、新罕布夏州和佛羅里達州的新聞媒體對這個案子非常關注。我們在蓋恩斯維爾也能感受到來自其他州的政客和執法機關的壓力。新罕布夏州當局乾脆直截了當地表示，他們認為我們是一群無能的鄉巴佬，為了掩飾自己的無知，試圖把整件事情瞞天過海。有鑑於我花了一年半的時間才辛苦地把那堆碎骨重新組合起來，我覺得他們這番言論是對我的侮辱。在我們把結論和證據都提交給新罕布夏州之後很久，他們的州檢察官一直置若罔聞，並且讓案件保持在查狀態。他後來當上了州長，所以我想你不得不佩服他，他知道怎麼在公眾面前擺出一幅受歡迎的架勢。

但是，米克－詹寧斯案最讓人著迷的事情之一，是凶手的性格。和我以往經手的很多案件相當不同的是，凶手的動機和想法似乎一直在嘲笑我們，愚弄我們，它超越了死亡，也超越了那場吞噬了棚屋及其占據者的大火。此案不同於任何常識，愛情與死亡有同等的力量，並交織在一起。米克－詹寧斯案是一起同時包含了激情和預謀的案件。它呈現出最深切、溫柔的浪漫主義情懷，與邪惡到置人死地的怒火。在這裡，愛情的火焰吞噬了一切，甚至幾乎吞噬了事實真相。

時至今日，我仍然無法理解為什麼棚屋著火的時候，附近沒有人注意到。在一・五哩外，七十五號州際公路連接二三六號郡道出口的斜坡上，就有一家殼牌加油站。對我來說，沒有一個人看到濃煙和通報火警，實在是不可思議，除非火災發生在黃昏或者夜裡。但即便如此，我們也非常驚訝於直到整整十天之後，也就是一月二十八日，棚屋被焚的現場才被人發現。

當警方到達現場的時候，一切早已冷卻。棚屋裡壁爐的磚石是冰冷的。所有鍍鋅的錫屋頂都塌落在廢墟上，金屬冰涼得不可觸碰。一縷煙霧都沒有。棚屋上風口的樹木幾乎沒有任何火燒的痕跡，而西邊下風口的樹木，從樹幹往上四十呎全被燒焦了。這觸目驚心的場面說明了火焰的熱度，也證明當時的強風是往西吹。

調查人員到場時，塌落的波狀金屬屋頂覆蓋了一切。他們移開屋頂，才發現遺骸。

他們找到兩具並排的遺骸，在其中一具遺骸的腳邊，有一把燒焦的十二口徑伊薩卡霰彈槍。槍身被火燒至變形，槍托則完全燒光。從骨頭碎片的位置來看，應該是有兩具屍體並排橫臥，被大火吞噬。第二具遺骸靠近門邊。灰燼中發現了幾個科爾曼（Coleman）汽油罐，蓋子打開，沒有爆炸的痕跡。起火前它們肯定就被倒空了。兩具遺骸散落在看上去像是舊柵門的一面鐵絲網的上方和下方。儘管有些碎骨已經落到網格下，但仍有一些在鐵絲網上，這表明起火時，屍體一定是躺在鐵絲網上。鐵絲網下面有一些不尋常的東西：煤塊，雖然燒成了灰燼，但是從形狀上仍然可辨。縱火者在屍體下面放置大量的煤塊，以確保屍體能被完全燒毀。

調查人員馬上就發現了一個怪現象：在棚屋的外面，靠近入口的地方，有一塊女性的腓骨碎片——就是支撐主要的腿骨脛骨的那根又長又細的骨頭——這塊骨頭距離女性遺骸的其餘部分有幾呎遠，燒灼的情況不像其他遺骸那麼厲害，雖然它是折斷的，並且有一端已經燒焦了。它怎麼會出現在棚屋外？我們絞盡腦汁苦思，最終只能推測它在完全燃燒之前，就被瞬間爆燃拋扔到那裡。棚屋是由一種俗稱「引火松」的松木建造而成，這種木頭富含松脂，燒起來會發出嗶嗶剝剝的聲音。在火勢猛烈的情況下，椽子會掉落，邊緣鋒利的錫屋頂板會急速墜落，強烈的對流會往四周旋轉移動。實際上，在女性遺骸的腿部附近發現了掉落的屋梁灰燼。我相信這塊腓骨可能在火焰中折斷了，然後某一時刻又被墜落物打離了骸骨。這塊腓骨之後在我的調查中發揮了關鍵作用。

在距離廢墟數百呎外的田野中間，停著一輛藍色的飛雅特。在飛雅特的後車箱裡，找到了一些衣物和個人用品，經查它們屬於四十九歲的白人男性格萊德．厄爾．米克（Glyde Earl Meek）和二十一歲的白人女性佩吉．詹寧斯（Page Jennings）所有。米克的牛仔靴看起來價格不菲，配有花紋複雜的鞋幫，鞋頭拋光，還有他的襯衫、藍色牛仔服、一件紅色風衣和襯褲，都疊放整齊。另一堆衣服旁邊，放著詹寧斯的白色銳跑球鞋。其中一隻球鞋掛著一副墨鏡，側面還有血跡。行李箱裡還有一頂蓋恩斯維爾市區假日酒店內的史塔克（Stacks）餐廳的棒球帽，詹寧斯在那裡當女服務生。她的肉色內衣和印花內褲也整齊地疊放在她那堆衣服上，包括一件白色套頭運動衫和一件綠色格子襯衫。

如果棚屋裡的遺骸是米克和詹寧斯的，那麼看起來他們是裸體焚身於火中。

藍色飛雅特的後座上有一些工具，包括一支千斤頂手柄和一組汽車連接器。後座上方有一個急救箱、一個塑膠咖啡杯和一條毛巾。布質汽車座椅因磨損而裂開。

在前座上有一封篇幅很長、措辭怪異的自殺遺書，整齊地手寫在四張黃色公文紙的正反兩面。把正反面都算上，這封遺書應該有八頁長，以自殺遺書來說是鴻篇巨著了。除了個別詞語如「分離」、「支持」和「令人震驚」拼錯之外，拼寫基本正確。用字遣詞顯示高於平均水準。偶爾，作者會加上「(sic)」，表示他不確定某個字的拼法是否正確。遺書每一頁都仔細標上了頁碼：四之一、四之二等等。

這封遺書後來被證明是整起案件中，最讓人頭疼也最含混不清的部分之一。他是這樣寫的：

1985年1月18日
星期五　12：45
蓋恩斯維爾希爾頓酒店

我們已經安排好了一切，現在終於可以執行這件我和佩吉都認為唯一能讓我們永遠在一起的事情了。外人對我們生活的頻繁騷擾終於可以結束。我們知道，如果持續我們過去的生活方式，那只能將我們對彼此的愛轉化為恨，並最終導致我們分離。那是讓我們一想起來都不堪忍受的事。自從我們在阿拉斯加第一次四目相接那時起，我們之間擁有的愛意就一直如此強烈，連綿不絕，以至於在短短的十九個月裡我們所做的愛的證明，就要比很多人一生中所表現的還要多。我們之間的確有問題，但那幾乎都不是我們自己的問題——而是來自那些從中作梗的人。佩吉因為我的緣故而在家庭關係中飽受的痛苦，是我們上週所做的一切的根源。當她從阿拉斯加回來時，是被逐出家門的，因為她愛上了一個她家人不能接受的人。他們並沒有支持她，或是對她說「我們不理解但是我們尊重妳的決定」——他們告訴她或者跟我分手，或者滾出去。我們就去了德州。但是他們仍然在干預，她父親生日的時候，他們寄錢給她讓她回家，但是不讓我一起回去。他們以為我們已經分手，不在一起了，所以當她下飛機之後，她媽媽帶她在緬因州的波特蘭（Fortland）購物，在回到新罕布夏州傑克遜鎮（Jackson）的路上，她告訴她媽媽我們仍然在一起。她媽媽馬上調轉車頭，把買給她的東西全都退回了商店。當她終於回到傑克遜的家，她爸爸讓她滾出家門再也不要回去。她哥哥告訴她「滾得遠遠的」，聲稱再也不想看到她或者聽到她的任何消息。她從德克薩斯打電話給我，告訴了我發生的一切，然後返回波特蘭，並且讓我去休士頓接她。她回來之後，我花了四個小時安慰她，讓她坐在我的膝頭，跟她談心。然後我們重返阿拉斯加，在一個對於孤身女子來說異常艱苦的環境裡工作。而那些滿腹心事，她一直獨自默默承受，直到上週才告訴我。她哥哥的來信可以幫助我證明和解釋我現在所寫的內容。壓力，拒絕，壓力，苛責，壓力，然後是幾週前發生的那些事情，然後是更多的壓力。

她哥哥以「幫她」的名義，不斷給她施加壓力，灌輸她永遠離開我的想法。她不能拒絕他，因為怕傷害他；她也不能告訴我，因為怕傷害我。她全都埋在心裡，直到她難以承受。壓倒佩吉的最後一根稻草是當她哥哥說我們必須「在明天下午五點之前」離開，否則他就要「採取必要手段」。他留下張字條讓她拿走「牛奶、半個洋蔥、乳酪、貝克啤酒、湯料等等」。這等於是在向佩吉說，帶走所有能讓我想起妳的東西，從我的生命中消失。他不是第一次這樣說了。

我們之間所有的通信都燒掉了，所以再沒人能看到它們。我們的照片也是一樣。她讓我保證把新罕布夏的房子也燒掉，以確保沒有任何紀念品會留給別人。看起來她就是想完全地離開這個世界，好像她從沒來過一樣。

在過去一週裡，我們反覆談論了那個當她情緒低落時提過很多次的計畫。起初我們想一起「讓他們付出代價」。但是，最後決定由我一個人去做這件事，她等著我回來後一起自焚死去。為什麼這麼做，因為我非常愛她，這是我能想到的唯一的理由。我愛她勝過自己的生命。有時候，在我開車跋涉的途中，我會想到，此時，在遠方，她正為我擔憂，怕我在抵達那裡完成我們想做的事情之後，在回來的路上被抓住。

我們最終只有死路一條，而一場火能夠立即引起注意並且迅速被通報。我們週四中午在她哥哥家見面的時候，我有一種感覺。在那之後她沒有對我說什麼，只說她已經準備好了，在我離開的日子裡，她一直在「沉思」。精神上她已經準備好了。

你會想「這人一定瘋了」。不，我沒有。自從我們定好計畫，我在各方面都像一個有理性的人那樣在行動，比如住進汽車旅館，吃飯，開車，在哈特福（Hartford）把家什賣掉，買獵槍，萬一我在回來的半路被抓到，我會用槍自殺，而不會傷害任何無辜的人。如果我們不能像計畫中那樣重逢，佩吉會在身上綁上汽車的蓄電池，然後在傑克遜維爾（Jacksonville）跳橋自殺。但我又的確是瘋了——我為愛情瘋狂，為了想要永遠和這個我愛的女人在一起，哪怕只是在靈魂上，哪怕是化為灰燼。我們必須化為灰燼一起死去，這樣我們就不會被分開，只有我們的骨頭才能分開埋葬，她哥哥會那樣做的。佩吉說，如果我們死有全屍，她哥哥會把我們分開埋在兩個墓穴裡，而這樣他就做不到了。

儘管我坐在這裡時，已經設想到我將要面對的事情有多麼駭人，但是我已經做出了承諾，並且那是我將要且永遠恪守的。沒有人能指責我沒有說到做到。我對我所做的一切並不後悔，因為如果我們決定永遠離開，我反正也會要了他們所有人的命。但是現在，我不得不親手結束佩吉的生命，親手殺了我唯一最愛的人。佩吉說她需要用那種方式，她沉思的那段時間給了她指引。她知道我會照做，並不擔心我在最後關頭會「因為害怕」而不跟她一起死。我向她做出了保證，而她對我深信不疑。

她的哥哥不會受到傷害，因此他可以盡情地活過餘生。這是對於他把她拒之門外，並且在日記裡說她「瘋了」的回報。對我來說，我想伺機把他做掉，但是她讓我許諾不要讓他這麼輕易地逃脫懲罰，要讓他以後每天都記著這件事。我承諾會跟她一起死去，說到做到。

我們挑選的地方是在這附近開車繞了好幾哩才定下的。這地方很有歷史感，在山頂上，看上去很適合她。我們曾在那兒共赴巫山，那也是我們定下計畫並互許終身的地方。她正在等著我。我不敢相信我將要做的事情；但是，為了我和她，我必須這麼做。

在這裡，一條線劃過字行，最後兩行往前，從「她正在等著我……」開始，字體看上去寫得更加匆忙和潦草，好像是緊急中寫就的。空了幾行之後，遺書繼續寫道：

也許至少現在我是瘋了，因為我奪走了我一生中唯一深愛的女人的生命。我不想死，但是我會這麼做，只是為了看看我們是否可以像佩吉所希望的那樣永遠在一起。我對此深感恐懼，但此時此刻，我更能感覺到她的愛是如此強烈。

後面的幾個詞被劃去了，但是仍然清晰可辨：

~~我把她放在我的~~……

然後繼續：

首先我必須說，當我們籌備自己的火葬時，是我這幾週以來見到她最快樂的時刻。她不停地說話，特別樂於談論她的身後事，我們一聊就是兩小時，彼此都感到快樂，我們擁抱，然後重複我們的婚誓，希望我們所做的事是正確的。

當一切準備就緒，我把她擁入懷中說：「佩吉，我愛你。」她回答：「麥克，自始至終我只愛你一個人，我希望永遠做你最後的愛人。」

她坐在我的前面，我在後面坐下，扼住她的喉嚨，持續了至少兩分鐘。她看上去一點都沒有掙扎，當覺得她已經沒了呼吸時，我鬆開手，放低胳膊去擁抱她。該死的，她開始動彈了，而我什麼也做不了，只能開始安撫她的肩膀，和她講話。二十分鐘後她在我的懷中哭了，一邊哭一邊用沙啞的嗓音跟我說話。她說，「麥克，你答應過我的，你答應過的」——但我只是覺得我做不來這件事。我們又說了一會話，然後她最後一句是「麥克，我永遠只愛你」，這次我一直扼住她，直到我的胳膊、手臂和身體完全縮成一團。我把她放在毛毯上，她一動不動，臉色發青。我把木頭在平臺下面放好，她開始抽搐一下兩下。我用手電筒照向她，這次她不會再醒來了，但是我不想看她這樣掙扎，所以我用一塊大石頭砸向她。這就是她頭部右邊被砸爛的原因。

我決定在用獵槍自殺前先把自己綁好，以免我會像她一樣掙扎，然後從我們的平臺上掉下來。這就是我身上可能會出現繩子痕跡的唯一原因，如果它們沒有被燒掉之類的。褐色的小口袋裡是她的小狗的骨灰，去年死在德克薩斯州。我們在聖安東尼奧（San Antonio）把牠火化了，她想把牠的骨灰和我們的一起灑掉。還有現在的小狗切爾西，就是和我們一起的這堆骨頭。我去年從新罕布夏州把牠帶回來的。

現在，我該回到那裡去和我一生的愛人在一起了。佩吉是世界上最美麗的女人，但她有時也是魔鬼。我覺得，正是因為她遭遇了太多和她作對的事情——壓力——才讓我們最終走上這條路。如果能夠在某個地方和她一起度過餘生，我將別無所求。我愛她。

再見。

D・麥克・丹尼爾斯（D. Mike Daniels）
代表佩吉・詹寧斯・丹尼爾斯（Page Jennings Daniels）
我將會用二十一張百元鈔票把火點著，
因為她死時年僅二十一歲十六天。

這封很不正常的遺書和上面代表佩吉・詹寧斯・丹尼爾斯的簽名，以及提及的在新罕布夏州的邪惡謀殺（「她讓我保證把新罕布夏的房子燒掉……」「我們想一起『讓他們付出代價』……」「如果我們決定永遠離開，我反正也會要了他們所有人的命」）馬上引起了警方的高度重視，懷疑和十二天前發生在新罕布夏州平客姆山谷（Pinkham Notch）的一樁可怕的雙重謀殺案有關。一月十六日清晨，一家名為戴娜旅館（Dana Inn）的舊滑雪小屋發生火警，有關當局在那裡發現了佩吉・詹寧斯的父母，五十四歲的麥爾肯・詹寧斯（Malcolm Jennings）和四十九歲的伊莉莎白・B・詹寧斯（Elizabeth B. Jennings）。兩人死於多處穿刺傷，被用尼龍繩綁在不同的臥室裡，死前被塞住了嘴巴。謀殺他們的人後來放火燒了旅館，希望可以焚屍滅跡。然而，最後兩具屍體只受到輕微的熏傷，仍然很容易辨認。

身為一名法醫人類學家，我的工作必須更加聚焦在死者，而不是活著的人。我很少將自己的專業施展於人類的怪癖和弱點上面，只要他們還活著。當生命終止，皮肉脫落，堅硬的骸骨暴露在我實驗室的檢驗檯上——那時才該我上場。但是這起案件與絕大多數其他案件都不同，我被迫把死者的性格也考慮在內，到一種我自己都覺得不太尋常的程度。因為這個案子引起了公眾的重視，透過報章和電視節目，涉案人物完全暴露在眾人眼前。在這起案件中，有個人帶來的困擾格外地陰魂不散。在幾乎違背我個人意願的情況下，我開始漸漸熟悉格萊德・厄爾・米克的生活。

警方在確認「D・麥克・丹尼爾斯」的真實身分時遇到了一點麻煩，這是在被焚毀的棚屋附近，那台飛雅特裡發現的字條上面的簽名。他的真名叫格萊德・厄爾・米克，是個體格健碩、紅髮的華盛頓州人，有過一長串入室竊盜的前科，曾經入獄。他的運動細胞格外發達，曾在華盛頓州立大學擔任大學摔跤隊的隊長。中年之後體重僅一百八十五磅，比高中時的體重只多出五磅。米克的盜竊風格讓他有個外號叫「飛簷者」，他會爬牆上到屋頂，然後從樓頂的房間窗戶溜進屋去。他的上臂格外有力，敏捷度也很出色。米克「體格超群，像一隻大猩猩」，他的一個同學後來回憶道。

米克於一九三五年七月二十二日出生於華盛頓州帕斯科（Pasco），是珀爾（Pearl）和喬・米克（Joe Meek）夫婦三個兒子中的老二。喬・米克是西雅圖附近幾家電力公司的架線工，他性格粗魯，經常毆打妻子。謀殺案發生後，親屬對《波士頓先鋒報》（*Boston Herald*）的採訪記者說。「他是個一無是處的惡棍。」喬的大姨子，當時七十二歲的塞爾瑪・科爾（Thelma Cole）如此評價道。

米克的父母最終離婚了。母親出去工作，格萊德・厄爾和他的哥哥艾弗瑞德（Alfred）還有弟弟麥可（Michael）由他們的姨媽塞爾瑪・科爾幫忙撫養。米克的表哥羅傑・科爾（Roger Cole）說米克從小就是個流氓。「他五、六歲的時候就成了小偷，」新罕布夏謀殺案發生後，科爾告訴波士頓的記者。「他的個性應該很容易賺大錢，而且他天生擅長跟人打交道，只是某個地方好像缺了連結。」另一個高中同學羅恩・傑克森（Ron Jackson）告訴《新罕布夏週日新聞》（*New Hampshire Sunday News*），米克是「一個無法按照社會規範生活的人。他很有天賦，但他就是不能被限制在體制內」。

米克在一九五〇年代初期進入帕斯科高中就讀，兩年之後又轉到沃拉沃拉高中（Walla Walla High）。他被形容為「不用費力就能很優秀的學生」，在體育方面，尤其是橄欖球和摔跤項目上非常出色。有一次跟同學一起嬉鬧的時候，他爬上了薩卡加維亞公園（Sacajawea Park）裡邦尼維爾電力管理局（Bonneville Power Administration）輸電塔的頂端，然後跳出去，抓住絕緣體，根據當時一個目瞪口呆的目擊者形容，他「像猴子一樣」在上面盪來盪去。然後他又輕易地盪回塔尖安全的地方，就像他盪出來時一樣。「我想他肯定抓到了滾燙的電線，」一個叫史考特・格恰爾（Scotty Getchell）的同學說道。「但是他就是愛幹這種事，他總是出去找刺激。」

另一個同學湯尼・赫普勒（Tony Hapler）說，米克「可以從一座樓房的邊角爬上去，我見過他這麼做」。就是赫普勒把米克比作大猩猩的。赫普勒告訴《曼徹斯特工會領袖報》（*Manchester Union Leader*），米克沒有從大學畢業，因為他偷車被抓了。

米克在沃拉沃拉高中的日子是他人生最成功的時期。他升任學生會的副主席。高中畢業時，他拿到體育獎學金進入華盛頓州立大學，但是沒有畢業。他一九五九年結婚，一九六四年離婚，與前妻育有兩個兒子。米克並不想和他的孩子聯絡，直到今天，他們仍然不知道自己是他的後代。

米克從一九六〇年代初期開始入室盜竊，運用他敏捷強壯的身體從屋頂進入室內。一九六二年，沃拉沃拉地區新任命的首席檢察官阿特・艾格斯（Art Eggers）逮到了他。「沃拉沃拉有五、六處住宅，還有西雅圖的一間傑西潘尼（JCPenney）商店在夜間被竊。他習慣於從房頂進入商店，是個超強的屋頂大盜。」艾格斯告訴採訪記者。

「我們抓住他時，他那輛U-Haul卡車裡裝滿了價值大約一萬美元的贓物——從鹽湖城的商店裡偷來的衣服和酒。如果你在酒吧而不是犯罪現場遇到他，你會說他是周圍最好的人之一。我做這行很久了，他應該算是我最喜歡的竊賊。」

米克被判有罪後，進入沃拉沃拉州立監獄服刑，成為獄中第212104號囚犯。起初他看起來是個模範囚犯，還是監獄橄欖球隊裡的明星，但一次越獄未遂後，他的刑期被延長了；他最終在一九七〇年獲得假釋。他生命中的黃金時期幾近結束，他最好的八年都在監獄裡度過。此時的米克三十五歲。

米克再婚後，開始做起廣告招牌生意，名叫阿爾派（Alpine）招牌公司，還算成功。一九七二年，米克的媽媽珀爾自殺身亡。親戚們說，她後來開始酗酒，而且抑鬱。她開著她的野馬車到一個球場，停好車，把引擎開著。一氧化碳廢氣殺死了她。朋友們還記得，在她的葬禮上，米克「不停地拭淚」。

為幫助假釋犯適應外界生活而設立的監獄互助團，當中的成員弗萊德·米爾科（Fred Mielke）認識了外號叫做「矮個」的米克。「矮個是個討人喜歡，工作努力的人。如果你的車子出了毛病，停在路邊，他會是第一個伸出援手的。」米爾科說。

當米克的第二次婚姻破裂時，「一切都完蛋了。」米爾科說。米克因為入室盜竊再度入獄，被判處一年徒刑。他在一九七〇年代末獲得假釋後，認識了一個來自賓夕法尼亞州的女子黛比·阿德福（Debby Alderfer）。那之後不久，他因為試圖偷竊商店一條七美元的褲子而再度被捕。因為害怕再被送回監獄，他逃往斯波坎（Spokane），帶著阿德福和他一起，然後又到了亞利桑那的土桑市（Tucson），並且在那裡又開了一家招牌公司。

差不多就是這段時間，米克開始使用在高泉鎮遺書中所使用的化名：丹尼爾·米克·丹尼爾斯（Daniel Mike Daniels）。這是他在不同時期使用過的大約十個化名之一。米克是個占有欲極強的丈夫，從來不准阿德福打電話給父母。八年來，她一直服從這個規定。「我愛他，」阿德福後來告訴《波士頓先鋒報》。「我覺得和他一起生活是值得的。他讓我相信，如果我打電話（給父母），電話就會被追蹤，而他會被送回監獄。」

很多醫生和病理學家總會用懷疑的眼光看待脊椎矯正師，覺得他們的專業是在嚴肅醫學的邊緣。我自己的看法——在此不做贅述。但是我經常感謝上蒼在一九八〇年代初期讓格萊德·厄爾·米克一時興起，去找了亞利桑那州的一個脊椎矯正師。

這件偶然發生的小事對本案卻有著至關重要的意義，因為當時在土桑市沃德施米特診所（Waldschmitt Clinic）負責診治米克的醫生為他拍下了六張背部X光片。這些X光片成為格萊德·厄爾·米克在世時留下的唯一骨骼影像紀錄。因此它們對我來說有著無法估量的價值。其中一張X光片顯示了米克的肋骨上部。另一張是從一個較高位置拍攝的，呈現出一個牙齒修補痕跡。這個修補在米克的牙科X光片上也有顯示。這塊很小的金子日後會成為一個關鍵性的證據。

一九八三年，米克夫婦搬到了阿拉斯加，希望在那裡淘到金子，但是一無所獲。米克在海豹灣（Seal Bay）的一個度假村當管理員。就是在那裡，他遇到了年輕的佩吉·詹寧斯。對於詹寧斯全家來說，那是一次後果最不堪設想的相遇。

佩吉·詹寧斯是個皮膚白皙的漂亮女孩。她頭腦靈活，喜歡閱讀，也是個表現力很強的寫作者，有著強烈的幽默感。她的父母很富有，使她接受了良好的教育，並享有一個舒適的成長環境。看起來，她註定會擁有一個美麗而輕鬆的人生。

在新罕布夏州康威鎮（Conway）肯尼特高中（Kennett High School）的一千一百名學生裡，佩吉．詹寧斯脫穎而出，進入了美國國家榮譽協會（National Honor Society），並在學生會任職，她是學生指導教室的代表、新罕布夏州青年與政府理事會的委員。高年級時，她克服了兩處膝傷，在女子田徑隊投擲標槍。這些傷勢嚴重到必須動手術，而這日後也成了本案中的關鍵點。手術過程的切確細節讓我耗費數個月的時間進行徒勞無功的追查，並且幾乎讓我一籌莫展。

到此時，生活還在對佩吉．詹寧斯微笑。但是從她進入波士頓的西蒙斯學院（Simmons College）一年級起，她開始遭遇失敗的苦澀。她在那裡學習物理治療，但是成績很差。她沒有通過一門難度很高的有機化學必修科目，這次失敗似乎動搖了她的信心，佩吉決定主動休學一年。她在阿拉斯加的海豹灣度假村找到一份廚師工作。一九八三年六月，她遇到了格萊德．厄爾．米克。

當時正在度假村當管理員的米克馬上就被佩吉．詹寧斯迷住了，至少，在棚屋附近發現的那封遺書上的字句，可以讓人如此判斷：「自從我們在阿拉斯加第一次相遇以來，我們之間擁有的愛意就一直如此強烈，連綿不絕，以至於在短短的十九個月裡我們所做的愛的證明，就要比很多人一生中所表現的還要多。」

米克的第三任妻子黛比．阿德福對這種關係看得很淡漠。她後來告訴《波士頓先鋒報》，佩吉「有很多麻煩」，所以米克「看起來想幫助她擺脫困境，保護她……他開始對她痴迷。」

佩吉看上去很樂於引起這個老男人的注意。米克帶她到郊外去旅行。很久之後，她興高采烈地描述了第一次看到美國白頭海鵰是在阿拉斯加，當時跟一個叫「麥克」的朋友一起旅行。那個朋友顯然就是米克。

「當人們想到美國白頭海鵰時，加拿大、阿拉斯加和北方各州的滾滾雷聲，白雪皚皚的群山，奔騰河流的景象就會湧入腦海裡，」佩吉寫道。「將你的雙眼望向天空，注意傾聽。也許有一天你會看到那神鳥從你頭頂飛過。」

一九八三年秋天，這三個尷尬相處的人一起離開了阿拉斯加。最終，鬱悶的黛比．阿德福意識到自己已經不受歡迎，就自動退出了。「我現在一點也不痛苦，」她後來告訴記者。「我希望他可以找到幸福，但是我想他沒找到。」

一九八三年十月，佩吉帶著米克到新罕布夏州的傑克遜探望自己的父母。那次探訪是一場徹頭徹尾的災難。全家人都被她愛上的這個粗魯的中年浪蕩子震驚不已，並且拒絕接受他。對詹寧斯的家人來說，米克是完全不同世界的人，他的過去來路不明，他的未來毫無希望。佩吉的哥哥克里斯．詹寧斯明顯露出對米克的厭惡，並且毫不掩飾對他的蔑視。

「這個人沒有歷史，沒有志向。她可以找到比他更好的。」克里斯多夫．詹寧斯後來告訴記者。

兩人下定決心在一起，他們在一九八三年年底南下，住進德克薩斯州棕櫚港的一棟現代化雙層樓公寓裡，離羅克波特（Rockport）不遠。佩吉在當地的一家週報《羅克波特報導》（*Rockport Pilot*）找到一份體育記者的工作，一九八三年十二月至一九八四年四月她在那裡上班。一個叫鮑比．德雷農（Bobbie Drennon）的同事回憶道，至少見過一次佩吉．詹寧斯上班時臉上帶著瘀青。

佩吉承認她跟米克起了爭執。「佩吉是世界上最美麗的女人，但她有時也是個魔鬼。」米克後來在遺書裡寫道。

她仍然和自己的父母保持聯繫，他們的意思很清楚，全家人都愛她，但是藐視米克。一九八四年春天，她和米克決定返回阿拉斯加。佩吉給她的同事們留下了一張告別字條，引用了D·H·勞倫斯（D. H. Lawrence）的話。

親愛的《報導》朋友們，

我將這些智慧的語句留給你們。如果你不能像被一場比賽吸引那樣被工作吸引，那麼工作就毫無意義。如果它不吸引你，不有趣，就不要做。「我們在世時擁有的一切就是生活。如果你有生之年沒有生活過，那麼你的全部就是一坨屎。」再見了。

佩吉

但是兩人的關係開始出現破裂。回到阿拉斯加不到六個月，米克和詹寧斯再度南下。他們在西雅圖分手，佩吉在一九八四年九月回到了德克薩斯州的羅克波特，然後回到新英格蘭。她去看過一位精神科醫生，然後決定陪哥哥克里斯多夫前往佛羅里達州的蓋恩斯維爾，他在那裡的《蓋恩斯維爾太陽報》（*Gainesville Sun*）找到了一份工作。

佩吉·詹寧斯則是在蓋恩斯維爾市區假日酒店的史塔克餐廳擔任女服務生。不久之後，約莫一九八四年十二月四日，格萊德·厄爾·米克突然出現，說服了佩吉讓他搬到跟她哥哥克里斯合租的公寓裡，和她共處一室。

克里斯．詹寧斯感到厭惡和憤怒。不僅是因為這個讓人噁心的米克再次回到了他妹妹的生活裡，現在居然還跟他們住在同一屋簷下。克里斯當時正在熟悉他的新工作，並且試圖幫助妹妹回到她正常的生活軌道。但是米克就是不放過他們，而佩吉看上去又沒有勇氣跟他分手。對這三個人來說，小公寓裡的生活變得難以忍受。佩吉發現自己絕望地在兩個相互憎惡的男人之間搖擺不定。

「似乎總是這樣的，當衝突發生時，最終受傷害的都是佩吉。我一直在想方設法讓他感到受傷。我不喜歡他，因為他把佩吉拉向一邊，而我的父母在把她拉向另一邊。」克里斯．詹寧斯後來說。

「她哥哥以『幫她』的名義，不斷給她施加壓力，灌輸她永遠離開我的想法。她不能拒絕他，因為怕傷害他；她也不能告訴我，因為怕傷害我。她全都埋在心裡，直到她難以承受。」米克在那封很長的遺書裡寫道。

「她是個很善良的女孩，但是她有很多困擾，」案發後一個叫做約翰．休斯（John Hughes）的服務生告訴記者。「我覺得她想擺脫那個傢伙，但是她不知道怎麼做，也不敢這麼做。」

史塔克餐廳的另一個服務生肯尼斯．丹曼（Kenneth Denman）事後回憶道，他見過好幾次米克來假日酒店接佩吉下班時的情形。他形容米克「外表粗放」。他記得米克坐在餐廳的火車座裡喝著咖啡，戴著一頂紅白相間的棒球帽，帽舌上繡著「佩吉」的字樣。

從十二月底到一月初那段時間，米克有過很多次神祕的出差。警方追蹤到他去了路易斯安那、德克薩斯和佛羅里達的傑克遜維爾。後來在被燒毀的棚屋旁邊發現的那輛藍色飛雅特就是他在傑克遜維爾買的。一月五日，在德克薩斯州的聖體市（Corpus Christi），貌似他又偷了一輛飛雅特，噴成了銀色。

佩吉決定一九八四年的耶誕節不回家了。她的父母非常失望。這個決定可能某種程度導致幾天之後那場悲慘的結局。

一九八五年一月五日，經過一場難看的三方爭吵之後，佩吉・詹寧斯和格萊德・厄爾・米克搬出了她和哥哥克里斯合租的公寓。克里斯讓她離開，除非她與米克斷絕關係，他才歡迎她繼續留下來。

佩吉選擇了米克。兩人在蓋恩斯維爾的加托爾汽車旅館（Gator Court Motel）找了一個房間住下。米克在一家叫做阿特金斯倉儲（Atkins Storage）的迷你倉庫裡租了個貯藏間。一月十一日，佩吉去取回她那一半的公寓押金。那是她哥哥最後一次見到活著的她。

此時，米克獨自北上，去辦謀殺的差事。一月十二日，他在北卡羅來納州布雷托波洛（Brattleboro）的一家汽車旅館訂了個房間。第二天晚上他住進了康乃狄克州的橋港（Bridgeport）汽車旅館。

一月十四日，有人在康乃狄克州的哈特福看見米克在典當一些珠寶。當鋪老闆回憶，米克說這些珠寶是他女兒的，她在一次滑雪事故中去世了。後來在同樣場景的談話中，他的故事變了，說他的女兒死於車禍。

現在事情進入了你死我活的大結局。一月十六日，在新罕布夏州，瑪律康姆和貝蒂・詹寧斯被發現死在陷入火海的飯店裡。凶手用尼龍繩把他們分別綁在不同的房間，然後用刀刺死他們。他們的兒子克里斯在接到警方通知後，立即趕往新罕布夏州。這個孝順的舉動可能救了他的命，因為警方後來在克里斯・詹寧斯的公寓裡發現了第二封遺書，也標注一月十八日，由米克簽名。

在現場附近發現的第一封遺書裡，米克似乎描述了到新罕布夏州去殺害佩吉父母以及放火燒他們旅館的渴望：

> 在過去一週裡，我們反覆談論了那個當她情緒低落時提過很多次的計畫。起初我們想一起去讓他們付出代價。但是，最後我們決定由我一個人去做這件事，她等著我回來後我們一起自焚死去……有時候，在我開車跋涉的途中，我會想到，此時，在遠方，她正為我擔憂，怕我在到達那裡完成我們想做的事情之後，在回來的路上被抓住。我們最終只有死路一條，而一場火能夠立即引起注意並且迅速被通報……

後來，在高泉鎮附近發現被燒毀的棚屋和遺骸之後，警方到克里斯・詹寧斯的公寓去尋找證據。他們在公寓門上找到克里斯留給佩吉的一張緊急字條。字條是克里斯得知父母被殺害的消息後，趕往新罕布夏州前寫下的，上面有三個佩吉可以撥打的緊急電話號碼。留言的其餘部分寫道：

佩吉！
我真的需要你！
愛你的
克里斯

但是在這張字條上，有被另一個人塗毀過的粗重痕跡。第一行結尾的「你！」字被劃掉了，被一個巨大的「不！」字蓋住，並且下面加了很多底線。

在公寓裡，兩張有著《蓋恩斯維爾太陽報》抬頭的信紙上，與飛雅特裡發現的長篇遺書的字跡相同，米克對克里斯・詹寧斯寫下了他充滿憤怒的最後留言。這封信清楚地提到新罕布夏州的謀殺案，將年長的詹寧斯夫婦稱作「瑪律」和「貝蒂」：

1985年1月18日　星期五

這張還有告訴佩吉拿走「雞蛋、牛奶、麵粉、洋蔥、乳酪」的字條等等——它們能解釋這一切，小子。我們在一起了，從現在到永遠。麥克。

你給阿拉斯加的佩吉寫的陰謀信裡提到什麼「正義必將獲勝」，讓她坐巴士，或者坐飛機，或者開車到西雅圖或者德克薩斯州，然後假裝回家幾週。你這個混蛋！

「『丹尼爾斯必死無疑』，如果他來這裡。」你寫道。

你這輩子都別想擺脫這一切了，混蛋——瑪律，貝蒂，還有我們就這樣了。你們這些好管閒事的蠢蛋！

佩吉非常痛苦，所以她認為能讓我們永遠在一起的唯一方式，就是：火葬。

報警吧——他們手上有些信件，還有給你和你們其他人的訊息。

第二封遺書沒有署名，除了出現在第一段末尾的「麥克」，推測這是從米克的一個化名丹尼爾．麥克．丹尼爾斯而來，他在那封長篇遺書裡也使用了這個名字。

兩封自殺遺書的日期都是一月十八日，而且看來那個廢棄的舊棚屋也是那天放火燒掉的。詹寧斯夫婦於一月十九日在新罕布夏州下葬，克里斯．詹寧斯致了悼詞。他仍然相信自己的妹妹還活著。「我肯定她還在外面玩，如果她得知這個消息一定會崩潰的。」他對記者說。

一月二十八日，高泉鎮附近被燒毀的棚屋和已然碳化的骸骨被人發現。兩天後，遺骸被送來給我進行檢驗。

我看到從屍袋中，上千塊混雜在一起的骨骼碎片像灰色瀑布一般被傾倒出來時，那種感覺是無法形容的。在我的專業經驗裡，還從未遇過如此複雜到讓人氣餒的情況。這些骨頭不僅折斷了，還像是被可怕的藥劑師仔細搗碎過一樣。我能指望從中找出什麼來呢？

雖然我眼前這堆遺骸的粉碎程度和混雜狀態看上去毫無希望，但是這個案子裡還是有一些振奮人心之處。沒錯，法醫的調查人員把所有的骨頭都放在同一個袋子裡了，不過在這之前，阿拉楚阿郡警局的偵查員已經清楚拍下犯罪現場的照片。警方提供了清晰的放大照片，長邊約三呎，細節畢露。照片上，遺骸被發現時的狀態呈現得相當清楚。

照片上有鐵絲網，有霰彈槍的槍管，有骨骼碎片，一小堆一小堆的，就像它們剛被發現時沒被動過那樣。我面前一些較大塊的碎骨可以歸類到兩堆骨頭其中一堆。很快地，我們就確信自己處理的是一對成年人的遺骸，一名男性，一名女性，都是高加索人種。女性的年齡很可能落在二十到二十五歲之間，男性年齡則介於四十五到六十歲之間。

男性遺骸的頭蓋有幾處由於猛烈槍擊而導致的隆起，霰彈彈丸已經融化並且熔合在顱骨的內襯上。男性的下顎骨有微量的鉛元素。顯然，霰彈槍的槍管曾被塞進男性死者的嘴裡並且開火，在火焰吞噬他的屍體和槍枝的木槍托之前。我前面提過，槍膛被火焰燒熔封閉的伊薩卡霰彈槍槍管是怎樣在男性遺骸腳邊附近被發現的。

在X光出現之前，鑑定一具無名屍的方法非常有限而且很容易出錯。面對一具極度腐爛的屍體，或者一些骨骼遺骸，你只能藉由死者的遺物來判斷他或她的身分：衣服、首飾、個人物品。格萊德．厄爾．米克和佩吉．詹寧斯的衣物在停放附近的飛雅特後車箱裡被發現。火場廢墟中，除了一小塊與遺骸無關的燒焦的舊粗麻布之外，沒有其他布料碎片。遺骸中也沒有發現任何個人物品。

在飛雅特車內和克里斯．詹寧斯位於蓋恩斯維爾的公寓裡發現的長而不著邊際的遺書則有一種戲劇性的氛圍。除了超乎尋常的篇幅，只由麥克．丹尼爾斯署名這一點也很奇怪——為什麼佩吉．詹寧斯沒有參與書寫遺書？甚至連簽名也沒有？就在米克動手掐死她之前，她對米克至死不渝的愛戀宣言聽上去就讓人覺得很不對勁，這不該來自一個靈魂深處被她的愛人和她的家人完全分開的女孩。所謂的她很樂於注視著即將焚燒自己的火焰，這簡直荒謬得不可言喻。此外，沒有任何紀錄顯示米克曾經入住蓋恩斯維爾希爾頓酒店，但是看上去遺書是他在那裡寫的。笨拙的扼殺，然後用石塊殘忍地擊碎她的顱骨，與米克所堅稱的他與佩吉之間溫柔感性的浪漫極不相稱。

我要研究的是骸骨，不是靈魂。遺書在我的管轄範圍之外。即使到了今天，我也必須說，我並不像其他人那樣關心這封遺書在心理學上的重要性。但是我得說，這遺書確實相當奇怪。

其他人對遺書的反感則更加強烈。參與此案調查柯蒂斯・梅爾茲醫生（Dr. Curtis Mertz）是著名的法醫齒科學家，他甚至找了幾位專家來研究這封遺書，包括一位法醫精神病學家，一位經驗豐富的心理學家，以及一位具心理學背景的筆跡學家，或稱筆跡專家。三個人都認為遺書是假的。「造假的」、「不可信」、「可疑」、「太戲劇性了」都是他們的評語。有個人公開提出了困擾著我們所有人的問題：「為什麼佩吉・詹寧斯沒有寫這封遺書？」

以下是心理學家的一些推論：

這個男人具有做作與自戀型人格，偏執性妄想，非常自我中心，目標不切實際，極為自戀，對於所謂理想的愛情有嚴重幻想，隨著信件內容的推進，混亂也逐漸加深，並且過往可能有嚴重抑鬱。

這個女人具有被動式攻擊人格，缺乏自信，依賴他人，而且有分離焦慮。她想回到家人身邊。**我認為這是一封假造的遺書。**

筆跡學家基本上同意這些推論，但也有一些保留：

這個男人是一個善於撒謊和偽裝的人，他為自己的不安全感所迫，慣於敷衍拖延。舉措精明。最後一頁提及的火是在虛張聲勢。這封遺書有可能是真的，但並不像是真的。

懷疑的種子就此播下。如果棚屋裡的遺骸並不屬於格萊德．厄爾．米克和佩吉．詹寧斯所有呢？如果這兩人還活著，那場火是用另外兩具屍體布下的迷局呢？更加險惡的情況是，如果佩吉．詹寧斯確實是被一個害怕失去她又善妒的情人給謀殺了呢？如果米克在被燒毀的棚屋裡用另外一具屍體代替自己以掩蓋犯罪事實呢？這些紫色激情，有關渴望永遠和她在一起，把他的骨灰和她的永遠交融在一起，所有的感嘆，是否都是狡猾的凶手所製造出來的假象？擺在我面前的這些骸骨到底是誰的？

接下去還有更多的惡作劇。法醫人類學家通常可以在研究骸骨本身、仔細地分析和對比的過程中，找到穩固的立基點。骨頭也許會迷惑我們，但是它們從不撒謊。然而在米克－詹寧斯案中，即使這些證據確鑿無疑，卻也變化莫測，被伏擊和背叛所籠罩。

這些事件的第一件，我稱之為「米克最後的玩笑」。這件事把一件本來很直截了當的屍體辨認案變成了馬基維利式的鏡廊，成了一個誤導調查人員的天才迷局。事情是由一顆牙齒展開的。如果米克知道他帶給梅爾茲醫生和我多大的困擾，他一定會竊笑不止。

警方在搜尋醫療紀錄並且追蹤動向的時候，不光是調查佩吉．詹寧斯，更調查了格萊德．厄爾．米克。他們找到一輛登記在米克名下，目前由他的一個前女友照管的汽車。她允許警方搜查這輛車，他們在車裡發現了一個火柴盒。火柴盒裡裝有格萊德．厄爾．米克一顆健康正常的牙齒。牙齒上有填充物痕跡，與米克的牙科X光片比對後，證實了那就是他的牙齒。

在棚屋灰燼裡發現的另一顆脫落的牙齒，也證實為米克所有。所以，一種擔憂逐漸形成，米克拔下自己的牙齒做為辨認身分的依據置於案發現場。這幾百哩外的火柴盒裡發現的第二顆牙，成為一場懷疑的疫病蔓延開來的最初病菌。從這個時候開始，逐漸形成了一種對於在灰燼中發現的任何可能是米克的物品，都持有一種盲目和非理性的不信任態度。這些東西被認為什麼都證明不了。米克或許故意把它們放在那裡用來迷惑我們。米克能夠做出任何事情讓我們失去線索。他或許會把自己的牙齒拔下來扔進火焰中。

而沒有找到的東西和已經找到的東西幾乎同樣重要。米克的牙科X光片顯示出他下顎有個凸出的金質填料。牙科用的金有一個較高的熔點，就算棚屋像火炬一樣燃燒，產生的熱度也不足以讓金質填料熔化。然而，這金質填料怎麼樣都找不到。土壤被用八分之一吋規格的篩網仔細篩過，沒有任何發現。由此我們遭到了雙重打擊：案發後找到的那顆牙齒什麼都說明不了；沒找到的那個牙齒填料說明了一切。

但是，跟女性遺骸的上顎檢查工作相較之下，這些困難都算不了什麼。我們擁有的物證是一個經過嚴重燒灼、鍛燒、白堊色的上顎，上面還附著多顆牙齒。不幸的是，這塊顎骨太小了，以至於看上去像是侏儒的骨頭。如果你測量一個小而未經燃燒過的女性頭骨的上顎，你會發現它的寬度約莫四十九到五十毫米左右。這塊細小、燃燒過的上顎只有四十三毫米寬，比正常的小百分之十五。我們如何能夠認定這塊迷你的上顎和佩吉・詹寧斯這個發育完全的二十一歲女子是一致的呢？梅爾茲醫生告訴我一個我已經知道的事情：我們有麻煩了。

折磨我們的第三個疑點是女性的脛骨。你也許還記得，佩吉・詹寧斯十七歲時在高中擲標槍，一個膝蓋曾經受過傷。為了修復膝傷她動過手術。醫生已經沒有相關的X光片了，但是她向我保證，她在脛骨表面做了兩個切口，並且把肌腱修復固定在上面。這種方法叫做Hauser手術，它會留下明確的特徵標記：骨頭被切成兩塊平行的長方形，這些長方形會一直可見，即使癒後也是如此，在患者的餘生裡都會留痕。

我讓新罕布夏州的那位外科醫生在我帶給她看的一個脛骨模型上，用鉛筆畫出長方形的位置。我至今還保留著。她用鉛筆在上面畫了兩個長方形，並且堅持那就是她當時在佩吉・詹寧斯的膝蓋骨上切開的準確的位置。看著它們，我感到十分困惑。我很清楚，那塊在蓋恩斯維爾C.A.龐德人類鑑定實驗室的檢驗檯上，耗時費力重建起來的部分女性脛骨，絕對沒有進行過這種手術的痕跡。我從三十六塊個別的骨骼碎片仔細地重建出一塊五吋長的部分脛骨，拍攝X光片，並且審視了好幾天。如果這塊燒焦的骨頭真的屬於佩吉・詹寧斯，那麼疤痕應該就在那裡。

一九八五年，我們把這些發現總結起來寫成報告，提交給新罕布夏州總檢察長辦公室。讓我大為惱火的是，總檢察長史帝芬・美林（Stephen Merrill）立即向媒體公布了所有疑點，而媒體也跟著大作文章。棚屋裡發現的遺骸另有其人！格萊德・厄爾・

米克還活著！棚屋裡的女性遺骸無法證實是佩吉．詹寧斯！殺人犯和他愛得神魂顛倒的女友仍逍遙法外！米克被聯邦調查局列入「十大通緝犯」名單中，他的照片被分發給美國各地的執法機構。

這些懷疑像野草一樣增長蔓延。整個案子朝著反常的方向又有了生命，死後的新生，骷髏復活，腿上的傷口奇跡般地癒合，歡蹦亂跳；成人的下顎縮小到兒童才有的尺寸；牙齒從口中脫落，而一個凸出的金牙鑲嵌不知何故人間蒸發了。直到今天，我也能夠想像，就在你閱讀這些文字的時候，新罕布夏州還有人相信格萊德．厄爾．米克犯下了一起完美的三重謀殺案，並且正在美國各地遊蕩，嘲笑法律的無能。

這些過程讓我充滿懊惱。同時，我也滿腔義憤地起誓，不論需要多久時間，我都會把這件沒完沒了地嘲笑我們的案子追查到底。

為此，我和我的學生們又花了整整一年時間。我懷疑在整個法醫人類學的歷史中，是否有遺骸像高泉鎮發現的這對一樣讓人絞盡腦汁，經過艱辛緩慢的過程，飽受無盡的關注，才又被重新拼湊起來。一九八五到一九八六年，只要我有空的時候，我就會回到這兩具骸骨上，小心翼翼地一點一點把骨骼碎片拼接在一起。今天，這些遺骸被保存在C.A.龐德人類鑑定實驗室的兩個紙箱裡，編號是1C85和1D85。

那些日子裡，我在佛羅里達自然歷史博物館仍有間辦公室。當時，我的實驗室裡還沒有大桌子可用。博物館的其他活動漸漸增加，占用了我大量的時間。所以我使用了兩個櫃檯桌，是佛羅里達州立監獄裡的工廠製造的，每個三十吋深，八呎長。其中一個我用來放尚未被分類的東西，另一個我分成兩個區域：「他的」和「她的」。

很快地，我們就確認了屍體只有兩具，別無其他。接下來，我們可以仰賴阿拉楚阿郡警局拍攝的那些大幅的犯罪現場照片，照片清楚指出我們正在處理的是兩具並排躺在一起的屍體。狗和松鼠的骸骨並未帶來太大的麻煩。我們很快就把它們排除了。有些狗牙乍看確實和人類的「犬齒」非常相似，但是藉由其獨特的脊狀可以清楚地把兩者區分開來，沒有法醫人類學家會被它們迷惑。

同樣明確的是，我們要處理的骸骨是在體內被燒過的，因為出現了很多的扭曲、變形、格子紋路以及很有特點的骨折現象。

我請求讀者耐心地再次聽我談起這個前面提過的話題，那就是被燒過的骨頭的特性。但是，很重要的一點是，如果你想和我一起進行後面的調查，你需要對整個過程有一個清晰的認識。把裸露的骨頭放在火裡燃燒，它之後的外觀和那些被包覆在身體皮肉中燃燒的骨頭是不一樣的。單純做為骨頭，而不是身體一部分的骨頭，在火焰中的反應與在富含脂肪和其他液體的組織包圍下燃燒的骨頭不同。在某些方面，可以看作是在有培根油的鍋裡炸一大塊肉，和在一個乾熱的爐子上烤一塊乾淨的骨頭的區別。裸露的骨頭和有皮肉包圍的骨頭在焚燒時，經歷的顏色變化是相同的。它們變黑，變灰，最後變白。它們會收縮，但是通常幅度不會太大，而且不會彎曲或者變形得很厲害；骨頭表面的變化也不如被包圍在皮肉內的骨頭明顯。

當身體內的骨頭被燃燒時，隨著外層皮肉滋滋作響並且最終消失，骨頭本身的顏色也會有變化。這些變化在關節部分發生得最迅速，因為那裡的皮膚、軟組織和肌肉都比較薄。變化也最早發生在這裡，但是最終它會波及整副骸骨，如果火燃燒得夠持久。

骨頭開始從它正常的顏色，一種奶油黃白色，變成深黃色，因為周圍組織裡的脂肪被烤過了。然後，隨著火焰繼續燃燒，這種深黃色漸漸會變為黑色。黑色代表骨頭裡的有機物質被碳化了。最後，如果這些碳化的黑色骨頭繼續留在火焰中，那麼連最後一點點有機物質都會被焚燒殆盡。在這些最終階段，骨頭的顏色會逐步地從黑色變成深灰色、灰色、淺灰色，最後變成白色。當骨頭裡所有的有機成分都完全燒光，只留下無機的碳酸鈣和其他鹽類成分時，骨頭就會變成純白色。這些就是你在哥德式小說裡常常看到的那種「煆燒骨」。我要說明的是，火和骨頭之間的相互作用是可以預見的，會經過一系列清晰可見的變化，這些變化可以透過顏色和紋理來準確定位。

當火燒及骨頭時，會發生一些明顯的變化。每一塊骨頭看上去的反應都不同，這是由骨骼本身的厚度決定的。有些表面開始變成「棋盤格」，然後碎裂成小方塊，這些小方塊有可能彼此分離，也可能不會。

如果想像你的腿被燒掉不會讓你太痛苦的話，我會告訴你，一旦你的皮肉被燒光，你的脛骨表面將會裂成十字棋盤格的圖案。這是因為你脛骨的表面相對比較薄。

現在，如果你不介意的話，讓火繼續往上燃燒，吞噬你的大腿。股骨又稱為大腿骨，在這裡，表面的燃燒紋路完全不同，因為股骨的外層更厚一些。當火焰穿過血肉並且開始侵蝕骨頭時，你的大腿骨會爆裂成小小的新月形，而不是棋盤格紋路。在這種情況下，碎片可能會脫落，但是通常可以在實驗室中重新黏回去，因為它們的形狀特殊：彎曲的弧形，而不是直角。因此，被焚燒的股骨碎片看上去和被焚燒的脛骨碎片是很不一樣的。在我的實驗室裡，我能夠把許多燒焦的骨頭碎片分成棋盤格狀和新月形這兩種，然後再逐一將這些碎片重新組合股骨或是脛骨。在這件特殊的案子裡，我最終把三十六塊碎片重建出被燒毀的女性脛骨的大部分。

我無法形容重組這些碎片這項工程有多麼地艱鉅、令人疲憊不堪，卻又使人著迷。我們使用杜可接著劑（Duco cement）——用來黏模型飛機的膠水——來把骨頭拼接在一起，因為這種材料不會受到濕度影響，而且如果你犯了錯誤，還可以用丙酮溶解。為了挑戰我的學生，我會讓他們把骨頭打碎，然後看著他們重新拼接起來。如果我認可，重建的骨頭會被保留。如果我不認可——就澆上丙酮。

很多時候，骨骼碎片太脆弱了，以至於它們在黏在一起後，還要用夾板固定。女性死者被重組起來的脛骨現在變得非常詭異：它有一片捲曲的薄片從上面脫落，像一棵豆芽一樣；但是當它還是活著的骨頭的一部分時，這片捲曲的碎片變得平整，和下面的空腔非常吻合。只能怪火焰把它剝離開來，又點燃。這就是骨頭燃燒後的弱點。

把一年半的工作總結成一句話，那就是：我們在尋找那些來自某一塊特定骨頭的碎片。我們仔細地測量了骨壁的厚度。我們謹慎地估算了碎片的曲度，也就是骨幹的圓周。我們認真觀察了骨幹內空腔的大小，並且與骨壁的厚度進行對比。我們仔細檢查了關節表面的形狀，而且留意代表曾有肌肉附著的特殊結節。顏色是我們的同盟。我們總是在觀察顏色，一塊骨頭燃燒時所經歷的顏色變化：淡黃色、深黃、黑、深灰、灰、淺灰、白。鄰近的顏色和紋理幫助我們連接起鄰近的骨骼和碎片，誰跟誰是靠近的。

你絕不能以為我們努力不懈的結果是得到了一對完整清晰的骨骼。實際上，我們努力試圖重建的，是一些大型、有代表性的、可驗證的骨頭，能夠與佩吉．詹寧斯和格萊德．厄爾．米克生前拍攝的X光片進行比對。

就這樣，那些令人費解的難題和矛盾重重的疑點逐一地向充滿耐心的不懈努力投降了。第一個謎團，那塊小到看起來像是屬於一個侏儒的女性上顎，證實是一個經焚燒後縮小的成年人的上顎。我能夠證明火焰可以將骨頭壓縮百分之二十到二十五。這塊上顎的牙齒與佩吉．詹寧斯的牙科紀錄吻合。那就是她的顎骨。

然後是那塊沒有疤痕的脛骨。如果佩吉．詹寧斯在十七歲時接受過膝蓋手術，為什麼女性的膝蓋骨上沒有顯現出任何痕跡？當我回到新罕布夏州那位外科醫生那裡，去請求她——當然是很外交辭令地請求——給我一份佩吉．詹寧斯相關的手術紀錄副本時，我發現她當時根本沒有使用需要切割骨頭的Hauser手術，反而是一種較為溫和的方法，叫做Goldthwait手術，這種方法不需要對骨頭實行切割。那位醫生完全忘記當時她使用了那種方法，但是她的手術紀錄清楚明確：採用Goldthwait，而不是Hauser。這個令人遺憾的記憶缺失讓我們耗費了數個月的時間費盡心機地摸索。現在，手術紀錄就擺在我面前，謎題終於解開了。

佩吉・詹寧斯的脛骨沒有手術痕跡，因為外科醫生根本沒有在她的脛骨動刀。她最終同意了我的鑑定結論。

當這些不符之處被一一解決，其餘的女性遺骸很快就找到了自己的位置。她的左肱骨（或稱為上臂骨），和佩吉・詹寧斯生前拍攝的手臂X光片完全吻合，就連骨頭上一處很細微的泡狀突起，看起來像是帶有兩個橫槓的大寫字母A的地方都很吻合。還有一處獨特的圓頂形構成，以及骨頭密度，這些都能夠識別且非常一致——幾乎是數學上的一致。佩吉・詹寧斯的三角肌粗隆（deltoid tuberosity）——三角肌附著於肱骨的隆起或者表面粗糙的骨骼區域——與被燒毀的棚屋裡發現的女性肱骨完全一致。那一大塊從火堆裡翻著筋斗飛出去的腓骨，只在頂部有一點碳化，與佩吉・詹寧斯的左腓骨的X光完美地吻合。它成了我們最確鑿的證據之一。

對於那些出於惡作劇、幻想或者真誠願望等目的，想像著佩吉・詹寧斯設法從那場恐怖烈火中逃脫出去的人，我只能這樣回答：如果她真的從火場逃離了，那麼她是在缺少左腿一條主要的骨頭、左上臂和上顎的情況下走開了。聽上去這有些刻薄，但是在這種情況下，事實就是會給人無情的打擊。那塊脛骨，那塊肱骨和那塊上顎現在都保存在C.A.龐德人類鑑定實驗室裡，那些骨頭都無庸置疑是屬於她的。

現在回到米克身上：從一開始，米克那種強有力、無法阻擋的個性就對案件造成了惡魔般的影響。佩吉・詹寧斯僅僅是他的附屬品和玩物。他自己在遺書中承認，他殺害了她遠在新罕布夏州的父母，並且把旅館付之一炬。然後他掐死了佩吉，不是一次，而是兩次，還用一塊石頭把她的頭骨砸碎。如果本案的證據是假的，那麼也是米克捏造了證據。如果棚屋裡的骸骨不是他的，把骨頭放在現場的也一定是他。如果這個悲慘的故事終有落幕之時，那就在於我確認火災現場找到的那具男性骸骨是否為格萊德・厄爾・米克所有。那塊嵌著霰彈鋼珠、被火燒得裂開的頭骨，究竟是屬於一個自稱是凶手的人，還是一個無辜的無名氏？這就是我必須設法證明的，而且要做到讓佛羅里達州和新罕布夏州的警方盡皆滿意的程度。

在那堆男性遺骸中，有一塊讓人苦惱的骨頭，看起來像是飄浮在逐漸成形的重建骸骨之外。這塊由幾塊碎片組成，呈現斑點狀的深灰顏色的扁平骨頭，將提供我一個決定性的關鍵證據。它是男性胸腔的第一肋骨，也就是最上面的一條短粗肋骨。我們的肋骨像豎琴的琴弦一樣生長，從小而短開始，發展成完整和諧的彎曲形狀，然後到了最後底部的骨頭又再度縮小。這塊特殊的肋骨在最靠近胸骨的末端上有個形狀不規則、鈣化的軟骨。這一小塊瘤狀軟骨，這一點點不規則的形狀，非常與眾不同。在強光照射下，它就像松木上的樹瘤一般突出。

一個強烈的光源和一張舊的X光片證實了那是米克的骨頭。一九八〇年代初期，米克曾經在亞利桑那州的土桑市看過脊椎矯正師。我還沒有仔細地觀察那些X光片上黑暗的部分。但是現在我使用一種特殊的儀器，俗稱「熱點」(hot spot)的強光反射燈泡，來仔細檢查那些舊X光片上不透明的黑暗邊緣。強而有力的光束穿透了X光膠片上最深處的陰影。

那裡，被亞利桑那州的脊椎矯正師拍攝下來，又被明亮的

「熱點」照射出來的，就是完全一樣的肋骨。我把那塊燒焦的肋骨碎片的X光片和脊椎矯正師拍攝的X光片疊加在一起，結果十分吻合。外部的輪廓，內部的不規則形狀，像歐幾里得幾何學定理那樣嚴絲合縫。火場找到的那塊男性肋骨是格萊德·厄爾·米克的。我並沒有高舉雙手狂呼：「找到了！」但是我得承認，看著這一小塊清晰的骨頭，我確實感到非常歡欣鼓舞。

此時，我已經受夠了新罕布夏州總檢察長史帝芬·美林對佛羅里達州執法人員和調查人員辦事能力的冷嘲熱諷。到了一九八六年，謀殺案發生一年半之後，美林仍故意將本案列為在查中，並且堅持把米克列為在逃的通緝犯。由於這個公開而固執的懷疑態度，他還獲得了《曼徹斯特工會領袖報》(*Manchester Union Leader*)的吹捧：

> 美林應該受到讚揚，因為他抗拒「此案偵結」的誘惑，拒絕草草結束這場悲傷而荒唐的論戰，他並未接受佩吉·詹寧斯和格萊德·厄爾·米克已於一九八五年一月二十八日佛羅里達高泉鎮那場大火喪生的結論。（引自六月四日《工會領袖報》的評論）

> 這不是專家能力的問題；而是那種能力是否已經超出他們的專業領域之外的問題。美林並沒有質疑證據。但是，他注意到米克是一個狡猾的罪犯，注意到證據中的牙齒並沒有附著在骨頭上，並且過去（在亞利桑那州）米克曾經保存他拔掉的牙齒，而那就有一種可能，米克用假冒的證據「偽造了

現場」……

我們只能問，佛羅里達州警方在中止對米克的搜尋時，是否也同樣仔細地考慮過證據所揭示的和證據所證明的這兩者之間的重要區別。美林……應該得到讚揚，因為他展現出一種拒絕接受草率結論的高度專業性。

我並沒有獲得過這樣的恭維，仍在我蓋恩斯維爾的小實驗室裡耐心地埋頭苦幹，在一堆堆骨骼碎片砌成的金字塔裡細細搜尋。此時我已經非常確定我的鑑定結果，但是我希望能夠「加上雙保險」。我下定決心找到米克遺骸中消失的那塊金質填料。

為了完成這項工作，我尋求三位佛羅里達大學考古學家的協助：麥克・A・羅素（Michael A. Russo）、查爾斯・R・艾溫（Charles R. Ewen）和瑞貝卡・桑德斯（Rebecca Saunders）。你現在仍然可以在檔案中查到我們的開支紀錄。我們核銷了四雙皮手套，十個防塵面具和五十個Ziploc密封袋。我們把整個棚屋現場刮地三呎，用一個三腳架支撐起來的十六分之一吋的細密濾網，把泥土再次過篩，結果還是一無所獲。我們沒有找到金質填料。

然後我指示把現場找到的所有石頭、泥土和殘渣——那些之前曾經被八分之一吋的濾網篩過的材料——送回C.A.龐德人類鑑定實驗室，用更細的濾網再篩一次。這次我們使用了十六分之一吋的篩網，幾乎和窗紗一樣細密。

發現金質鑲嵌的是一個名叫海蒂・西度（Heidi Sydow）的研究生。她來自一個學習實踐專案，那天她取得的成就遠甚於她的報酬。經過無盡的痛苦和失望之後，那塊極其重要的牙齒鑲嵌物終於在細密的濾網中找到了。一根固定針彎折了，但是整個鑲嵌物由隱而顯。現在它就被我捧在手心裡，閃動著幾千年來讓金子成為如此貴重的金屬的不可磨滅的光芒。那天，這一小塊金子對我來說比任何其他事物都還要珍貴。

純金在攝氏一千零六十四度熔化。牙科用的金子要堅固很多。在一場高溫結構的火中，經過八小時的燃燒，在熱度最為猛烈集中的時候，火焰的溫度會達到攝氏一千兩百度，或者接近兩千三百華氏度。我見過房屋著火後，鋁製品和金屬鍋碗瓢盆熔化的情形，其他更耐用的金屬則很少見。房屋著火時，要讓火焰達到攝氏一千零六十四度，大火得持續燒上三個小時。可以想見，高泉鎮的那間棚屋在如此高溫下持續燃燒三個小時是很荒謬的。

實際上，這塊金質填料也並未熔化。它本來的形狀仍然清晰可辨，而且它肯定是米克的。新罕布夏州當局依然堅持他們的假設——米克有可能把他的牙齒扔進火裡！不過，在那之後不久，梅爾茲醫生就證實了一整塊男性下顎骨，連同上面附帶的牙齒，都與米克的牙科X光片相符。顯然，他不會把自己的下巴扔進火裡吧。

經過重重懷疑和困難之後，我們證實了從案件一開始就最有可能的結論：佩吉．詹寧斯和格萊德．厄爾．米克皆已死亡。在被燒毀的棚屋中發現的遺骸就是他們兩人的。這項耗時費力的調查工作結束了。格萊德．厄爾．米克被悄悄地從「頭號通緝犯」的名單中撤下，史帝芬．美林被選為新罕布夏州州長。他的繼任者寫來一封很友好的信，信中對米克－詹寧斯案所引發的疑慮和異議表示歉意。我所遇過最困難的案子終於解決了。

與成就感混雜在一起的，是由惱怒而生的一點苦澀餘味，因為我們耗費了大量心力，才毫無疑問地證明從一開始就最適切的解決方案。有一種在一個巨大的環形上轉圈的感覺，遙遙無期、筋疲力盡的努力之後，還是回到了起點。「現實，」波赫士寫道。「並不一定非有趣不可……」

但是那封長篇的遺書**確實**有趣。它那荒謬的戲劇性故事到底想說明什麼？對於它暗藏的玄機我有一番理解。

我相信，格萊德・厄爾・米克在佩吉・詹寧斯於一月十一日離開她哥哥的公寓後不久，就將她殺害。我認為，關於她快樂地等待，深深地冥思，對於扼殺的消極接受，以及對於死亡與火化的深情贊同——所有這些都是謊言，米克編造出這些，以掩飾他謀殺了一個年輕女孩和她父母的事實，因為他們敢於反對他，阻擋他對於愛情和私慾的過度而無所不包的美夢。我相信他無論如何都很想把克里斯・詹寧斯也殺死——他對克里斯的痛恨在遺書中表露無遺，而那個年輕人應該感到幸運，一月十八日，當米克從新罕布夏州完成謀殺任務返回時，他並不在蓋恩斯維爾的公寓。我相信，米克用佩吉的鑰匙進入公寓房間是預計行凶，卻發現沒有人在。克里斯已經到新罕布夏州參加父母的葬禮。葬禮救了他的命。

米克從新罕布夏州南下的途中在想什麼？缺乏睡眠，加上犯下兩起或者三起謀殺案的負罪感，已讓他近乎瘋狂，他也許想過把克里斯・詹寧斯的屍體放在棚屋裡充當自己。米克完全不知道鑑定遭燒毀的屍體能夠多麼地準確。他已經試圖用一場火來掩蓋新罕布夏州的雙重謀殺案。他是否希望把克里斯·詹寧斯的屍體放在他死去妹妹的身旁，以此來偽造自己的死亡並逃脫法律制裁？「無論如何，我都會把所有人都幹掉。」他在草地上發現的字條寫道。

發現克里斯·詹寧斯不在公寓之後，憤怒、疲憊和挫折感讓米克放棄了，他決定死去，並且修改了遺書，加入一點點憐憫的語調。克里斯·詹寧斯意外地躲過了傷害，現在被允許活下去，這樣他就要終生承受無盡的悔恨。

「你這輩子都別想擺脫這一切了，混蛋。瑪律，貝蒂，還有我們就這樣了。你們這些好管閒事的蠢蛋！」米克在留在詹寧斯公寓裡的字條上寫道。在飛雅特裡發現的那封更長、更詳細的遺書裡，他說：

> 她的哥哥不會受到傷害，因此他可以盡情地活過餘生。這是對他把她拒於門外，並且在日記裡說她「瘋了」的回報。對我來說，我想伺機把他做掉，但是她讓我許諾不要讓他這麼輕易地逃脫懲罰，要讓他以後每天都記著這件事。我承諾會跟她一起死去，說到做到。

然後，同一封遺書的幾行之後：

> 她正在等著我。我不敢相信我即將要做的事；但是，為了

我和她，我必須這麼做。

確實是在「等著」！我認為，佩吉．詹寧斯在一月十八日棚屋失火的前幾天就已經死了。也許在一月十一日到十八日的那段混亂的時間內，她的屍體被存放在那座迷你倉庫裡。她被勒殺的聲明是可信的，但是我相信那很有可能發生在她的屍體被放在棚屋裡焚燒之前。我仍然對於在她的銳跑球鞋上發現的血跡感到好奇。它是從哪兒來的？什麼時候濺上去的？當時進行的血液檢測顯示，血液有可能來自佩吉．詹寧斯。現在的DNA檢測，肯定能夠排除一切懷疑。我也期望，如果那隻銳跑球鞋還在，我們可以對那個舊血跡進行仔細的DNA分析。我相信結果會證實我的假設，那就是佩吉是被謀殺的，完全違背她的意願。

直到今天，我仍然為那個年輕聰明的高中標槍選手感到惋惜，她的未來本該大有可期。可惜她成了謀殺的受害者，她的父母也是。她被扼死，頭骨被擊碎，並且被焚為一堆骨頭，棄置在一座離家千哩外的骯髒廢墟中。她的人生結局不應該是這樣的。

在米克頭骨上發現的鉛彈以及他下顎的鉛痕都清楚表明，米克在火燒起來的時候飲彈自盡。如果他用繩子把自己綁起來，正如他在遺書中所宣稱的那樣，那也是多餘的。霰彈槍的火力會瞬間讓他斃命。

也許他期望的是某種激烈而終極的混亂，攙雜著自身的罪惡感和他身邊那個死去女孩的純潔，把他的骨頭和她的混在一起。當他在躍動的火舌中扣動扳機，他最後的念頭，只有他自己知道。我們擁有的，只是那破碎燒焦的頭骨碎片上一粒粒的鉛珠。

克里斯・詹寧斯離開了蓋恩斯維爾，返回北部，並賣掉了他父母生前經營的旅館。他現在仍然每年寄聖誕卡給我。感謝他仍然記得我。

12 逝去的軍團 Lost Legions

陌生的過客呀，請告訴斯巴達，
我們遵循了祖國的法律，在此倒下。

——西莫尼德斯（Simonides），
為溫泉關戰役中陣亡的斯巴達三百戰士所作的墓誌銘

即使到了今天，在越戰中失蹤的美軍士兵仍是美國政壇一個無法癒合的傷口。不論有多少歷史事實和合理論證否定戰俘營的存在，也不管有多少國會和軍方的代表團為此造訪過河內，看起來，那些遊蕩的亡靈還是沒有得到安息。飢餓、消瘦、飽受酷刑的戰俘被關押在密林深處的竹籠裡，這樣的畫面一次次地在電影中重現，使得成千上萬的美國民眾對這些可憐靈魂的遭遇深信不疑。這些士兵在一場失敗的戰爭中失蹤，這種雪上加霜的慘狀，在美國人的心靈深處形成了一個永遠無法填補的痛。

雖然「任務中失蹤」（missing in action，簡稱MIA）這個詞已被「下落不明」（unaccounted for）所取代，但是這個問題仍然使美國對越南的外交政策陷入停擺。兩國關係直到停戰二十年後的今天，還因為戰俘問題而無法全面正常化。雖然與在二戰中下落不明的七萬八千七百五十人和韓戰的八千一百七十人相比，在越戰中下落不明的士兵只有大約兩千兩百人，但正是這些在越南消失的士兵牽動著我們的心，即使那場戰爭的槍炮聲已然平息良久。

這些年有許多離奇的傳說甚囂塵上。據說在河內的某處，有一間倉庫堆滿了美軍士兵的骸骨，而越南當局會針對美國政府的每一次「讓步」，歸還一具遺骸。人們普遍認為，美國政府為了掩蓋其未能在一九七三年讓越方釋放全部美軍戰俘所表現出的無能，遂與越南達成了某種不道義的聯盟協議，以對美國公眾隱瞞「真相」，也就是仍有美國人被當成人質，關押在東南亞的戰俘營裡。

美國發行過郵票紀念那些在戰爭中失蹤的人；在雷根和布希執政期間，一年一度，黑白相間的MIA旗幟都會在白宮的屋頂上飄揚。現在，這面旗幟仍舊在美國各地的幾千根旗杆升起。甚至還有一種街機遊戲，只要投入二十五美分硬幣，你就可以像一個英雄一樣，在遊戲中營救那些陷入困境的士兵。有些厚顏無恥的騙子找上戰爭倖存者及其家屬，遊說他們為所謂的「偵察和救援行動」捐出上千美元，而那些行動又總是在千鈞一髮的時刻功虧一簣，沒有營救出任何一位失蹤的美國人。

當「援救戰爭失蹤者」這樣的錯覺已成為許多人的共識且深信不疑，也許想要反對它都是不可能的。對此我所知道的，也並不超出公眾所知的範圍。但是我認為，如果有更多的美國人能夠意識到，在搜查這些下落不明的男女士兵的過程中，對於每一塊被找到的骨頭碎片，不管多麼微小，都會被給予尊重並且認真地對待，那麼也許公眾對此事的懷疑和憂慮就會有所緩解。

我對遺骸的搜尋工作有親身體認。每年我要造訪夏威夷的實驗室兩次，在那裡，遺骸得到鑑定，身分獲得確認，案件最終解決。我見過並且仔細檢查過從越南運回的士兵遺骸，有的經過四分之一個世紀之後，才終於得以返家。我煞費苦心地反覆鑑定一些已確認身分的遺骸，對於那些我認為需要進一步鑑定的遺骸，我拒絕做出最終確認。我一直在向陸軍部提出關於鑑定流程的改進和加強的建議，我可以如實地說，軍方本著積極的態度和友好的合作精神，接受了我大部分的建議。

在夏威夷接收這些光榮犧牲的士兵遺骸的儀式很讓人難忘。美越雙方在河內對遺骸進行聯合法醫檢驗之後，由越南官員把遺骸裝在木棺內，交給美方的交接人員。木棺隨即被放進六呎五吋長的鋁製棺材中。棺材的側邊和頂部是用同一塊鋁板製成的，可以整個被抬離地面。棺材密封後，覆蓋上美國國旗，在河內被送上運輸機，運往美國位於夏威夷的希卡姆空軍基地（Hickam AFB）。

在河內，一般會由美國陸軍士兵抬棺。到了夏威夷，則不同軍種、身著正裝的士兵抬下飛機。在夏威夷，儀仗隊的成員從C-141舉星者（Starlifter）戰略運輸機機尾的坡道登上飛機，逐一把他們逝去的戰友抬下來。為了儀式上的需要，每一口鋁棺都被視為一具遺體，雖然實際上裡頭可能混合著好幾個人的遺骸。希卡姆空軍基地和檀香山國際機場共用跑道，有時候商業航班的旅客也會瞥見這個莊嚴的過程：國旗、鋁棺、儀仗隊的綬帶和肩章在夏威夷的綠色岬角和蔚藍遼闊的太平洋閃耀。他們也許並未意識到自己正在目睹我國最漫長的戰爭的最後一章。

我希望那些陰謀論者和懷疑真相被掩蓋的人們，可以在美國陸軍中央鑑識實驗室待上幾天。他們將會看到設備最先進齊全的法醫鑑識實驗室。在這座實驗室裡，所有能夠派上用場的先進技術都被用來進行最精心和仔細的法醫鑑識工作。

從外觀來看，實驗室是一座毫不起眼的低層建築物。其面積龐大，占地超過五千平方呎。在一個寬敞、無窗、照明充足的房間裡，整齊排列著大約二十張三十吋寬、六十吋長的檢驗檯。檢驗檯上的遺骸用床單覆蓋著，有些遺骸少得讓人難過，在白布下面幾乎沒有任何凸起的部分。每天晚上實驗室下班時，床單會按照軍隊的嚴格規定疊放整齊並且再次覆蓋在遺骸上。門上的告示提醒來訪者：非請勿入，請勿拍照，必須脫帽。最後一項要求必須嚴格遵守，表示對死者的尊重。

在實驗室的盡頭，一個L形的凹室裡，有一些架子，用來存放尚未確認的遺骸箱。和某些人想像的不同，這些箱子的數量沒有幾百個那麼多。任何時候，這些「未解決」的箱子數量都在一百個上下。

實驗室另一側的工作檯上放著顯微鏡，正門附近有接收遺骸的登記本。陸軍中央鑑識實驗室只占了這座建築物的一半。一面牆把另外一半隔開，只透過一扇兩邊總是上鎖的門連接。這座建築的另外一半是軍隊的太平間，是用來處理新鮮屍體的地方。如果有重大事故發生，如飛機失事，兩邊將會整合資源以進行遺骸處理和鑑定的工作。

當鋁棺被啟封，裡面的木棺被打開時，迎接調查人員的那一幕通常不太激動人心。一堆細小的骨頭悲慘地散落著，數量少到你可以把它們藏在拳頭裡，也許，那就是一個下落不明的軍人被誤以為所餘下的全部了。我有意使用「誤以為」這個詞。儘管我們相信越南當局行事認真負責，但有時一個人的遺骸還是會被分散在不同的箱子裡。同時，兩個士兵的部分遺骸有可能會被混在同一個箱裡。通常，動物的骸骨或者越南士兵的遺骸也會出現其中。動物的骸骨被仔細地分揀出來。它們沒有被丟棄，而是分門別類地整理保存，做為比對的樣本，這有助於顯示何種動物會出現在發現人類遺骸的地方，未來的搜尋工作也能有所借鑑。

屬於亞洲人的骨頭，專業術語中歸類為「東南亞蒙古人種」的骨頭，也被剔除。這些遺骸被送回越南，雖然越南當局並不願意接收回去。在那場漫長的戰爭中，為越南共和國（通稱南越）戰鬥的士兵被勝利一方的北越視為「傀儡士兵」，他們的墳墓通常遭到漠視，淹沒在荒煙蔓草之中。相較之下，陣亡的北越士兵則被稱作「革命烈士」，他們的墓地景緻優美，每年的七月二十七日「傷亡戰爭英雄紀念日」，四周還以旗幟裝飾。最近剛剛達成的雙邊協議允許美國的人類學家在接收送還美國的遺骸之前進行檢查。這大幅度地減少了遺骸在人種上的誤判。

這些遺骸是這樣處理的：每個新案件都會指派給一名人類學家負責，如果有任何牙齒殘餘存在，也會指定一名法醫齒科學家（牙醫）參與。顯然，如果遺骸僅有牙齒殘存，如一顆或幾顆牙，那麼人類學家就派不上用場了，這樣只有一名牙醫會受命加入。但是大多數情況下，會需要兩位專家共同參與。通常當遺骸被挖掘出來時，人類學家也會在場。

人類學家和牙醫彼此的工作獨立，所以雙方的結論也可以互相驗證。很多時候，牙醫有較大的優勢。他通常握有更多的資訊，如牙科紀錄，而人類學家則無。

牙醫會根據面前的齒科證據製作一張圖表，他會仔細地把修補過的地方都標示出來，如死者生前是否有過牙齒自然脫落或者拔牙的跡象，諸如此類。完成描述環節之後，牙醫會把資訊輸入「屍檢協助系統」（Computer Assisted Post Mortem Identification, CAMPI）中，與資料庫進行比對。CAPMI有超過兩千五百筆牙科紀錄。當然，這並不代表兩千兩百名下落不明士兵的牙科紀錄都在裡頭。不幸的是，有幾十位失蹤的士兵並沒有牙科紀錄，而另外一些人也許有多筆紀錄。系統若有與未知遺骸相吻合的資料，就會顯示在螢幕上，也可以列印出來。

舉個例子：如果現存的殘骸是右上的第一臼齒，也就是系統中編號三的牙齒，這顆牙齒的咬合面上有一處汞合金修補，那麼這筆資料就會以「三號牙齒有一個O-AM」的代碼形式輸入電腦。接著，CAPMI中有O-AM的紀錄就會立即出現在螢幕上。到這裡還沒結束，電腦還會列出在三號牙齒上沒進行過修補的人名。這是為什麼呢？因為總是有一種可能性：那個修補是後來做的，沒被紀錄下來。

不過，如果是三號牙齒的咬合面有過修補，同一顆牙的**舌側也有修補**紀錄，就會被排除。我們常說：牙齒無法癒合。簡單來說，牙齒幾乎沒有修補紀錄的人還可以列入考慮；但是牙齒上有更多修補的人會被CAMPI排除。

顯然，在這個例子中，可能的名單會很長。但是，如果有更多供比對的牙齒以及更多的變項，名單就會大幅縮短了。在任何情況下，牙醫都必須檢查實際的牙科X光片，並且和死後的牙科X光片進行比對。這是一項很費時的工作，需要極大的耐心去完成。如果X光片比對無法得出結論，其他資訊也會被納入考慮。這些遺骸是在哪裡找到的？這些人是在什麼地方失蹤的？如果已知當時有一場飛機事故，如果我們的團隊在現場挖掘時能得到前交戰國的協助，那麼我們會把最初的搜查重點放在該次事故失蹤機組人員有誰的名字出現在CAPMI上。

我們先把牙醫放一邊吧。他工作時手裡有姓名和齒科紀錄，而人類學家只有堆在眼前的骨頭，完全在一片黑暗中尋找可能的身分證明。這是一項慎之又慎的工作，須避免任何先入為主的結論。他或她必須根據需要鑑定的人數有多少，哪些骨頭屬於哪一個人所有，以及年齡、性別、種族、身高等等來得出結論。很少有人類學家單方面的鑑定結果可以直接確認一名軍人身分——那簡直就是奇跡了。但是透過牙齒辨識身分時，人類學家的獨立鑑定就變得非常重要。在交叉驗證的過程中，人類學家的發現在確認骨骼遺骸和牙科紀錄的一致性是非常關鍵的。

顯而易見，這些殫精竭慮的工作不可能在幾天之內完成。實際上，人類學家也許會被中途打斷，不得不擱置手頭的工作，返回東南亞協助另一次挖掘工作。但是，每一組遺骸會一點一點地被仔細地檢查完畢。最後，實驗室主任會收到一份完整的報告。報告裡有牙醫出具的牙科鑑定書，有人類學專家出具的人類學鑑定書。有事故相關資訊，包括位置圖和其他從檔案室調閱的資料。有搜索隊伍的搜尋和挖掘報告。最後，還有一份崔普勒陸軍醫學中心（Tripler Army Medical Center）審查調查結果後所簽署的死亡證明。

實驗室主任把整份文件連同他對鑑定的意見轉給實驗室指揮官，一位陸軍上校，然後他會將文件提交華盛頓。華盛頓的相關機構則將整份文件的副本，包括照片和X光片發送給我。我並不是唯一的收件者。目前有一批法醫人類學家和法醫齒科學家與陸軍簽約，協助複查這些實驗室報告。我們所有人都經過各自學科的權威認證，我們被認為在領域內達到了一定的水準，所以我們的意見關乎名譽。我從一九八六年起就和陸軍簽約，從那以後，每年我都會飛往夏威夷的CILHI數次；我在蓋恩斯維爾的實驗室也做了不少鑑定的工作。實際上，我還參與了建立這套流程初期的討論。這些年間，有九位專家在不同時期與軍方簽約提供這項諮詢服務。

當我（或者另一位簽約的同事）仔細地審核過檔案之後，我們會決定是「認可」或者「標記」。如果我們給了「標記」，那麼案件就會被暫時擱置，直到我們有機會親自檢查遺骸。我們也許還會建議鑑定方進行更多的工作，或者提供其他文件。不過，現在CILHI的工作標準很高，大多時候，審查員會發現鑑定報告在科學上是成立的。他就會將檔案連同自己的審核意見回覆給華盛頓。大多數案件都是這種情況。

現在到了通知罹難者家屬的時刻。罹難者生前所在的部隊會派遣喪葬事務官，同時也是喪葬承辦人去拜訪家屬，並解釋鑑定的結果和審查意見。家屬可以選擇接受鑑定結果，或者自行聘僱專家去檢查遺骸並審查檔案。這種情況幾乎沒有發生過，在極罕見的情況下，外部專家也從未成功找到可以推翻既有鑑定的證據。

但是，即使到了這一步，整個過程仍未完結。在家屬同意下，檔案和所有的審核結果，包括家屬私請鑑定的結果，會送到武裝部隊身分鑑定審查委員會（Armed Forces Identification Review Board, AFIRB）。AFIRB由各軍兵種軍銜零到六級別的軍官（也就是陸軍或空軍上校、海軍上尉）所組成。這些軍官大多數都曾在東南亞、與失蹤者相同的條件下服役，他們了解那個戰區當時和現在的情況。如果他們同意審核結果，報告就會被送往墓地登記委員會進行最終同意。

這段時間內一直存放在夏威夷實驗室的遺骸，此時會被放進覆蓋著星條旗的靈柩中，從CILHI運往附近的希卡姆基地，由他們所屬部隊的儀仗隊護送上軍機。他們被運回美國本土後，在那裡被安置在靈柩裡，靈柩上有全套軍服、相應軍銜和勳章。遺骸隨後會依照家屬的意願，安葬在國家公墓或者家鄉的墓地。

但是，我們無法創造奇跡。事實上，與實驗室相鄰的L形房間裡，有一些遺骸已放置多年，其中幾件也許永遠無法被識別出來。每年都會有新的紀錄補充進來做為比對之用，我們總是希望可以找到更多的遺骸，或者某些線索喚起了調查人員的記憶，指向一個下落不明者的檔案，並且最終得以證實。但是在這些餘下的棘手案件裡，骨骼和牙齒的證據稀缺，調查人員面臨的任務倍加艱鉅。有些骨頭真的就是無中生有，我們甚至沒有它們在越南、寮國或者柬埔寨境內發現時的確切地點。這些資訊已經遺失了。然而，骨頭年復一年地被保存下來，並且經常被拿出來重新研究，一遍又一遍。

在CILHI鑑定下落不明人員的遺骸是一項艱鉅而永無止境的任務。唉，我不得不承認，當時的實驗室並不像今天這樣專業而順暢地運作。國會後來的一份調查顯示，CILHI的一些鑑定是在證據不足的情況下所做出的結論。一九八五年，我以一個外部專家的身分訪問CILHI時，發現到這個問題。我和這個實驗室的淵源是從一件多年前在寮國發生的空難事件開始的，也與一位無法接受丈夫死訊的女士的堅持不懈有關。

一九七二年十二月二十一日，聖誕節前四天，一架AC-130A空中砲艇在寮國南部的巴色（Pakse）附近被擊落。這架AC-130A正在執行一項空襲沿胡志明小徑（Ho Chi Minh trail）向南挺進的北越機動部隊的任務，那個地段正好與寮國邊界臨近。AC-130A是一種大型的空中砲艇，由洛克希德C-130大力神改裝而成，這種運輸機能夠慢速飛行，現在仍是美國空軍編隊中的重要部分。最近它還在索馬利亞參與過軍事行動。機上裝載了電腦和雷達系統，通常可以承載十五名機組員，帶有電子撞針的機槍和航炮可以向下發動槍林彈雨的毀滅性攻擊，覆蓋區域大而精確。

但是這一天，運輸機被來自地面的對空炮火擊中，燃油開始向機艙內部洩漏，把機上人員和滿載的彈藥都浸濕了。一名倖存者後來回憶起燃油在這注定毀滅的機艙裡流動，他們在這高度易燃的液體裡行走的情景。駕駛員拚命地想將飛機駛往泰國的安全地帶，但是很快就意識到情況已經到了絕望的地步。他自己留在駕駛艙內，勇敢地命令其他機組員向機艙尾部集合，並且開啟這架大力神的後艙門。那天一共有十六個人登機，飛機多載了一個人。

其他機組員陸續向機尾集結，準備跳傘逃生，此時飛機顛簸了一下，失控旋轉起來。突然間油料爆燃，兩個人被爆炸轟出了機尾，所幸安全降落在下面的叢林裡，並被隨後趕到的搜救隊送往泰國的安全地帶。他們是僅有的倖存者。人們相信另外十四個人，包括駕駛員湯瑪斯．泰米爾．哈特三世（Thomas Trammell Hart III）中校在內，都隨著AC-130A急墜叢林的巨大衝擊，以及機上裝載的數千發彈藥所引發的爆炸中喪生。

大約一天之後，當地的友軍在叢林裡發現了一條手臂，並將其送往美軍有關部門，經過指紋鑑定，確認為運輸機上的機組員之一。當時他就被確認陣亡了。其他人則被列為「任務中失蹤」。

一九八五年，我接到哈特中校遺孀的電話。她告訴我，她正積極參與一個叫做家庭聯盟的互助組織，該組織致力於尋找在任務中失蹤的親人下落。這位剛毅的女性並不滿足於官方提出的報告，曾親自前往寮國的墜機現場察看。不僅如此，她還在地上撿到了骨頭碎片，並把它們交給美軍相關部門。後來，CILHI的隊伍和寮國的一個小組合作挖掘墜機地點，找到了罹難者的遺體，但是她坦承自己對CILHI實驗室和他們的人員毫無信心。此時，CILHI尚未對任何巴色空難的遺骸進行鑑定，即便如此，哈特夫人仍抱持著懷疑態度。她並不打算接受CILHI做出的關於她丈夫遺骸的結論。她想尋求獨立鑑定。我在科羅拉多州的一個同事麥可．查尼醫生（Dr. Michael Charney）對她提到我的名字，她因此來徵詢我的意見。她希望我親自鑑定那些據稱屬於她丈夫的遺骸。

我表示我會的。她問我要收多少錢。我說，幫助一個軍屬我分文不取。不幸的是，那個夏天我必須前往中國進行一系列關於空難遇難者身分鑑定的講座。回到美國後，我發現CILHI確實把一組遺骸鑑定為哈特陸軍中校。由於我不在國內，哈特夫人便找了查尼醫生進行二次鑑定。

查尼毫不掩飾他與軍隊官方對哈特陸軍中校遺骸鑑定的歧異。在接受新聞媒體採訪時，他指責CILHI使用「巫毒科學」來鑑定這些遺骸。巴色案受到了廣泛關注，以至於一九八五年十二月我又接到一通電話，這次來電者是法醫人類學界最傑出的人物之一，馬里蘭大學教授艾理斯・克里博士（Dr. Ellis Kerley），他在業界可謂聲望卓著。

克里問我是否願意加入他正在組建的法醫人類學家三人研究組，這是美國軍方要求他組建的，目的是考察和評估CILHI的工作。我同意了，但同時我也建議克里，與其再找第三名人類學家，不如找一名法醫齒科學家。我們目前最需要的是一名法醫齒科學家。在辨別人類遺骸的過程裡，牙齒有著至關重要的作用。克里隨即邀請了來自紐約的一位享譽世界的法醫齒科學家羅威爾・列汶教授，我們都收到了美國陸軍發出的出訪實驗室的邀請函。艾理斯需要根據我們的發現寫出一份無須保密的總結。於是我們就飛赴夏威夷了。

科學有時是非常殘酷的，它揭示的事實會帶給當事人深深的傷害。艾理斯・克里在抵達夏威夷、進入CILHI實驗室後不久，就發現自己陷入了一個兩難的境地。他被叫去評鑑自己一個老朋友的工作，他叫古江忠雄，是一個經驗豐富、誠實正直的日本科學家。古江在二戰即將結束的時候被選為一名神風特攻隊成員，如果不是因為美國在廣島和長崎投下了原子彈使戰爭迅速結束，他本來是會爬上飛機把自己當成人肉炸彈，以生命效忠天皇的。

戰後，古江在東京上了大學，在學期間他就受聘於美國軍方設立在日本的實驗室，協助鑑定在戰爭中陣亡的美軍士兵身分。法醫人類學界許多鼎鼎有名的人物都參與過這項工作，包括我的老師湯姆．麥肯，還有著名的解剖學和骨骼學權威米爾德麗德．特羅特，以及T．戴爾．史都華，他是史密森尼學會自然歷史博物館身體人類學分館的館長，多年來一直協助聯邦調查局和其他政府機構進行人類遺骸的識別工作。艾理斯也曾於韓戰期間在東京的實驗室工作過。就是在前往日本的船上，艾理斯遇到了自己未來的妻子瑪麗，當時她正隨美軍慰問團訪問。兩人在日本舉行婚禮時，古江忠雄是艾理斯的伴郎。

美國陸軍在日本的實驗室關閉後，古江留在了日本。他不時為其他屍檢機構服務，只要有需要他就去。那些日子中央遺體識別實驗室還未成立。越戰初期，所有罹難軍人的身分確認工作都分別在不同的屍檢機構進行。直到戰事趨於深入，中央遺體識別實驗室才在泰國建立。一九七〇年實驗室移至檀香山時，古江才首次做為一名人類學家被日本之外的機構僱用。

現在，艾理斯．克里發現自己處於一個微妙的位置，他需要評估一個在自己婚禮上陪伴在側的人的工作表現。艾理斯發現這個位置非常折磨人。他是一個你所能見過最溫和的人。我能想像他對一個沒有通過考試的學生說：「好吧，史密斯先生，在這次考試中，你真的沒能發揮你應有的水準，所以我們不得不請你重新修讀這門課程。」他從不會粗暴地說：「你被當掉了。」艾理斯是一個行事審慎的人，他會盡最大的努力去體諒別人的感受。

我們一九八五年到訪時，實驗室由兩棟建築組成。其中一棟兩層高的煤渣空心磚造建築是行政樓，隔壁一棟單層的倉庫式建築是由波紋棉狀建材（八成是石棉瓦）建造的，內部裝修得很好。古江有間很大的辦公室，在實驗室的一隅，被X光室隔開。X光室的外牆並無特殊防護，裡面放置著一台牙科X光機。這也是實驗室裡唯一一台放射照相設備。

實驗室裡所有的人類學研究設備都是古江的私人物品，包括整個參考書庫——裡面多數書籍都是日語的。實驗室的攝影設備非常匱乏，以至於每當古江想要進行樣本存檔時，他就用自己的相機，自己買來的膠捲，並且通常自己掏錢沖洗照片。因此，實驗室存檔的照片從法律上來說甚至根本不屬於政府物品。它們是古江的私人物品。樓房裡連熱水器都沒有。

實驗室的一頭被分隔成一間紀錄室，存放著所有失蹤者的醫療檔案。那裡還存放著CILHI成立之前，在各地的驗屍所被驗證身分的每一位東南亞戰場陣亡士兵的簡略版驗屍紀錄。

我們在實驗室的時間只有兩半天，所以得抓緊時間工作。我們的工作重心自然是放在巴色案件上，將它做為一個評估實驗室近期工作的比較方便的檢材。畢竟，因為哈特上校遺孀的質疑而引起官方關注的正是這件案子。時間一分一秒地過去，我們三人圍坐在桌前，閱讀案卷和筆記，一種不妙的感覺逐漸形成並在我們之間散播籠罩。我們不得不冷酷無情地達成一個痛苦的結論：古江對於巴色遺骸的一些鑑定結論顯然根本說不通。

一九八五年夏初，CILHI宣布透過鑑定在寮國飛機失事現場找到的骨頭和牙齒碎片，十三位失蹤士兵的身分均一一得到了確認。全部機組人員的身分都被確定了。古江不無自豪地告訴我們，在失事現場找到了大約五萬塊骨頭和牙齒的碎片。那些碎片，連同哈特夫人找到的，都是他和助手分析過的。他們把有可能用於身分辨認的所有碎片都區分出來了。當我們查看他拍攝的影像紀錄時，我們開始發覺，很多鑑定結論是基於非常少量的證據做出的，可供檢查的骨骼碎片嚴重不足。即使有更多的完整骸骨可供使用，也還有一些其他方面的重大困難。

忠雄和他的助手試圖把巴色案的遺骸按照年齡和身高區分成不同的群組。不幸的是，這個案件中，所有的機組人員都是白種人，他們都是男性，絕大多數都很年輕。他們的年齡介於十九到四十一歲。在有些個案中，整組遺骸裡一顆牙齒都沒有。有一組遺骸僅有一塊肩部的骨骼碎片。任何基於如此少的樣本數量所做出的鑑定結果，又沒有像是DNA比對結果做為輔助證據，不可能令人信服。

我們在評鑑報告中表示，巴色案件中只有五組遺骸的鑑定結論可以根據牙科證據被證實為有效。這與古江和他的助手宣稱的十三組遺骸均獲得確認的結果相去甚遠。

忠雄已經去世了，所以我可以在不傷及他自尊的前提下評價他。他是一個具有強烈自尊心的人，他給自己設定了一個無法實現的目標：盡可能讓越戰中失蹤的每個士兵身分都得到確認。「盡可能地確認」這個詞彙，從對越關係正常化的反對者們口中經常聽到，這是絕對不可能實現的，它卻成了古江忠雄確確實實在追求的目標。最終，這個不可能達到的完美標準導致了他的毀滅。他開始變得痴迷於鑑定的過程，以至於會在不可能有確切答案的情況下，也做出鑑定結論。他完全是一個紳士，在個人生活中嚴守道德規範，是我見過最有教養的人之一。但是我覺得，他深受單獨在實驗室工作形成的「智力孤立」之苦。軍方鑑定過程因其嚴格保密的性質，嚴禁自由討論。忠雄無法和學生們以及業內同行交流，獨自在距離美國本土幾千哩外的實驗室裡埋頭工作，他完全地從學術上隔絕了自己。

我們不無痛苦地通知美國國防部CILHI實驗室需要進行整頓改革。我們三人返回美國本土，遞交了我們的報告。艾理斯自己並沒有準備最終報告，而是把我們三人獨立的評估報告分別遞交了上去。我的報告或許是其中對實驗室評價最低的，並且由於這些檔案並沒有被保密，所以一九八六年它們被公之於眾的時候，引起了很大反響。美國廣播公司（ABC）的一檔電視新聞雜誌節目《20/20》製作了一期關於CILHI實驗室的專輯，這讓國防部非常不滿。把責任怪罪在報信者身上是人之常情。每個在軍隊待過的人都知道這種不愉快會如何向下蔓延。

我們對於CILHI的誠實評估立即得到了回擊，白宮國家安全委員會的某位成員對我們進行了猛烈的、帶有人身攻擊性質的訓斥——這位官員是奧利佛・諾斯（Oliver North）陸軍中校的一名副手，他的名字我並不想提起了。這場難忘的高分貝激烈演說就發生在我以為整個CILHI事件已經平息下去的時候。這場訓斥讓人厭煩地持續了四個小時，發生在一天晚上，在白宮旁邊的行政辦公大樓中的某個房間裡，隔壁就是伊朗軍售醜聞的相關文件被認真地粉碎成紙屑的地方。這位官員大聲對我們的結論表示抗議。我們打開了潘朵拉的盒子，造成了無盡的災禍！我被指責毀掉了忠雄的生活，打消他繼續活下去的願望，他甚至指責是我導致忠雄罹患肝癌並正為此受盡病痛折磨！我在太平間裡見過各種讓人煩心的景象，但是面前這個距離權力頂峰只有幾百碼之遙的暴怒中校比一具慘不忍睹的屍體更加讓我厭煩。這個毫無邏輯的男人真的在掌管我們國家的安全事務嗎？我為這場嚴酷的折磨憤怒和顫抖。

讓人欣慰的是，軍方其他人士並不認同中校的觀點。一九八六年年初，我受邀在美國國會的退伍軍人事務委員會聽證會上作證。我作證完畢後，代表軍方作證的約翰・克勞斯比（John Crosby）少將邀請我在五角大廈共進午餐。克勞斯比是個卓越的人物，精力充沛，不怒自威。我誠懇地告訴他，CILHI內部的任何問題都可以解決，只要我們精誠合作，而不是各自為政。克勞斯比少將對此表示同意，在接下去的幾個月裡，我們非常欣慰地看到，我們提出的對CILHI進行改革的舉措都被一一付諸執行了。

臨近一九八六年年末，克勞斯比少將邀請我們重訪實驗室，進行一次後續訪問。很快地，我們三人和軍方達成協議，審核所有經實驗室確認過的東南亞戰場上的罹難者。這個審核過程一直持續到今天。艾理斯・克里後來擔任了幾年實驗室主任，但是現在他退休了，居住在夏威夷。現在的CILHI還有幾位非軍方的顧問。羅威爾和我是最活躍的，但是也有其他一些人不太頻繁地監督著實驗室的事務。對古江忠雄的安排也很妥善。他仍然保有實驗室高級人類學家的職位，但是他的角色變得愈來愈趨近於顧問。幾年後他就去世了。

現在我每年訪問CILHI兩次。在審核每一件身分鑑定結論之外，我的同事和我也會討論CILHI的人員需求，職員、設備的改進等問題。很多時候，我們會聚在一副遺骸前面，提出為了能夠識別他們，我們還可以做些什麼的建議。其他時候，我們充當魔鬼代言人，挑戰年齡估算和其他結論的依據。輕鬆的氛圍和自由的辯論使每一個案件都更加可靠和可信。

對於失蹤軍人的搜尋工作並沒有在CILHI實驗室門口止步。年復一年，你會發現CILHI派出的隊伍在現場認真地搜尋和挖掘我們失蹤將士的遺骸。在新幾內亞的熱帶叢林裡，你會看到他們搜查二戰留下的幾百個墜機現場。在韓國的群山和水泊間，忙著找尋一些早已被遺忘的戰役所留下的陣亡士兵，他們被後來返回現場的村民匆匆掩埋，現在我們從那些淺淺的墓穴裡找回他們的遺骸。在河內附近有一個由美國政府運營的全天候搜查辦公室。考察隊仍然在越南境內從南到北仔細地搜尋，在寮國和柬埔寨也是如此。在這些地方，人類學家和軍方調查員都穿著便裝，因為越南人不允許他們在鄉間穿著美軍制服。他們的工作可能相當危險。實驗室裡有些人會佩戴著紫心勳章，由於幾年前的搜救行動中負傷而獲頒發。最近，一支CILHI的隊伍還在柬埔寨遭到了赤柬游擊隊的襲擊。朝鮮最近開始陸續把四十年前那場衝突中的美軍士兵遺骸交還給美國，這些遺骸同樣需要確定身分。

不幸的是，巴色案件以混亂收場。對於沒有確認身分的遺骸仍有很多存疑。一九八六年，在我做出對CILHI實驗室的評鑑報告之後，但在和軍方簽約繼續監督實驗室的工作之前，哈特夫人請我再次檢查她丈夫的遺骸，我同意了。

遺骸被放置在一個標準尺寸的靈柩裡，由軍方護送到我在蓋恩斯維爾的實驗室。打開打磨得光滑的靈柩棺蓋，裡面是七塊非常細小的骨頭。我對每一塊骨頭做出詳細的描述，並且在年齡、體重、身高上做出可以獲得的結論。陸軍部隨即請艾理斯・克里審核哈特案件，連同科羅拉多州的查尼醫生以及我本人從佛羅里達州出具的獨立報告。根據這些證據，艾理斯建議，對於陸軍中校哈特的身分確認應該被撤銷。後來，另一具遺骸的身分確認也被撤銷了。

有關這兩個被撤銷的身分鑑定結論，很重要的一點必須說明：身分確認被撤銷這個事實表明，做出這些身分確認時所依靠的現有證據在後來被參與審核的科學家集體認為是不充足的。換句話說，這兩個案件中的證據並不能達到形成科學確認所需的合理級別。但是我希望大家能夠清楚地了解，在這些案件裡並沒有任何錯誤辨識的發現，同時也絕對沒有任何證據可以支持這種指證。

哈特夫人狀告政府並且獲得大約五十萬美元的賠償；但是政府上訴並最終贏得了官司。這位執著的遺孀發自內心的疑慮導致了對於CILHI的徹底改革，但是她無法在法庭上證明，在非常有限的證據支持下，CILHI對於她丈夫遺骸過於自信的鑑定和確認，如她在起訴書中所指，是「蓄意並且惡意的」。另一個家庭有個兒子在巴色事件之後也獲得了身分確認，他們非常憤怒，不屑於接受他的遺骸，而把它們送給了查尼醫生。查尼醫生後來就用這些遺骸做為課堂示範，展示在美軍身分確認工作中所需要的證據。

這些苦澀的後果很生動地表現出這個問題是多麼讓人痛苦和煩惱，而它所波及的每一個家庭的反應又是多麼不同。有些家庭希望把這件事徹底地忘記，另一些則因為無法報仇而夜不成眠。我非常注意避免與這些家屬聯繫。他們的感情會影響我的客觀性，而且說實話，我不想告訴他們那些骨頭對我講述的他們所受暴力折磨的故事。在這裡，我並不想多說，除去大家都已經知道的：戰爭中的死亡並不總是快速、乾脆、毫無痛苦，而我們的士兵陣亡後，屍體有時候還會被摧殘。這些我們都在電視上看到過，最近是在一九九三年十月，在索馬利亞摩加迪休（Mogadishu）的街道上。

我初次訪問CILHI的時候——當時我覺得那也會是唯一一次——我溜出去幾分鐘辦了點私事。我太太有個大學室友，她的哥哥是空軍飛行員，參加了越戰。最後飛機墜毀陣亡。但是他的屍體被找到了。利用我可以自由出入實驗室的便利，臨走前我要求查看那個年輕人的死亡報告。讓我欣慰的是，我發現那個年輕人的身分是藉由牙科紀錄和指紋確認的。當我合上案卷的時候，我知道，如果我太太的那個室友有天問起這個讓人難過的問題，我可以放心地告訴她，對於她哥哥的身分確認，絕對沒有任何問題。

CILHI以及失蹤士兵的整套身分確認流程的未來會往何處去？隨著時間的流逝，被找到的骨骼碎片會愈變愈小，牙齒也會愈來愈少。因此，身分確定顯然也會變得愈來愈困難。不難預見的是，在不久的將來，CILHI會依靠DNA分析來確認這些遺骸，而不再需要經過對於細小骨骼碎片的體質學檢查這個極其漫長的過程。藉由提取遺骸中的DNA與罹難者家屬的DNA進行比對，身分可以毫無疑問地被確認，時間只需要幾週，而不是幾年。

我必須趕緊補充一句，CILHI目前還沒有進行這類DNA比對的能力，至少還不足以應付為所有越戰士兵遺骸都做出結論的規模，就更別提韓戰遺留下來的更久遠、更破碎的骸骨了。目前，這個任務就算集合全美DNA實驗室的能力都無法達成。因此，我應該期待見到CILHI早日建立起自己的DNA實驗室，專門用來處理關於失蹤士兵身分的確認工作。這所費不貲。但是與投在越戰上的資金相比，這筆金額其實真的不多。

在華盛頓特區著名的越戰紀念碑上，我看到過巴色機組人員的名字。對我和很多參觀者來說，這面牆都讓人深深感動。但是當我訪問阿靈頓國家公墓，看到越戰無名士兵墓時，也同樣被深深地感動了。我的朋友古江忠雄直到他生命的最後時刻還在惋惜，這些遺骸過早地離開他照管的實驗室，被送往華盛頓安葬了。

我記得忠雄無奈地搖著頭告訴我：「如果他們能再多給我一點時間！我本來可以確認他的身分的！」忠雄的靈魂是永不屈服的。他能夠讓這個無名士兵找回名字嗎？你只能自問。現在，那無名的鬥士已經沉睡於厚重的大理石板的守衛之中了。

13 被錯放的征服者
The Misplaced Conquistador

皮薩羅倉皇間無法調整好胸甲的扣栓，遂將之扔在一旁，一隻手臂以斗篷包裹，另一隻手握緊他的劍，跳過來援助他的兄弟。但是太遲了，阿爾坎塔拉因為流血過多，身體搖晃了起來，旋即倒臥在地。皮薩羅奔向這些入侵者，像從巢穴裡衝出來的獅子一樣，他反擊得如此神速有力，好像年齡並沒有使他的動作變得遲鈍。「叛徒！」他喊道，「你們竟敢到我家裡來刺殺我！」

——威廉・希克林・普雷斯科特（William Hickling Prescott），《祕魯征服史》（*History of the Conquest of Peru*），第五章第四節

法蘭西斯科・皮薩羅一生與劍為伍，最終也死於劍下。當刺客的長劍刺穿他的咽喉時，他們結束的是一個充滿奮鬥與抗爭的生命。一個剛出生就被拋棄的私生子，一個目不識丁的養豬人，他來到南美洲，憑著意志力推翻了世界上最偉大的帝國之一。他讓自己、他的家人和西班牙國王過著夢寐以求的奢華生活。在逆境中不屈不撓，在勝利中冷酷無情，皮薩羅和他的跟隨者徹底地摧毀了印加文明。印加文明遭毀壞的遺蹟仍讓我們目不暇給；那巨大的石牆、黃金面具和不可思議的象形文字是如此非凡，仿佛

並不屬於這個地球一般。然而，到了要分享這價值幾乎無法估量的戰利品的時刻，皮薩羅和他的同夥陷入了一場血戰中。在他手中的權力達到頂峰之際，這位征服了祕魯的軍閥遭到暗殺。

多虧了新西班牙忠實的編年史家，讓我們對一五四一年皮薩羅遇刺案的了解就跟對本世紀許多政治謀殺案的了解幾乎一樣多。由於西班牙文明在被征服的土地上有著特殊的延續性，我們幾乎可以逐年追蹤關於皮薩羅遺骸的故事。

我曾經把這個罪人的頭骨捧在手裡。皮薩羅遺骸上仍清晰可見傷痕，令人驚愕地見證著襲擊者的憤怒。現代的凶手可以隨意使用威力驚人的槍枝武器，刺殺皮薩羅的人僅是揮舞著劍，然而鋼刃對人體骨骼所能造成的傷害，都在皮薩羅身上一覽無遺。他被殘暴地殺害，痛苦地死去，正如他骨頭上的多處缺口和殘跡所證實的那樣。從傷口的殘忍程度來看，他所受的折磨並不亞於我檢驗過的幾個現代謀殺案受害者。

往事有著強大的魔力。每當觸摸到幾百年甚至幾千年前的人類文物時，我們就像是穿越了時間的阻隔，和我們同類的兄弟對視。一不小心，我們就會陷入對於往事的冥想，沉浸在那些早已消失的落日餘暉之中。我見過一些沉著冷靜、善於分析、頭腦清晰的同事，特別是我的考古學家朋友，突然間會因為一小塊陶器碎片而激動不已，幾乎被那不過是古代人類的物質呈現徹底征服。「沒想到吧！」他們會用急切的聲音說，「這就是曾經屬於誰的某某物品！」

我羨慕他們擁有這第二種視角，這種能夠浮想聯翩的能力；但是我不能沉浸在同樣的情緒中。我曾經受邀到偏遠的國家去檢驗年代相當久遠的遺骸，並且處理一些具有特殊歷史意義的文物，但是我不允許自己在那些場合有展開時間旅行的奢侈。我必須分秒必爭。工作必須要完成。準確性才是一切。就像伊拉克入侵科威特後的緊急時刻，柴契爾夫人告誡小布希說：「喬治，現在不是搖擺不定的時候！」在這些時候，我更加擔心的是電壓和轉接器，我們的設備能否正常運作，我們是否帶了足夠的膠捲和儀器，是否有足夠的備用零件能應付突發狀況。我沒有時間懷想過往歷史的偉大和消逝的榮光。我無法躊躇不前。

然而，當我回顧這件被錯放的征服者法蘭西斯科・皮薩羅的案子時，我對於散落的線索是如何齊整地各自歸位，以及遺骸又是如何嚴絲合縫地和歷史紀錄相互吻合感到震驚。皮薩羅是我處理過的第一批真正著名的遺骨，對他進行死因調查也標誌著我首次涉足有關歷史的法醫人類學領域。我和幾位同事一起揭穿了一具冒名頂替的木乃伊，它多年以來一直做為征服者的遺體被展示和敬仰。同時，我協助確認了另外一組骨骼遺骸才是真正屬於那個幫助西班牙征服祕魯的人。根據真實的頭骨仔細重建的面部特徵，提供了我們皮薩羅生前的合理畫像。經過確認的骸骨被安放在利馬主教座堂內，一個身分錯認的案件最終圓滿地解決了。

有一段時間，每個小學生都知道法蘭西斯科・皮薩羅的豐功偉績，這個來自西班牙特魯希略（Trujillo）、靠自我奮鬥起家的雇傭兵，跟隨著率領一隊歐洲人首次看見太平洋的探險家巴斯寇・努涅茲・德・巴爾柏（Vasco Nuñez de Balboa）來到了巴拿馬。五十歲那年，在當時已算是個老人的皮薩羅，開始了征服祕魯的征程。這場征途在一五三二年來到了高潮，他帶著六十七匹馬和僅有的一百一十名士兵深入祕魯內陸卡加馬卡（Cajamarca），其中不到二十名士兵配有武器，而所謂的武器也不過是弩弓和鉤銃。印加國王阿塔瓦爾帕（Atahualpa）雖然率領了四到五萬名士兵所組成的軍隊在那裡等著，但他最終被自己的優柔寡斷所害。阿塔瓦爾帕允許皮薩羅占領卡哈馬卡的城堡，並且和他的印加軍隊一起在下方的平原上紮營。印加領袖被邀請去談判，只帶了幾百名隨從就進入了城堡。在那裡，他被皮薩羅的手下伏擊並且俘虜，這些手下還屠殺了印加國王的臣僕，強暴了他的妃子。一夜之間，幾乎是一擊之下，印加帝國被顛覆，印加國王成了階下囚。

然後，就是那個著名的黃金屋的傳說了。為了保住性命和重獲自由，阿塔瓦爾帕願意用黃金填滿一間二十二呎長、十七呎寬、七呎高的房間。皮薩羅同意了，但是同時要求把隔壁一間稍小的房間用白銀裝滿兩次。

五個月後，儘管總共累積了一百三十二萬六千五百三十九枚金比索，那個稍大的房間還是沒有裝滿。五分之一的財寶被送回西班牙，其餘的則由皮薩羅和他的手下瓜分。當黃金被瓜分完畢後，阿塔瓦爾帕對於皮薩羅就沒有任何利用價值了。為了除掉他，皮薩羅主導了一場審判，捏造阿塔瓦爾帕犯下叛變、貪污、通姦和崇拜偶像等罪名。他被判有罪，於一五三三年七月十六日的日落兩小時後，處以火刑。為了免受這種極其殘酷的刑罰，阿塔瓦爾帕只能透過「皈依」天主教，並且受洗成為「法蘭西斯科・阿塔瓦爾帕」（Francisco Atahualpa）。皮薩羅後來就用絞刑處死了這位印加國王。

西班牙人繼續蹂躪印加帝國，並且瓜分它的寶藏。皮薩羅扶植了一個名叫圖帕克（Toparca）的傀儡國王，此人後來神祕地死去。阿塔瓦爾帕旗下最驍勇善戰的將軍查爾庫奇馬（Challcuchima）遭火刑處死。最後一支印加軍隊，由一名叫做基斯基斯（Quizquiz）的將軍所率領，被皮薩羅的一個勁敵，獨眼老兵迭戈．德．阿爾馬格羅（Diego de Almagro）徹底摧毀。一五三三年十一月十五日，印加帝國首都庫斯科（Cuzco）淪陷。隨之而來的是價值超過五十萬比索的黃金遭劫。大獲全勝的征服者大肆掃蕩這片土地，在印加人修築的公路上行軍，同時屠殺民眾，沒收農作物，掠奪寺廟，並導致農田和灌溉系統淪為片片廢墟。西班牙征服者在祕魯肆無忌憚的暴行，至今仍然讓人感到恐懼和感傷。

由於皮薩羅和他的同袍奪走了大量的戰利品，可以理解，阿爾馬格羅和他的手下自然感到憤憤難平。皮薩羅把征服智利的任務給了阿爾馬格羅，這名老兵出征了，希望能夠複製皮薩羅的勝利模式。但是和祕魯相比，智利根本沒有那麼多的財富。阿爾馬格羅和他的手下歷經了兩年鏖戰，卻空手而歸，對於已經坐擁印加帝國所有財富的皮薩羅和他的同袍怒不可遏。經過一連串的衝突和交戰之後，一五三八年四月二十六日，阿爾馬格羅在拉斯薩利納斯（Las Salinas）被擊敗，並在皮薩羅的兄弟赫爾南多（Hernando）的命令下以絞刑處死。後來，皮薩羅甚至剝奪了阿爾馬格羅兒子的領地，讓這名年輕人和他的追隨者囊空如洗，滿腔仇恨。此時，皮薩羅已是祕魯的總督，在他一五三五年興建的利馬城執政。

小阿爾馬格羅和他的支持者密謀於一五四一年六月二十六日

的彌撒儀式上殺死皮薩羅。其中一名謀反者在向神父懺悔時，低聲講述這個陰謀。神父遂違背了聆聽懺悔的保密義務，把這個危險的消息告訴了皮薩羅。皮薩羅似乎對此很不以為然，但為了謹慎起見，他在那個星期天稱病，並未出席彌撒儀式。皮薩羅把刺殺陰謀告訴了副市長胡安・貝拉斯奎茲（Juan Belásquez），後者向總督保證，只要「正義之杖」還掌握在自己的手裡，皮薩羅就是安全的。有了這些保證，皮薩羅放心地與大約二十名賓客一起圍坐在桌前共進週日晚餐，賓客中包括他同父異母的兄弟法蘭西斯科・馬丁・德・阿爾坎塔拉（Francisco Martín de Alcántara）、貝拉斯奎茲和其他騎士。

那是他最後的晚餐。當他還坐在餐桌旁時，總督府外傳來一陣騷動。謀反者已經衝破總督官邸外的武器廣場（Plaza de Armas），高喊著刺殺的口號。關於他們的人數有些混亂：有說法稱只有七個人，有的說多達二十五人。皮薩羅冷靜地下令把總督府的大門鎖上。被派去執行此任務的軍官叫法蘭西斯科・胡爾塔多・德・埃維亞（Francisco Hurtado de Hevia），他很不明智地選擇半開著門和入侵者談判。謀反者叫嚷著從半開的門衝了進來。聽到騷動，皮薩羅晚宴上的賓客大多扔下他立即逃跑，其中包括大言不慚的貝拉斯奎茲，他爬到樓下的花園裡面，只顧著氣喘吁吁。

此時，皮薩羅開始了最後的戰鬥。他試圖扣上他的盔甲護胸，但是笨重的皮帶無法及時繫緊。他放下盔甲，抓起一件斗篷披在左臂上做為防禦，便去迎戰那些已經在和阿爾坎塔拉以及三四個忠臣交戰的叛軍。

由於有幾名謀反者在酷刑中活了下來，我們或多或少地知道接下來發生了什麼事：皮薩羅加入戰鬥之際，他的保衛者大多已經陣亡或在垂死邊緣，包括阿爾坎塔拉。於是，這位強悍的老戰士一邊嘲弄他的對手，一邊出手殺掉至少兩名叛軍。當他把劍刺向第三人時，站在這名叛軍身後的人將這個瀕死之人向前猛推，深深送入皮薩羅的劍中。當皮薩羅掙扎著試圖把刀口拔出時，他的喉嚨中了一劍。他倒在地上，血流不止，其餘的叛軍迅速圍攏上來，用刀刃對他猛刺。他也許還被一隻弩箭射中了。據稱，他垂死時曾經要過水喝，一個叫巴拉岡（Barragan）的士兵在他的頭頂上打破了一個水罐，並告訴他，下次喝水就會是在地獄裡了。

「他和他們爭戰甚久，最後筋疲力盡，他的劍從手中脫落，然後他們用一柄長劍刺穿他的喉嚨：當他倒在地上，大勢已去時，他哀求上帝憐憫，在地上畫了一個十字架並親吻了它，便嚥下最後一口氣。」當代史學家加爾西拉索・德・拉・維加（Garcilaso de la Vega）在他的著作《皇家評論》（*Royal Commentaries*）中寫道。

如同幾個世紀前刺殺凱撒大帝的凶手一樣，這些勝利的謀反者都將他們的劍尖蘸上皮薩羅的鮮血，以分享這個榮譽。有些人商量著要把皮薩羅的頭顱砍下，但最終遭到了否決。利馬因為這起刺殺事件爆發了一場暴動，神職人員試圖藉由在全城舉行聖體遊行加以平息。當晚，阿爾坎塔拉的妻子多娜・伊內斯・穆諾茲（Doña Inés Muñoz）將丈夫的遺體，還有皮薩羅的遺體，一起埋葬在面向武器廣場一側的大教堂後面。

但是，皮薩羅的遺體注定不會得到安息。一五四五年，在他去世四年後，開始了一系列的重葬和移葬：依照他的遺願，這位征服者的遺骨和佩劍被挖出來存放在一個木棺裡，置於利馬大教堂的主祭壇下。一五五一年，皮薩羅的女兒多娜·法蘭西斯科·皮薩羅·尤潘基（Doña Francisco Pizarro Yupanqui），和另一名親屬多娜·伊內斯·尤潘基·瓦伊拉斯（Doña Inés Yupanqui Huaylas）出資五千枚金幣，在大教堂內修建了一座特殊的小教堂用以安放皮薩羅的遺骨。此外，還捐贈了一些錢以確保對小教堂的永久照看。據教堂的記載，遺骨被放在一個覆蓋著黑色天鵝絨的木棺裡，上面以聖地牙哥的十字架裝飾。

與此同時，大教堂本身也在進行徹底翻修。一六〇六年七月四日，遺骨被移移入新落成的小教堂。一六〇九年，一場地震對小教堂造成了嚴重的損壞。一六二三至一六二九年的某個時間點，遺骨又被移回小教堂內。

一六六一年，曾有過一項對於祕魯第一位被封聖的人物聖托里比奧（St. Toribio）的遺骸確認工作。而與聖托里比奧相關的紀錄中，教堂的檔案提到了一個用棕色天鵝絨覆蓋的木棺，裡頭有個鉛盒，上面刻著：「這是法蘭西斯科·皮薩羅侯爵的頭骨，是他發現並征服了祕魯，並且將其納入卡斯提爾王國的統治之下。」兩個多世紀之後，這條銘文成為一項非常關鍵的證據。

一七四六年，大教堂於地震中再次受損。到了一七七八年，一座幾乎全新的大教堂在原址上落成。

一八九一年，時值皮薩羅逝世三百五十週年，一個科學家委員會首次被任命去檢查大教堂地窖內存放的一具保存完好的木乃伊，教堂的神職人員確認那就是皮薩羅的遺骸。需要說明的是，由於利馬位處高海拔地區，這具木乃伊是在乾燥氣候下自然形成的，與埃及木乃伊人工防腐的方式有所不同。

身分證明的來源是一個很重要的細節：調查人員對於神父和教堂看守人的證詞深信不疑。他們的證詞被認為是絕對可靠的。幾個世紀以來，這些神職人員一直小心翼翼地保存皮薩羅的遺體，並且一代一代地傳下去。當然，他們也不會搞錯！因此，調查人員於一八九一年開始進行檢查時，就已經對面前這具遺骸抱持著強烈的偏見。

一位美國人類學家W．J．麥基（W. J. McGee）當時在驗屍現場，他將過程完整地記錄下來，發表於《美國人類學家》期刊第七期第一卷（一八九四年一月）。這位學者對這具乾枯的屍體煞費苦心，把它由內而外鉅細靡遺地描述了一番。整整三頁的測量數據只是麥基記述的一部分。

讓調查人員感到吃驚的是，這具木乃伊沒有雙手，他的頭骨幾乎裸露在外，而身體的其他部位還覆蓋著乾枯的皮肉；儘管他是男性，卻不見生殖器；身體某些部位的軟組織有裂開的傷口；而且，他們認為那個有著突出下顎的粗重頭骨看起來像是罪犯的頭骨。頭骨上還有凹溝，當時被稱為「龍布羅梭之窩」（Fossa of Lombroso），這種說法源於一個著名的義大利犯罪學家。現在這種稀奇古怪的說法已經不被接受了。

「從下顎前突、顱骨的結構，枕骨部位的闊度及豐滿度，龍布羅梭之窩，以及所有其他重要的方面來判斷，這個頭顱都是當今典型犯罪者的頭顱。」麥基果斷地寫道。有趣的是，這個結論也被視為頭骨確實屬於皮薩羅的又一證明。只有野蠻人才能像他那樣血腥地征服祕魯。或者，正如麥基細膩地指出：「幾個世紀之前的英雄是粗暴的，過去的英雄主義在我們當今和諧的詞典裡和犯罪等同。所以，在他的時代，皮薩羅也許會被認為是優秀的，但是並不符合當今更高的人文主義道德標準。」

失蹤的雙手，被砍掉的生殖器和軟組織上的孔洞被歸咎於刺殺者的傑作。他們肯定在殺死皮薩羅之後，又損毀了他的屍體。腐敗會從皮膚被刺穿的地方發生。皮薩羅被刺中了喉嚨，從那個傷口開始，腐敗和蛆蟲一定侵入了頭骨，並且吞噬上面的皮肉。調查人員的結論是，這些遺骸確實屬於皮薩羅。木乃伊被祝禱之後，按照宗教儀式重新安葬，上面還有確認用的封蠟。皺縮的內臟被小心地收集起來放進玻璃瓶內，用軟木塞封好，放在棺材中。屍體周圍殘餘的衣服碎片也被仔細收集並包裹起來。至於文件共有一式三份，用來證明這確實是征服者遺骸。玻璃、大理石和青銅製成的華麗精美的石棺被用來存放這具驗明正身的木乃伊。多年來，有成千上萬的人從石棺前經過，滿懷敬意地凝視著。我第一次訪問利馬的時候，還看到人們跪在跟前默默祈禱。

如果不是因為那四名工人，情況也許就會永遠地持續下去。一九七七年的一個週五，四名工人在清理祭台下的地窖時，從地窖中央一個大的方形獨立式壁柱上拆下一些磚塊。在露出的凹槽內，他們看到了一個平坦、橫向排列的木板條。工人們沒有把這個發現告訴教堂的人。第二天，他們回來移走更多磚塊，露出了第二排木板。在這兩個地板之間，是兩個裝有人類遺骸的木棺。除了骨頭之外，其中一個木棺裡還放著一個鉛盒，盒蓋的四邊上刻著字：「這是法蘭西斯科·皮薩羅侯爵的頭骨」，開頭是這樣的，餘下的銘文，都與一六六一年教堂人員抄寫的一模一樣。

這是一個驚人的發現。在鉛盒蓋的中央有一個六葉草的圖案，有些人認為那是大衛星（Star of David；又稱六芒星）的隱諱象徵。皮薩羅生前和死後都有傳聞說他來自一個被迫皈依的猶太家庭。這朵神祕的六葉花是此次發現的迷人注腳。

工人們此時仍對他們的發現保持沉默。人們不禁猜想，如果盒子是純銀打造的，它很可能早就被偷走並且熔化，裡頭的東西也就永遠遺失了。但是，當他們摩擦金屬，發現那只不過是不值錢的鉛之後，便決定通知教會官員這個發現，並藉此邀功。當局立即找來祕魯著名的歷史學家雨果・魯德納博士（Dr. Hugo Ludeña）調查此事。魯德納接著又邀請其他學者加入：國際知名的祕魯醫生暨人類學家佩德羅・魏斯（Pedro Weiss），他收藏了許多迷人的印加人頭骨；以及兩位放射科醫生，奧斯卡・索托（Oscar Soto）和他妻子拉迪斯・索托（Ladis Soto）。

魯德納、魏斯和索托夫婦一致認為鉛盒裡的頭骨是皮薩羅的，但是他們的調查結果遭到其他祕魯學者的強烈質疑，這些學者堅持玻璃石棺中的木乃伊絕對是真的。於是，魯德納醫生找了羅伯特・班佛博士（Dr. Robert Benfer），他在密蘇里大學教授人類學，曾經參與挖掘許多史前的祕魯墓葬，魯德納請他協助檢查那些遺骸。鮑伯建議我倆一起合作，因為我有豐富的鑑定經驗。一九八四年初，我兩次前往利馬檢查那些骸骨；一九八四年七月四日，我們還參與了開啟石棺、移出木乃伊，以及在大教堂圖書館內進行檢查的工作。

在隱藏的壁龕裡發現的兩個木棺中，較大的一個，我們稱之為A棺，裡頭混合了幾具不同的骸骨：其中包括至少兩名兒童的遺骸、一名年長女性的遺骸、一名年長男性的頭骨和顱後骨架，以及另一名年長男性的無頭骨架。還有一把鏽蝕的殘劍。這口棺材裡襯著棕色天鵝絨的碎片，上面有一個十字架的痕跡。十字架早已消失不見，但是用來固定的釘子還在。釘子的成分裡含有一種罕見的金屬釩，很可能是由熔化的鋼劍製成的。

第二個木棺稱之為B棺，它被漆成了淺綠色，內部塗有一種紅色的灰泥。這裡頭也有人骨，還有刻有銘文的鉛盒，我們在鉛盒裡發現了一個頭骨。這個頭骨和另一個棺材中發現的那具無頭遺骸非常吻合。它的枕髁，也就是顱底和頸部相連的部分，與A棺那具骨骼最上面的椎骨完全一致。看來，這個頭骨的主人在死前失去了許多牙齒，包括他大部分的上臼齒、下顎的前齒以及臼齒。這具重聚在一起的骸骨屬於一名去世時至少六十歲的白人男性，根據他的長骨長度判斷，此人身高約為六十五到六十九吋。

（由於皮薩羅是個棄兒，他死時的年齡未有定論。現代歷史學家對此看法不一，有人認為他當時六十三歲，有人認為是六十五歲。）

當鮑伯和我開始仔細檢查頭骨和其他骨頭時，我們注意到傷口留下的清晰痕跡。死者頸部至少有四處被劍刺傷。其中一處，一把雙刃利器從右側進入頸部，在第一頸椎形成了缺口。劍刺的方向很清楚：它會刺穿右側的椎動脈。這是致命的一擊。第二個來自右側的刺入同樣致命：它切斷了部分椎骨，刀刃刺入時被施以巨大的力量。刺向脖子的第三劍則幾乎使脊髓裂開。第四劍穿過另一塊頸骨的椎骨開口，並且切穿了右側椎動脈。

鮑伯和我沿著脊柱向下繼續檢查軀幹時，我們看到了其他傷勢。第六胸椎清楚顯示出刀刃以十五度角向下刺入身體的刺傷痕跡。第二劍刺穿腹部，在第十二胸椎留下了痕跡。右側第九肋骨上也有切口，但是由於肋骨的皮層很脆弱，我們無法確定該切口是否是刺傷所造成的。總體來看，脊柱的發育情況帶有獨特的凹痕和突出，表明它屬於一個長壽且精力旺盛的男性。

骸骨的手臂和手上也有傷痕，也就是所謂的「防禦性傷口」，發生在受害者試圖用手保護自己的時候。右肱骨（即右上臂）被一柄利器斜向切斷。很可能是一把沉重的劍，而不是細長的劍，將我們面前這具屍骨變成殘廢。左拇指下方的第一掌骨上有兩道深深的切口。右手的第五掌骨被完全折斷，並沒有在棺材中找到。也許是皮薩羅被解除武裝時折斷的。

右尺骨有一個舊的骨折，顯示死者小時候曾經摔斷過手臂。腳跟的一些骨頭上有綠色的污跡，這與皮薩羅與一根摩爾式馬刺合葬的傳聞相符。綠色污跡有可能是馬刺形成的銅鏽。從附著肌肉的骨頭上隆起的相對大小來看，很明顯這個人是右撇子。很多關節部分呈現「唇形變」，這與關節炎有關。我們知道皮薩羅覺得騎馬是件痛苦的事情，他寧可步行。骨骼的尺寸表明它們屬於一個發育良好、健壯的男性。

下顎骨從頭骨上脫落，這是死後常見的現象。在下顎骨的邊緣，下巴的底部，有十一個細小的切痕，顯然是被鋒利的雙刃武器從不同方向造成的。這些痕跡之一與頸部一處較深的刺傷非常吻合，從而更有力地證明鉛盒中的頭骨確實屬於另一個棺材裡那組散落的骨架。這些刻痕表明死者或者被反覆刺穿頸部，或者更可能是一名襲擊者把劍刺入後，用劍刃抵住下顎骨，瞄準頸部和頭部反覆刺入，在這個過程中於下顎骨上留下許多的傷痕。

頭骨也有外傷的痕跡。在頭骨的右顴骨弓上有一處明顯的骨折或者傷口，顴骨弓是從頭部兩側的顴骨延伸出來的細長骨橋。這可能是劍刺造成的。另一處刺傷通過左眼窩，從眼眶的左壁穿出時在骨頭上留下了刺痕。一把長劍或者匕首從脖子刺入大腦，直抵顱骨基部的右側，然後劍鋒轉動之後又刺入了一回。顱骨基部左側的蝶骨呈現出另一組刺入的跡象。儘管經受了許多刺傷，但腦殼卻完好無損。鼻梁的頂部清楚顯示出一處骨折癒合的痕跡；骸骨的主人在他早年的暴力生涯中，曾經折斷過鼻梁。

總而言之，我面前的頭骨和骨頭顯然是一個遭受可怕的暴力而死的人的遺骸。襲擊者一次又一次地刺向他，把他們怒火集中在他的頭部和頸部。骨頭上至少有十一處由凶器造成的傷痕，可能多達十四處。除此之外，還有多達十四處不同部位的利刃傷，以及手部一處鈍力造成的骨折。有意思的是，大部分傷口都在身體的右側和頸部。這也是一個右手持劍的人通常會暴露於敵人面前的那一側。頸部所遭受到的非同尋常的傷害也與皮薩羅遇害的敘述相符。一些傷口的角度表明是在受害者倒地時造成的。手部和手臂上的防禦性傷口顯示受害者曾經徒勞地掙扎著，試圖抵擋刺向他的劍。他生前最後看到的場景一定很可怕：閃動的劍尖，來回起伏刺穿他的身體，他的頭顱，他的喉嚨和他的左眼。當死亡最終來臨時，一定是一種仁慈的解脫。

還需要說明的是，並不是每個刺傷都會在骨頭上留下痕跡。在我經手的一個現代案例中，被害者的皮膚上有二十四處不同的刺傷，但在他的骨骼上只留下了其中八處。因此，很有可能皮薩羅被刺傷的次數比他的骨頭透露的要多得多。

A棺中發現的其他骸骨均無法確認。那兩個小孩也許是皮薩羅的兒子胡安（Juan）和岡薩羅（Gonzalo），據說他們分別在四歲和十歲時去世。年齡稍大的孩子骨骼上的牙齒顯示他的年齡介於八到十一歲之間。年幼一些的那個孩子的骨骼和牙齒顯示他約莫兩歲左右。我們只能猜測那具女性遺骸也許屬於英勇戰死的阿爾坎塔拉忠貞的妻子多娜・伊內斯・穆諾茲。也許另外那具年長男性的遺骸就是阿爾坎塔拉本人。我們無法斷定。

傷口和裝有頭骨的鉛盒上的銘文清楚表明，我們處理的確實是皮薩羅的遺骸。還有一個問題就是：樓上玻璃棺材裡的木乃伊是誰？

鮑伯和我受邀進入富麗堂皇的大教堂圖書館，裡頭有精美的鑲板牆，裝幀典雅的皮革藏書，以及許多金銀製成的十字架和宗教畫作。在這輝煌的空間裡，一張桌子上躺著一具皮革似的木乃伊。它的皮膚摸起來油膩膩的，一隻乾癟的眼球深埋在毫無生氣的臉龐的一個陰暗凹處。它的頭部與身體在一八九一年分離，後來又被重新連接起來。

我們仔細地對木乃伊進行拍照和測量。儘管沒有生殖器，我們也很容易就能確定這是一名成年男性，身高一六五・五公分（大約五呎五吋）。骨骼形態相當柔弱，我們稱之為「纖細」：此人生前身體有點虛弱。腿上的皮膚有穿著長襪的痕跡，同時還有很久以前用來把腿綁在一起的繩子的痕跡。後背的皮膚上則有天鵝絨石棺襯墊留下的蝕刻痕跡。

木乃伊身上每一吋遺留下來的皮膚都被仔細地檢查，以尋找傷口的證據。什麼都沒有找到。裸露的骨骼也用各種放大仔細檢查。我們並未發現任何未癒合的骨折、缺口、劃痕或切口的痕跡。骨頭的狀態良好，如果有任何外傷造成的損傷都會很明顯。但是什麼也沒看見。

結論是無可辯駁的：我們遇到了冒名頂替者。躺在我們面前的不是一名戰士。他過著平靜的生活，然後平靜地死去。他很可能是一個教士，一個學者，或者政府裡的小職員，他的遺骸在征服者死後的幾個世紀裡，不知怎麼地與皮薩羅的遺骸混淆了。一八九一年的調查人員認為他的頭骨具有犯罪者的特徵，真是相當荒謬。所謂「龍布羅梭之窩」也不過如此，這幫庸醫們！

佛羅里達州自然歷史博物館的羅伯特·列維（Robert Levy）精心製作了一個皮薩羅的頭骨模型。根據這個模型，來自奧克拉荷馬州一家專業公司SKULLpture的貝蒂·帕特·加特里夫（Betty Pat Gatliff）得以依此塑造一尊法蘭西斯科·皮薩羅的泥塑半身像：一個面部寬大，像農夫一樣的粗獷男人。這尊半身像連同利馬鉛盒裡頭骨的模型一起被送到皮薩羅的故鄉，西班牙的特魯希略，放在當地克里亞修道院（Convent of La Coria）的博物館裡。

皮薩羅的遺骸被放在屬於它們的地方，大教堂的玻璃石棺內。我最後一次見到那具冒名頂替的木乃伊時，它卑微地躺在教堂地下室兩個鋸木架之間的一塊膠合板上，等待著被悄悄地埋葬在教堂內部。不管他是誰，他都沒什麼可抱怨的。近百年來，他一直沐浴在法蘭西斯科·皮薩羅的榮光下，成千上萬的朝聖者在他面前跪下，祈禱，虔誠膜拜。他死後所受到的敬意遠遠超過我們大多數人，一定會使他的靈魂在滿足中安息。榮耀終將逝去——死後也不例外。

14 砷與「精悍的大老粗」 Arsenic and "Old Rough and Ready"

鄧肯現在睡在他的墳墓裡；
經過了一場人生的熱病，他現在睡得好好的；
叛逆已經對他施過最狠毒的傷害，
再沒有刀劍、毒藥、內亂、外患，
可以加害於他了。
——莎士比亞，《馬克白》，第三幕第二場

華盛頓特區的夏天非常酷熱，一八五〇年七月四日這天，天氣熱得像是地獄一般。扎卡里．泰勒（Zachary Taylor）總統，美墨戰爭中布宜納威斯塔戰役（Battle of Buena Vista）的英雄，剛剛從烈日下的一場儀式返回，他在儀式上為華盛頓紀念碑奠基。他很疲倦，又餓又渴。他狼吞虎嚥地吃了許多生菜、新鮮櫻桃和冰牛奶。不久之後，看起來他吃下去的食物開始造反了。總統開始出現腸胃炎症狀，並且急性腹瀉，最後不得不臥床休息。五天之後，也就是七月九日，這位被同時代的人稱作「大老粗」的人死了。他享年六十六歲，才剛當上總統十六個月。

泰勒猝逝時，正值美國歷史上的一個關鍵時刻。如果泰勒還活著，以他性格力量很可能平息了席捲美國各地因奴隸制而醞釀的風暴，或者加速風暴的終結。泰勒也許會喚起他的南方同胞對於這個國家的責任心；但同樣有可能的是，他會用赤裸裸的暴力驅使他們採取絕望的行動。我們永遠不會知道。一頓消化不良的餐點把泰勒送進墳墓；留下的只有猜測和沉默。

一些歷史學家曾把扎卡里・泰勒稱作是他那個時代的德懷特・艾森豪（Dwight Eisenhower），因為他卓著的戰績；但是泰勒的性格暴躁、好鬥，與艾克那種平靜、克制的性格截然不同。泰勒是南方人，擁有大片的甘蔗園和棉花田，超過四百名奴隸在那裡勞動——他的女兒諾克斯（Knox），是後來成為美利堅聯盟國總統的傑佛遜・戴維斯（Jefferson Davis）的第一任妻子；他的兒子理查（Richard）是南北戰爭中的一名將軍——儘管如此，泰勒仍努力爭取承認加州和新墨西哥州為自由州，並且要脅會親自率領軍隊對抗任何不服從國會通過的法律的南方人。當兩名南方立法者亞歷山大・史蒂文斯（Alexander Stephens）和羅伯特・圖姆斯（Robert Toombs）告訴泰勒他背叛了南方時，總統怒氣衝天，他說要把所有的「叛徒」都絞死在聯盟，並且不會像在墨西哥絞死間諜和逃兵那樣感到內疚。就在泰勒病重前的前幾天，他下令加強新墨西哥州聖塔菲（Santa Fe）附近的駐軍，嚴防來自德克薩斯州支持奴隸制度的民兵襲擊。他是個強悍的人，對敵人絲毫不畏懼，願意為了維護美國這個國家的統一和完整而奮戰到底。

他的死標誌著奴隸制來到了一個重要的十字路口。他的繼任者米勒德・費爾摩（Millard Fillmore）竭力安撫那些泰勒所藐視的憤怒的南方人。新任總統悄悄地擱置了新墨西哥做為自由州的提案，轉而支持一項膠著的折衷法案，裡面包含各種討好對於奴隸制意見不一的雙方的讓步內容。內戰的爆發又被推遲了十年，當我們回望那場災難性的戰爭時，扎卡里・泰勒的故事，他短暫的總統任期與猝逝，漸漸地被遺忘。今天很少有學生能說出美國第十二任總統的名字。無所作為的米勒德・費爾摩都比布宜納威斯塔戰役頑強的英雄更加為人所知。

然而，泰勒的猝逝也一再地引起歷史愛好者不竭的興趣。六十六歲的他已經步入老年，但還遠未到風燭殘年。他的體格經受過墨西哥戰爭以及早些時候在佛羅里達與塞米諾爾人（Seminole Indians）交戰的嚴峻考驗。他對熱和渴並不陌生。伴隨著冰牛奶下肚的生菜和水果能殺死一個人嗎？一九二八和一九四〇年出版的相關書籍都提出泰勒遭支持奴隸制的陰謀者毒害的可能性。如果真是這樣，那麼泰勒，而不是亞伯拉罕・林肯（Abraham Lincoln），才是美國歷史上第一位被暗殺的總統。

一九九一年，我在佛羅里達自然歷史博物館的辦公室接待來訪的克萊爾・萊辛（Clare Rising）時，腦海裡還沒出現這些想法。萊辛是我們的校友：她在佛羅里達大學獲得了文學博士的學位，並且是以內戰為背景的獲獎歷史小說《野玫瑰的季節》（*Season of the Wild Rose*）的作者。她為這部小說收集資料的時候，偶然發現了泰勒一案，便自此深深著迷。她正著手撰寫關於泰勒的書。她描述了他的症狀，包括嘔吐、腹部痙攣、腹瀉和漸次虛弱，這些都是她從有關他死亡的現存資料中查到的。她問我，這些症狀有可能是中毒引起的嗎？

我告訴萊辛，我不是病理學家，但是從她描述的症狀來看，有可能是砷中毒引起的。

她說：「嗯，這能證明嗎？」我向她解釋，砷之類的金屬毒物會很快殘留在受害者的骨骼系統和頭髮內，倘若他們攝入毒物後存活了幾天的話。這些金屬物質會留在頭髮和骨頭裡，即使人死了也如此。

她問：「怎麼樣才能證明呢？」我告訴她，這很簡單，如果能夠接觸到遺骸，經過檢測就能證明是否有砷存在。

我逐漸發現，萊辛是一個極其執著又專一的人。起初，我對泰勒這件事不太感興趣，並試著引導她尋找業內我認為適合做這種檢驗的人。我建議她聯繫我的同事，史密森尼學會的道格．烏貝雷克（Doug Ubelaker）。我還建議她去美國軍方病理學研究中心（Armed Forces Institute of Pathology）的沃特．里德醫院（Walter Reed Hospital），或者陸軍醫學博物館（Armed Forces Medical Museum）。我提供她一些連絡人和電話號碼。

但這些都沒有用。萊辛不停地回來找我。她對扎卡里．泰勒有一種學術上的痴迷執著——「我的扎卡里」，她這般親切地稱呼——她把這次調查視為給一個被美國歷史遺忘的人物還以公平的方式。我沒有她那麼樂觀。而且，挖掘一位美國前總統遺骸的罪過令人有些望而生畏。我曾協助過許多挖掘工作，但從未有過如此非凡的歷史意義。我對這件事的技術層面毫不擔心。世上沒有一具屍體能嚇退我。我們死去的軀體在科學面前都是平等的。儘管如此，我還是能隱約預見這起案件會帶來多大的爭議，以及引來媒體的關注。事實證明，接續的發展比我所擔憂的還要嚴重得多！

結果，在她多次來訪的最後一次，萊辛在我辦公桌對面的椅子坐下來說：「好吧，那麼我們該怎麼獲得許可呢？」

我向她解釋了許多人不知道的事：人的遺骸不是公墓的財產。不管他們是誰，它們都不屬於國家。它們也不屬於法院。它們屬於死者仍在世的親屬。從法律角度來看，死者的遺體與遺物皆被等同視之。它們連同其他財產一同被繼承。你擁有你死去先人的遺骨。它們在法律上是屬於你的。

因此，我告訴萊辛，如果有人想檢驗一具屍體，必須先和死者的親屬聯繫。接著，可以要求擁有州政府執照的殯儀館館長打開墳墓，前提是遺體檢查完畢之後，能夠妥善地重新安葬。我告訴她，在謀殺案的調查中，我們經常循此模式作業。如果家屬同意的話，我們就不用走法律程序。這種節省時間的流程對調查極為有利，尤其是那些屍體被埋在與謀殺現場不同州別的案件。

萊辛興高采烈。她告訴我，她已經找到許多在世的親屬，並且從家譜中得知最近的直系血親——然後，她提到了一個路易斯安那州家喻戶曉的名字。

我說：「好吧，妳要做的就是讓那位先生簽署一份請求，就近授權給擁有執照的殯儀館館長開啟墳墓。」

我提過萊辛是個堅持不懈的人。但是就連我也很驚訝，當她數週後從路易斯安州打電話給我，宣布她已經獲得了挖掘扎卡里・泰勒遺骸的許可。不僅如此，她也已經聯繫好肯塔基州路易斯維爾（Louisville）的一名殯儀館館長，他的公司曾在一九二〇年代把泰勒總統夫婦的遺體從一座舊的陵墓移到新的墓園。萊辛的熱情很有感染力。殯儀館館長表示，他不僅會配合，而且會無償進行掘墓的工作。

據我所知，扎卡里・泰勒被安葬在肯塔基州路易斯維爾的扎卡里・泰勒國家公墓，如同其他國家公墓一樣，這裡由退伍軍人事務部管理。公墓所在的土地幾年前已由泰勒的家族捐贈給聯邦政府，但他們保留了泰勒墓地兩側以及後方一片土地的所有權，做為私人家族墓地。其他地方均屬退伍軍人事務部的管轄範圍。

在我同意出席挖掘工作之前，我做了一番自我反省。我堅信死者有隱私權，我們必須有充分、令人信服的理由，才能打擾沉睡的死者。泰勒總統的案件中，有一項謀殺指控，儘管未經證實，卻是最惡劣的罪行。在超過一百四十年來，猶如瘴氣一般縈繞在有關泰勒的回憶裡。現在，要由我們來確定這件事情真實與否。親屬已經同意了。他們的顧慮已然消除，認為這是一項合法的調查，而不是無謂的好奇心使然。當地的驗屍官理查・格雷特豪斯醫生（Dr. Richard Greathouse）同意將這項程序視為對泰勒死因的正式調查，並且獲得州法醫喬治・尼可斯四世（George Nichols IV）的協助。

然而，對我來說，最重要的是親屬同意。如果他們覺得對泰勒開棺驗屍並無任何不敬，那就沒有問題了。萊辛寫信給遠在羅馬和斯德哥爾摩的泰勒家人，所有人都同意這次調查。《紐約時報》發表社論說，我們的調查顯示「對死者的輕蔑」，但我不能同意。挖掘一位總統的墳墓，看看他是否罹患某種疾病，或者了解他生活的一些小細節，確實是輕率的。但謀殺完全是另一回事，而我們正是要驗證此事的真偽。

我組織的團隊包括我、尼可斯醫生、佛羅里達第八區法醫威廉・漢米爾頓醫生（〔Dr. William Hamilton〕有過開棺檢驗砷中毒死者的經驗），他來蓋恩斯維爾之前為尼可斯醫生工作過，以及兩名研究生愛琳娜・亞伯特（Ariene Albert）和戴娜・奧斯汀－史密斯（〔Dana Austin-Smith〕負責靜態攝影），還有一位當地的退休律師暨歷史學家比爾・高扎（Bill Goza），他會提供歷史學方面的協助。最後是我的太太瑪格麗特，做為媒體專家，她一直是我們團隊的重要成員，負責後勤以及科學研究的錄影工作。

日期確定之後，我們訂好旅館，並且為下週末的行程租了一輛麵包車。然而，困難逐一浮現。萊辛打電話給我，說退伍軍人事務部那邊出了問題。退伍軍人事務部不願批准挖掘工作。當我終於聯繫上當局的一位高級官員時，他表示這件事可能得在「更高層級」解決。

我說：「你說的『更高』的意思是指？」

他回道：「由於牽涉到前總統的遺骨，我們需要通知白宮。」

此時已經是週四了。開棺的日期原定在下週一。我們不可能在這麼短的時間內得到總統的許可。儘管墓園與其相鄰的土地都屬於泰勒家族所有，但退伍軍人事務部是墓園的管理者，並且擁有泰勒陵墓的鑰匙。扎卡里・泰勒陵墓位於墓園的後面，退伍軍人事務部管理墓園前面的土地。他們可以把大門鎖上，我們幾乎無計可施。

帶著一些失望——如今我已經對這個案子相當感興趣——我打電話給萊辛，表示下週一無法按照計畫進行。也許再安排其他時間……與此同時，我們所有的安排都取消了。

過了一會兒，萊辛回電給我，說她聯繫到驗屍官理查・格雷特豪斯醫生。我發現，他並不打算理會退伍軍人事務部的指示。他是個具有強大的決心、自信，而且專業意識很強的人。格雷特豪斯讓萊辛轉告我，不論我是否前往路易斯維爾，對他來說沒有差別。如果我願意，他很歡迎我來幫忙。不管有沒有我，扎卡里·泰勒的墳墓將會在週一早晨被打開，而聯邦政府阻止這件事情的唯一方法就是動用武力！

所以，在重新安排好所有行程之後，我們週六早上出發前往路易斯維爾。我們週日下午抵達華美達飯店（Ramada Inn），這家飯店就坐落在扎卡里·泰勒國家公墓旁。車子駛入停車場時，我們驚駭地發現飯店周圍有好幾台車頂裝有衛星天線的新聞採訪車。登記入住時，我懊惱地得知，《今日秀》、《早安美國》、CNN與其他新聞媒體都有電話留言給我。萊辛和我們在飯店碰面，她表示退伍軍人事務部希望馬上跟我們開會。

退伍軍人事務部對於受到公眾關注感到憂慮，這並不能怪他們：挖掘泰勒遺骨的過程很快就成了媒體競逐的焦點。他們不再反對這件事，但是仍堅持不得對遺體拍照。「不許拍照。」兩名代表堅決地告訴我們。

我解釋說，身為法醫科學家，我們有義務記錄我們所做的事，所以如果不拍照，我們無法繼續。

退伍軍人事務部的官員說：「那我們怎麼知道照片不會出現在《國家詢問報》（*National Enquirer*）這種小報上？」

「很簡單，」我回答。「如果我拍的照片曾被刊登在任何類似於《國家詢問報》的報章雜誌，你們找來給我看。」我解釋說，這些照片將用於科學書籍、刊物和文章中。他似乎能夠接受這個答覆。

那個週日晚上，是我一生中最有趣、最有氣氛的夜晚之一。我們參加了一個招待會，並且在扎卡里．泰勒的故居裡享用晚餐，故居就坐落在墓園後方不遠處。那是一座富麗堂皇的老建築，屋主仍深深懷念著總統先生。他們對他生活的各個方面都懷有極大的熱情。泰勒家族的其他成員也來了，包括總統的兩位美麗活潑、充滿活力的曾曾曾曾孫女，她們讓大家都很愉快。我很吃驚地得知，當退伍軍人事務部不允許我們進入時，泰勒的家人已經安排好讓我們從鄰居的後院直接翻牆進入墓園！我暗自慶幸，事情並未發展到那個地步。

我們在一間豪華的飯廳享用晚餐，上面垂掛著華麗的水晶吊燈。扎卡里．泰勒的肖像隨處可見，這豐盛美味的一餐以一道胡桃派做結，作法據說遵循古老的家庭食譜。胡桃派是總統先生的最愛。大家祝瑪格麗特身體健康——那天是她生日——然後我們知道了一些很有意思的泰勒家訓，也聽到許多關於這位「大老粗」的有趣軼事，對於這些故事的講述者來說，總統並不是教科書裡遙不可及的人物，而是一個深受敬愛和懷念的祖先。對我來說，歷史很少像那個夜晚一樣對我來說是如此地美好。

然而，每個人的思緒深處，都是隔天將要進行的隱密而讓人期待的工作。我們將要讓一名死者復活，但氣氛卻是活躍、歡樂，甚至有如節日般。有一種難以言喻的殷切期待氛圍：明天早上，掛在這間飯廳牆上的總統肖像，扎卡里．泰勒本人，將會重新回到我們這個世界中。他將重新走上他一百四十一年前突然離開的美國歷史舞臺。

第二天早上，我們原本預計在墓地安靜且莊重地進行調查，結果希望破滅了。當我們上午九點抵達墓園入口時，發現消防隊正在前門指揮交通。到處都是員警。墓園的主要通道兩旁站了好幾百人。媒體的攝影機就架在摘採櫻桃的吊車上。我們獲准通過警戒線，把車停在泰勒墓地前面的彎道上。在無數目光的注視下，我們卸下設備，開始記錄現場的情況。

當地的殯儀館館長從禮儀公司找來一些志願者來幫忙，協助移開一塊密封墓室的田納西大理石板，裡頭裝有泰勒總統夫婦的棺木。這座大型的墓室就在墳墓中，三邊只有幾吋的間隙。

石板移開後，我們看到一個嚴重腐爛的木棺躺在墓室裡。木棺內有個鉛襯，所有的接縫均已焊接封閉。經過仔細檢查，我們在鉛襯接近頂部的位置發現一塊長方形的焊接板。在這塊板子的下方是一扇已經碎裂的玻璃窗。這扇玻璃的作用顯然是讓躺在棺材裡的總統可以在白宮供人瞻仰。

我們並沒有想到會發現這個焊死的鉛襯，也沒有打開它的工具。無論如何，這個陵墓太小了，沒有工作和活動的空間，而外面又聚攏了很多人群。所以，我們決定把棺木送到州法醫辦公室，並且在那裡打開。

現在我們終於清靜了，可以開始真正的檢驗工作。在法醫辦公室裡，我們換上了刷手服，並且討論該如何把鉛襯打開。它看起來很堅固，不過這時我們已經注意到上面有幾個穿孔。根據歷史紀錄，泰勒並沒有進行防腐處理——他的遺孀不同意這樣做——而是以冰封取代之，供人瞻仰。當他的遺體在鉛襯裡分解時，生成的丁酸（butyric acid）腐蝕了幾處金屬。所以，這些孔洞是一項非常重要的證據。它們顯示泰勒的遺體沒有做過防腐處理，而砷是十九世紀防腐程序的一部分，我們可以確定遺體並未被殯葬業者污染。

但是怎麼打開棺材呢？起初，我們想利用小型噴燈。郡驗屍官辦公室維修部的一名工人被叫進房間，用一個和小型丙烷罐連接的噴燈開始小心地熔化棺材上的焊點。突然間我感到一陣恐懼。透過開啟的縫隙，我可以看到棺材裡襯著布！我們對扎卡里．泰勒的檢查可能會以他意外的火化告終！噴燈立即被熄滅並放回了地下室。

我們考慮了一會兒，最後還是決定使用信得過的Stryker骨鋸，那種有著擺動刀片，在屍檢中用來切割骨頭的工具。這把鋸子就像切乳酪一樣穿過鉛襯，然後頂部就像我們用開罐器一樣整齊地彈開。

蓋子被挪開開了，我們所有人往容器的最深處望進去。扎卡里．泰勒總統的遺骸就在那裡。

這位前總統已經完全骨骼化了，可以看到大量的毛髮附著在頭骨上。已故總統濃密的眉毛仍清晰可見，緊貼著他眼窩上方凸起的眉骨。頭髮是深色的，雜有灰色。從其他方面來看，就是一具普通的屍體：一副骸骨，身著壽衣，頭骨枕在棺材襯裡的一束稻草上。他有一顆牙齒不見了，一顆牙冠塌陷，除此以外，他的牙齒仍然相當完好。泰勒生前一定擁有迷人燦爛的笑容。

已故總統穿著一件不太常見的連身裝，包括袖子上有鈕扣的褶襇襯衫，以及普通的長褲。我猜那就是十九世紀流行的那種連身衣，整套只有一件，為了方便才選擇穿它。他沒有穿鞋襪，但是他已經嶙峋的雙手還戴著精緻的布手套。在他脫落的下顎底下，有一個很大的布質領結，在他的頸部打成蝴蝶結的樣式；這是一種漂亮並且柔美得有點奇特的東西，幾乎是只有女孩才會佩戴的裝飾品。

所有的衣物包括手套最初應該是白色的，但現在隨著時間流逝而變黃，上面還有屍體腐敗時染上的菸草色。我在前面提過，鉛襯本身有一塊象牙色的布襯裡，現在已散落在幾處。頭髮的顏色變得暗沉可能是腐敗所致。除了幾處成塊狀的屍蠟，一種人體脂肪與水分結合時形成的蠟狀物質，遺體已經完全變成了一具白骨。

然後我們就投入了工作。為遺骸拍攝照片。法醫牙科學家檢查了牙齒。我用剪刀小心地把手套從每根手指的背面剪開，取下十個手指的指甲。我輕輕地從總統的頭和身體上收集了足夠的毛髮樣本。我在腳附近，發現了幾片脫落的趾甲，包括兩片大腳趾的趾甲。我們還從胸骨上取下一小部分骨骼做為樣本，取了一小塊屍蠟，並從屍體下方收集了一些從腐敗的屍體中吸收液體的織物樣本。如果砷被用來毒殺泰勒，它就會在這些樣本裡留下痕跡。

所有的樣本都裝在信封裡。每件證據都被分為兩份——指甲、毛髮、屍蠟、骨頭、織物——因此我們有兩組相同的樣本。一組樣本被送往橡樹嶺國家實驗室（Oak Ridge National Laboratory）進行分析，另一組則送往肯塔基州的實驗室，該實驗室通常例行為州法醫進行藥毒物分析。

此時已經是下午四點左右了。檢查已接近完成。驗屍官辦公室正致電給路易斯維爾周邊，想找一位鉛焊專家。最後找到一個做鉛板屋頂的工人，他同意到辦公室把鉛櫬重新焊接好。

在焊接工抵達之前，泰勒的兩個曾曾曾曾孫女要求見她們的祖先。這情況有點微妙，尤其是我已經描述了遺體的狀態。我們徐緩地向他們解釋鉛櫬裡裝的東西，然後再次問道：她們確定自己真的想看？他們表達了堅定的立場，並且向我們保證她們可以承受眼前的景象。最後，這兩名年輕女士獲准進入房間。她們看得入神，沒有絲毫不安。我仍保有一張她們在房間裡指手畫腳、笑臉盈盈的照片。

在泰勒之謎耗費了大量時間試圖尋找答案的萊辛，也獲准前來對已故總統簡短地瞻仰。她猶豫地走近棺材，甚為敬畏。我注視著她，我能感覺到在那個時刻，她所看到的並不僅僅是一堆骨頭。她凝視的是扎卡里・泰勒，這位偉大的歷史人物。

棺材被重新封閉，覆蓋上美國國旗，送回墓園。它被重新放回墓穴內，沉重的大理石板也被重新蓋上。這次，石板用環氧樹脂密封，確保泰勒夫婦可以在此安然長眠。之後，我們各自回家等待實驗室的分析結果。

我返回蓋恩斯維爾後不久，尼可斯醫生的辦公室就公布了結果。結果清楚表明，所有樣本中的砷含量都是一致的。它們顯示泰勒總統遺骸中的砷含量和其他生活在十九世紀的人並無二致。含量微乎其微，絕不足以致死，甚至致病。

砷是一種特別而有效的毒藥，根據劑量的不同，它可以迅速或者緩慢地致人於死。突然攝入大量的砷會在數小時內死亡，如果發生這種情況，在死者的頭髮、指甲或骨骼內不會發現任何毒素。不過，如果受害者在攝入砷之後存活了二十八到三十個小時，那麼頭髮和骨骼就會有微量毒素沉積。我們知道，扎卡里．泰勒在症狀出現後又活了五天。如果是砷中毒的話，毒物就有足夠的時間在他的體內沉積。我們的調查顯示，他並沒有被下毒。

有極小的可能性，泰勒是被另外一種毒藥殺死，不過只有砷會讓他產生臨死前表現出來的症狀，而現在砷已經被完全排除了。最後的結論是：扎卡里．泰勒死於自然因素。事實上，他有可能無意間被自己的醫生殺死。

在當時，瀉藥和緩瀉劑都用來治療腹瀉，醫生也會建議患者盡量避免攝取液體。我們有充分的理由相信，總統患有腸道方面的慢性疾病。也許他吃下的蔬菜和櫻桃沒有洗過，或者是用被污染的水洗過。七月的熱浪也促進大腸桿菌的滋生，這些細菌在他的腸道中成百萬聚集，形成了一支這位老將軍無法抵抗的軍隊。

對了，我們在棺材裡還發現了幾個蠅蛹，很久之前的那個炎夏，幾隻蒼蠅被死去的總統吸引而去。這些膽大的蟲子為牠們的魯莽付出了代價：牠們的後代隨著這位偉人一同被埋葬。

接下來的事情就沒什麼讓人興奮的了。我早已知道媒體的喜好有多麼地善變。謀殺受害者扎卡里．泰勒是新聞。自然死亡的扎卡里．泰勒總統則是歷史，並且是很久遠的歷史。衛星天線收起，相機鏡頭蓋上，發電機電源切斷，筆電啪一聲地闔上。廣播電視網不再干擾我的電話，用他們的花言巧語來討好我。「大老粗」繼續他被打斷的長眠，而我回到了我的現代謀殺案工作中，不受煩擾。如同午間的白霜，媒體轉瞬即逝。

萊辛完成了關於扎卡里．泰勒的書，但據我所知，這本書仍未出版，儘管她文學上的成就備受肯定。她堅持自己的毒殺理論，並且在醫學文獻方面進行了廣泛的研究，試圖解釋為什麼即使泰勒中毒，化學分析中也不會出現任何毒物。但是在我看來，泰勒總統的死因已經確定了，不管萊辛願意與否，一部分的功勞都該歸功於她。如果不是她極端的努力，這個謎團也許會永遠在那裡。現在，它被解開了。

做為一位為國奮戰的軍事指揮官，以及一位不辱使命的總統，扎卡里・泰勒在歷史上占有一席之地。他生命中的最後幾個小時也許很不舒服，但那並不是非自然因素引起的。他沒有被暗殺。而且，就像他在棺材裡戴的那條柔軟的大領結一樣，這位老總統也有溫柔的一面。

正是扎卡里・泰勒創造了「第一夫人」這個詞。一八四九年，他在多莉・麥迪遜（Dolley Madison）的葬禮上用這些詞來形容她：「她永遠不會被遺忘，因為她是我們這半個世紀以來真正的第一夫人。」這溢美之詞也是他的一個小事蹟。它來自扎卡里・泰勒的內心——一顆在我與這位老總統相遇之前，早已伴隨著他竭力想要控制的風暴和衝突一同逝去的心。

15 所有俄國人的沙皇 The Tsar of All the Russias

「世界永遠不會知道我們對他們做了什麼。」

——彼得・沃伊科夫（Peter Voikov），
蘇聯駐波蘭大使，一九三五

那是西伯利亞郊區一個陽光明媚的日子，我拾級而上，來到法醫檢驗局的二樓，屍骨就存放在那裡。檢驗局位於葉卡捷琳堡，距離莫斯科八百哩，正處在烏拉山脈的腹地。葉卡捷琳堡是一座聲名狼藉的城市，是蘇聯共產黨的蒙羞之地。這裡，在一棟已經被毀掉的房屋的地下室，曾經進行過一場二十世紀最重大的集體處決。

一九一八年七月十六日到十七日的晚上，在葉卡捷琳堡，羅曼諾夫家族的最後一代，沙皇尼古拉二世和他的全體家眷被領至一間地下室內，地下室屬於一棟被稱為「特殊任務處」的房子，是從一名叫做伊帕切夫（Ipatiev）的工程師那裡徵用來的。等待尼古拉二世的，是由雅各・尤洛夫斯基（Jacob Yurovsky）中校領導的一支布爾什維克行刑隊。

臨近午夜，仍處在驚愕中的皇室成員及其僕從們被宣判死刑，其中包括沙皇尼古拉二世，皇后亞歷山德拉（Alexandra），他們因血友病而孱弱不堪的兒子阿列克謝（Alexei），他們的四個女兒，奧爾加（Olga）、塔季揚娜（Tatiana）、瑪麗亞（Marie）和安娜塔西亞（Anastasia），家庭醫生謝爾蓋・波特金（Sergei Botkin），廚子加里托諾夫（Kharitonov），男僕特魯普（Alexei Igorevich Trupp）和女侍安娜・德米多娃（Anna Demidova），共十一個人。

尤洛夫斯基的宣判話音未落，槍聲就在狹窄的房間內急促響起。沙皇在子彈的衝擊下向後彈倒，轉身倒地身亡。他的家人和僕從也在槍林彈雨中倒在他的身邊。停在後門外，一輛飛雅特軍用卡車的引擎一直發出轟鳴聲，幫忙掩蓋謀殺發生時的槍聲。二十分鐘後，屍體被運走，彷彿就這樣永遠消失在茫茫夏夜中。

十七年之後，一名布爾什維克官員，時任蘇聯駐波蘭大使的彼得・沃伊科夫還在得意地說：「世界永遠不會知道我們對他們做了什麼。」

七月十九日，當地的《烏拉爾工人報》（*Ural Worker*）登載了沙皇死去的消息：

尼古拉被處決，
皇冠上沾滿鮮血的劊子手被槍決。
沒有資產階級的假慈悲，
一切符合我們新的民主信條。

但是文章並未提及他家人的下落，並且在其後近四分之三世紀的時間裡，這次屠殺的細節仍然是蘇維埃的機密。雖然一些保皇派的調查人員在槍決發生後立即進行了最狂熱的搜尋，沙皇及其家人的屍體卻不見蹤跡。只有一根顯然是屬於女性的手指，連同一些被燒熔得斑駁的個人物品，在距離城區十二哩外的一座廢棄礦井的凹坑裡被發現。

現在，出乎意料地，在葉卡捷琳堡郊外的一處沼澤地裡，發現了九具被淺淺埋葬，基本完整的遺骸，同時還發現了十四顆彈頭、幾根繩索和一個已經碎裂、曾用來盛裝硫酸的罐子。這些有可能是羅曼諾夫家族的遺骸嗎？我和我的同事受到俄方的邀請，橫越半個地球，試圖回答這個問題。

爬上一段樓梯，長長的走廊盡頭就是臨時太平間的入口。我至今仍清楚記得那裡的格局。在二樓的門廳盡頭是一扇鑄鐵的大門。門後還有另一扇金屬門，上頭有幾道很複雜的鎖和蠟封。太平間就在那扇門的後面。

然後，我們的俄羅斯接待人打開了門，笑容可掬地指引我們：「進去吧！」

我們進到一間有兩扇窗戶、中間有三張桌子的方形房間。房間靠牆的地方都布置了長條桌，大約三十吋寬，上面鋪著白色床單。

床單上，頭腳相湊依序放置著九具遺骸。

對我來說，這些遺骸有著特殊的吸引力。我第一次讀到關於羅曼諾夫家族的謀殺案是在四十四年前，我十一歲時，從美國旅行作家理查·哈里伯頓（Richard Halliburton）一九三五年的作品《七里格靴》（*Seven League Boots*）中。哈里伯頓回憶起他如何前往斯維爾德洛夫斯克（Sverdlovsk），也就是被布爾什維克改名之前的葉卡捷琳堡，找到了當年刺殺沙皇一家的劊子手之一皮約特·扎哈羅維奇・厄曼科夫（Pyotr Zakharovich Ermakov），一個被稱作「毛瑟槍同志」的凶殘男子。

厄曼科夫當時正飽受喉癌的折磨，他一邊咳血，一邊對哈里伯頓講述那令人毛骨悚然的屠殺真相：

「那是七月十二日，我們召開最後一次會議並且接到了命令。我們決定在七月十六日，也就是四天之後動手。」厄曼科夫說，「我不得不獨自擬定所有處理屍體的計畫。我們希望盡可能悄無聲息地行動，確保羅曼諾夫不會事先察覺。而且我希望能加倍確保屍體被仔細地銷毀。我不想讓白軍找到，哪怕是一塊骨頭。」一九一八年七月，俄國白軍正在圍攻葉卡捷琳堡，並且隨時可以攻破。

厄曼科夫表示，他在十四日花了一整天的時間對葉卡捷琳堡周圍進行探查，以選定一個適合的棄屍地點。最終，他選定了位於城外十二哩處的一個廢棄的礦井。長官雅各・尤洛夫斯基批准了這個地點，厄曼科夫說。

「第二天一早，我們開來一輛軍用卡車把幾大桶汽油運到位在最深處的一個礦井。我還運了兩大桶硫酸和整車的木炭。我派了一名士兵負責在這些物品旁邊守衛，好嚇跑那些可能會在周圍遊蕩的好奇農民。」

我們命令一個司機把卡車停在伊帕提夫之屋的後門外，讓引擎聲轟轟作響。希望引擎發出的噪音能夠掩蓋住槍聲。

「瓦加諾夫（Vaganov）一直和我在一起。他是個優秀的布爾什維克黨員，和我一樣痛恨沙皇。我信得過他，他可以毫不留情地開槍！

「尤洛夫斯基有一把納甘連發步槍，瓦加諾夫和我則使用毛瑟槍。我們每人準備了二十輪備用彈藥……行刑的人就是我們三個。

「那天下午，我們檢查了整棟房子，想找一個最佳的行刑地點，最終決定在地下室動手。在地下，槍聲不會那麼明顯，空間大小也合適——約十八呎長，十二呎寬。

「如果我們多於三個人，就會互相礙事了。」

大約午夜時分，尤洛夫斯基敲了沙皇的房門，告訴他和他的家人需要撤離，因為葉卡捷琳堡周邊地區發生駁火。沙皇和他的家人用了大約一小時做準備。

「門開了，沙皇帶著阿列克謝走出來。他們都戴著軍帽，穿著軍裝外套。其他家人跟在後面。皇后和女兒們都穿著白色衣服，抱著枕頭……肯定是尤洛夫斯基讓她們帶枕頭的，這樣車行途中她們可以坐在枕頭上面。皇后的女侍安娜帶了兩個枕頭。

「在她後面的是波特金醫生、廚師，還有男僕。」厄曼科夫回憶道，「看起來並沒有人神色慌張，我敢肯定他們沒有察覺到什麼。」

司機收到命令，立即發動引擎。

尤洛夫斯基隨後宣讀了死刑判決，基本上他是用喊的，這樣他的聲音才能蓋過門外卡車的引擎聲。

「你以為白軍會來營救你們——但是他們沒來，」厄曼科夫回憶尤洛夫斯基說的話。「你以為你會跑去英格蘭，然後繼續當你的沙皇——呵，你不能。烏拉爾的蘇維埃根據你對俄羅斯人民犯下的罪行，判處你和你的家人死刑。」

沙皇似乎不明白。「什麼？什麼？」他在引擎的轟鳴聲中大喊道。「我們到底是不是要離開這裡？」

「尤洛夫斯基的回覆是直接對著沙皇的臉部開槍，」厄曼科夫回憶道。

「子彈直接穿過他的腦袋。

「沙皇轉身倒地，一動不動。

「我用我的毛瑟槍對著皇后開槍，只有六呎遠，不會打不準的。子彈從她的嘴巴穿過，兩秒她就死了。

「接著我朝波特金醫生射擊。他舉起雙手，把臉別了過去。子彈穿過他的脖子，他向後仰倒死了。

「尤洛夫斯基朝著坐在椅子上的皇儲開槍，他趴在地上發出呻吟。

「廚子蜷縮在角落。我擊中他的身體，然後是他的頭。男僕也倒下了，我不清楚是誰打中了他。

「瓦加諾夫對著女孩們掃射。她們都跌倒在地，奄奄一息地呻吟著。他還繼續對奧爾加和塔季揚娜開槍。

「兩個年輕一點的女孩——瑪麗亞和安娜塔西亞——倒在波特金醫生的身邊。

「我想好像我們沒人打中女侍安娜。她蜷在角落裡，躲在她帶的兩個枕頭後面。我們後來發現，枕頭裡塞滿了珠寶——也許是珠寶盒替她擋住了子彈。最終，一名衛兵用刺刀刺進了她的喉嚨……我們從走廊叫來祕密警察完成任務，他們用棍棒和刺刀確保人都死了。

「皇儲還沒死……還在地上呻吟扭動著。尤洛夫斯基對著他的頭又開了兩槍，才把他結束。

「安娜塔西亞也還活著。一個衛兵把她掀翻過來，她尖叫著——他用槍托把她打死。」

厄曼科夫說，屍體隨後被集中起來，抬到外面的卡車上。房間裡一片混亂，「到處都是血，拖鞋、枕頭、手提包和零零落落的東西都浸在一片血泊裡。」厄曼科夫告訴哈里伯頓，一共開了三十八槍。

到礦井二十哩的路程花了兩個小時。卡車抵達時，天都快亮了，由於不好焚燒屍體，所以厄曼諾夫安排了衛兵看管這些屍體。

十七日當天，沙皇的私人物品被收集起來，運往莫斯科。

那天晚上十點，厄曼科夫返回了礦井。「在燈光照明下，我們剝去屍體身上的衣服，在皇后的胸衣上找到很多縫上去的鑽石，女孩們身上還有更多項鍊、金十字架之類的東西。這些東西都一起被送往莫斯科。」衣服被單獨焚燒。屍體則被運往離開大路兩公里外的一個礦井入口。

「在礦口，我們用大得足以托起屍堆的圓木搭起一座火葬柴堆。接著把五桶汽油和兩桶硫酸倒在屍體上，點燃柴堆。汽油讓所有東西都迅速燃燒起來。我站在附近觀察，確保沒有一片指甲或者一塊碎骨留下。我知道，任何遺留下來的東西都會被白軍視為聖物。我不停地把殘餘的東西推回火焰中，讓火燒得更旺，同時澆上更多的汽油。為了把頭骨都燒掉，我們不得不讓火燃燒很長一段時間。直到柴堆完全化為一片灰燼，我才滿意。」

厄曼科夫說，他把骨灰收集起來，放進罐子裡，然後把這些粉末狀的帝國灰燼撒向空中。

「它們如塵土般被風吹起，帶到樹林和田野中……而且第二天下了雨……所以如果有人說，他看到羅曼諾夫家的人，或者看到了一塊遺骸——告訴他那些灰燼——還有風——還有雨。」

就這樣，末代沙皇一家遭到滅門。厄曼科夫宣稱，他們被三名行刑者射殺，屍體以硫酸腐蝕，然後燒成灰燼，撒向西伯利亞大地。請讀者原諒我如此詳細地引述這段證詞，但其中確實包含了一些有價值的事實。不幸的是，這些事實被掩蓋在堆積如山的謊言中。

從厄曼科夫的敘述中，馬上就能找到一個矛盾的地方。為什麼既用硫酸，又用汽油來銷毀屍體？也就是說，如果打算火化屍體，何必費事先用硫酸腐蝕？顯然只有打算埋葬而不是焚燒屍體的時候，硫酸才會派上用場。不過這個矛盾點本身也說明不了什麼。正如我在本書前面說過的，人們經常對屍體做出一些匪夷所思的事。但是，這個矛盾點已足以讓我們對厄曼科夫證詞的可靠性產生懷疑。

處決發生八天之後，白軍在海軍統帥亞歷山大．高爾察克（Alexander Kolchak）的率領下，重新占領了葉卡捷琳堡。第一批抵達伊帕提夫之屋的部隊發現現場一片混亂，徒留遭損毀的家具、空蕩的房間與一些雜物。用來處決的半地下室看上去剛剛被擦洗過，不過牆上還有彈孔和刺刀留下的痕跡。

白軍的調查人員根據傳聞找到一座廢棄的礦井，有十二呎深，位於城外約十二哩處一個叫做科普特亞奇（Koptyaki）的地方，附近有四棵被稱作「四兄弟」的孤柏。

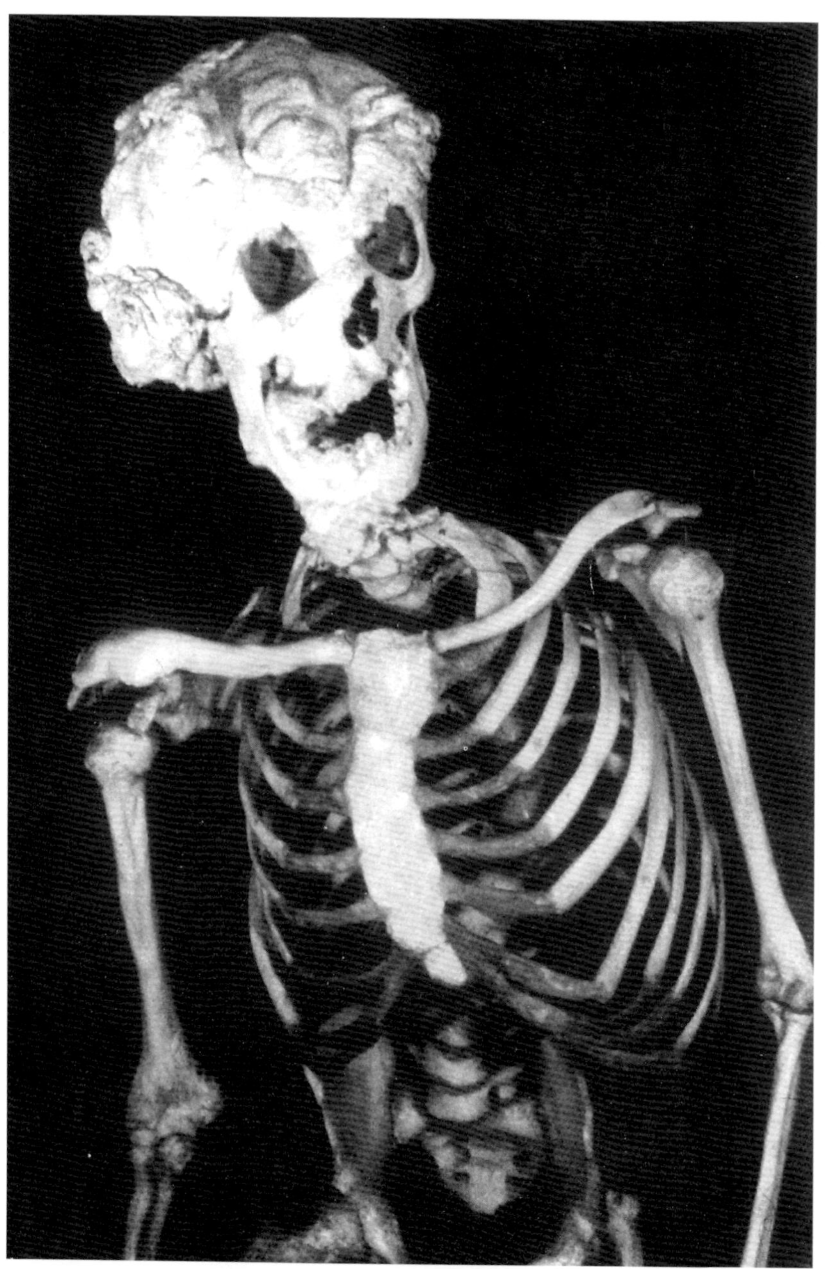

▶「象人」約瑟夫・梅里克（Joseph Merrick）的正面骨架。
這副骸骨，比起我所檢視過的任何其他骨頭，都更雄辯滔滔地與你「交談」。
（照片由倫敦皇家醫院醫學院提供）

▶ 約瑟夫・梅里克的右側骨骼。
（照片由倫敦皇家醫院醫學院提供）

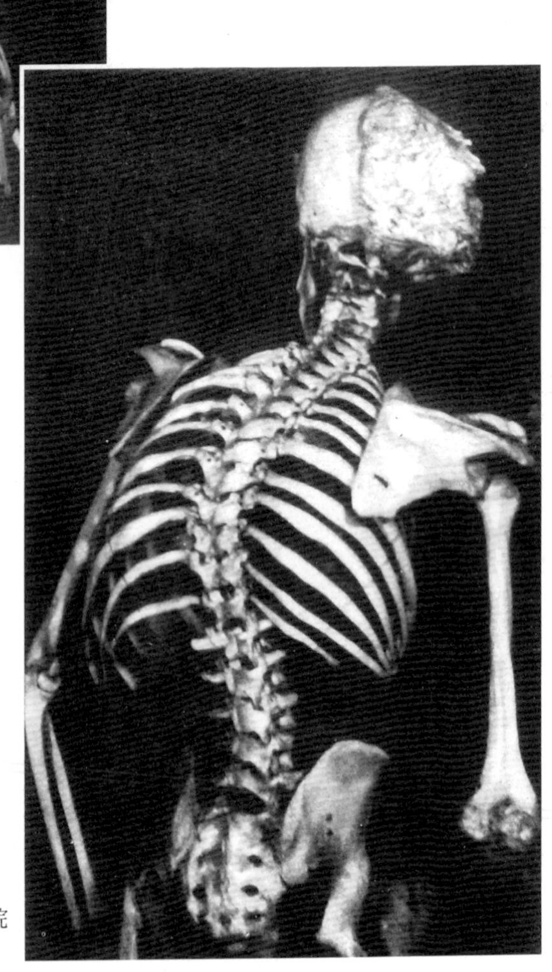

▶ 約瑟夫・梅里克的背後骨骼。
（照片由倫敦皇家醫院醫學院提供）

▶ 克里斯（Chris Jennings）和佩奇・詹寧斯（Page Jennings）。
格萊德・厄爾・米克（Glyde Earl Meek）幾乎確定有意要謀殺克里斯・詹寧斯，但這位年輕人已飛往新罕布夏州參加他父母的葬禮。
（照片由克里斯・詹寧斯提供）

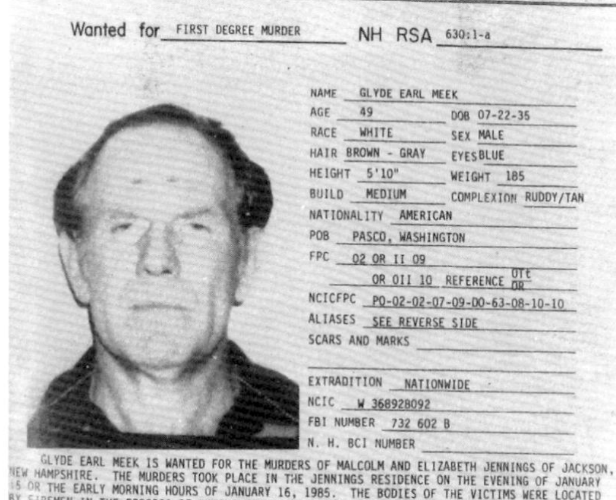

NEW HAMPSHIRE STATE POLICE

WANTED PERSON

Wanted for FIRST DEGREE MURDER NH RSA 630:1-a

NAME GLYDE EARL MEEK
AGE 49 DOB 07-22-35
RACE WHITE SEX MALE
HAIR BROWN - GRAY EYES BLUE
HEIGHT 5'10" WEIGHT 185
BUILD MEDIUM COMPLEXION RUDDY/TAN
NATIONALITY AMERICAN
POB PASCO, WASHINGTON
FPC 02 OR II 09
OR OII 10 REFERENCE OIt OR
NCICFPC PO-02-02-07-09-DO-63-08-10-10
ALIASES SEE REVERSE SIDE
SCARS AND MARKS
EXTRADITION NATIONWIDE
NCIC W 368928092
FBI NUMBER 732 602 B
N. H. BCI NUMBER

GLYDE EARL MEEK IS WANTED FOR THE MURDERS OF MALCOLM AND ELIZABETH JENNINGS OF JACKSON, NEW HAMPSHIRE. THE MURDERS TOOK PLACE IN THE JENNINGS RESIDENCE ON THE EVENING OF JANUARY 15 OR THE EARLY MORNING HOURS OF JANUARY 16, 1985. THE BODIES OF THE VICTIMS WERE LOCATED BY FIREMEN IN THE PROCESS OF EXTINGUISHING A FIRE AT THE JENNINGS RESIDENCE. THE CAUSE OF THE FIRE HAS BEEN DEEMED ARSON. BOTH VICTIMS DIED AS A RESULT OF MULTIPLE STAB WOUNDS.

MEEK HAS USED MULTIPLE ALIASES, DIFFERENT DATES OF BIRTH AND SOCIAL SECURITY NUMBERS. HE SHOULD BE CONSIDERED ARMED AND DANGEROUS.

PLEASE SEE REVERSE SIDE FOR MORE DETAILS.

COLONEL PAUL F. O'LEARY
DIRECTOR
TEL. #603-271-3636

CASE 1-85-004
DATE 06-21-85
NBR 85-016W

▶ 格萊德・厄爾・米克死後五個月的通緝海報。

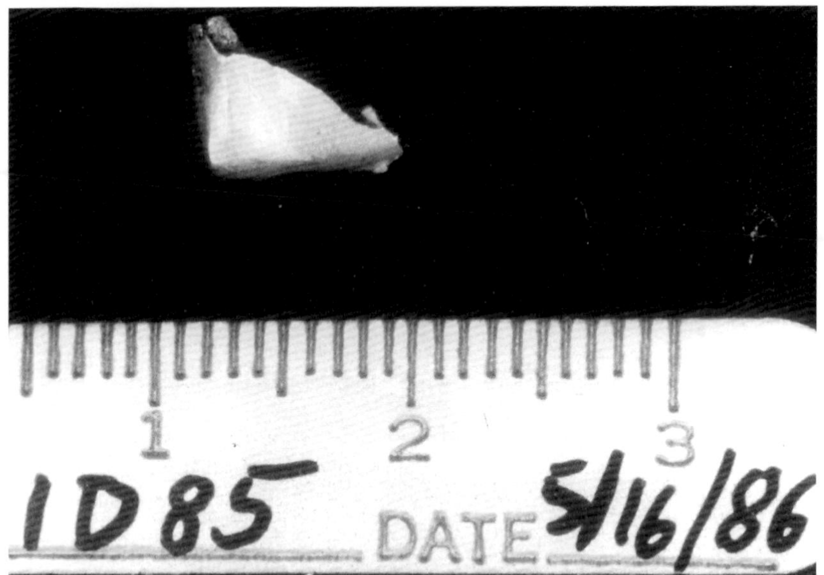

▶ 米克牙齒上的金質填料。一開始，調查人員遺漏了它，
直到後來透過更精細的篩網重新篩檢犯罪現場中的泥土，
這項關鍵證據才得以重見天日。

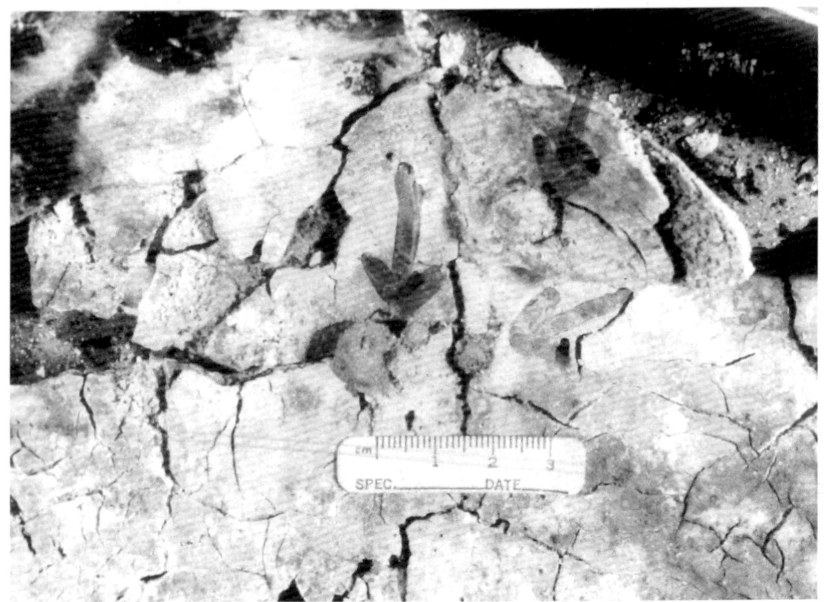

▶ 霰彈彈丸（箭頭處）卡在米克的腦殼裡面。

▶ 覆蓋美國國旗的靈柩，裡面裝有在越南行動中失蹤的士兵遺體。

▶ 在單引擎飛機的墜機現場搜索已遭到焚燒的牙齒和骨骼證據。

▶ 我和羅伯・班佛（Robert Benfer）醫生
在祕魯利馬的聖奧古斯丁大教堂
檢查皮薩羅的骨骸。
（照片由瑪格麗特・梅普斯
〔Margaret Maples〕提供）

▶ 祕魯的征服者法蘭西斯科・皮薩羅侯爵
（Don Francisco Pizarro）的頭骨，
他在一五四一年六月二十六日星期日
遭人暗殺。

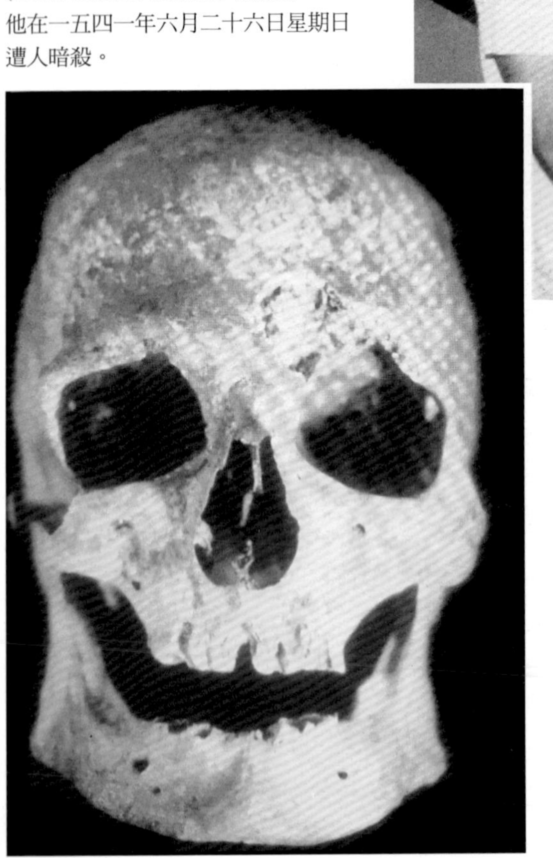

▶ 一把仿劍顯示出皮薩羅眾多傷口之一的軌跡。

▶ 位於肯塔基州路易斯維爾（Louisville）的扎卡里．泰勒（Zachary Taylor）之墓。（照片由艾琳娜．艾伯特〔Ariene Albert〕提供）

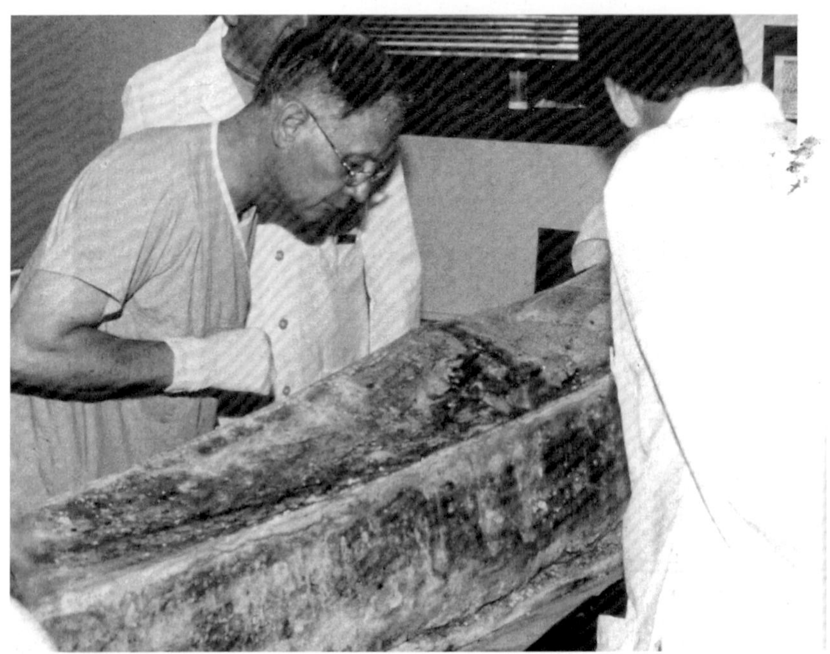

▶ 扎卡里．泰勒的鉛製內棺中的穿孔是屍體分解時生成的丁酸腐蝕造成的。（照片由艾琳娜．艾伯特提供）

▶ 沙皇尼古拉二世（Tsar Nicholas II）遺體出土的地點如今
以一個臨時設置的俄羅斯東正教十字架做為標記。

▶ 沙皇及其家人和僕從的遺骸，擺放在葉卡捷琳堡法醫研究機構的桌上。
此圖中從左至右分別是謝爾蓋・波特金醫生（Dr. Sergei Botkin）、
奧爾加女大公（Grand Duchess Olga）和沙皇尼古拉斯二世的遺骸。

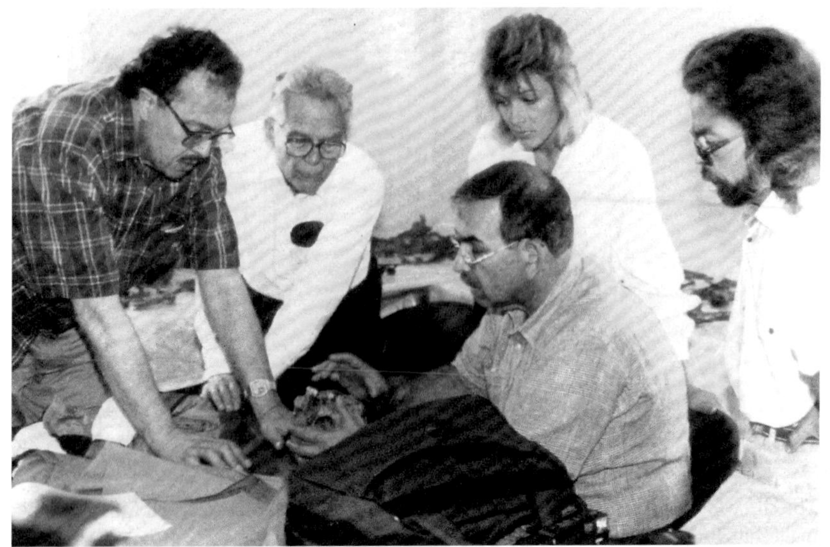

▶ 羅威爾・列汶醫生（Dr. Lowell Levine）正在向（從左至右）
麥可・巴登醫生（Michael Baden）、威廉・哥薩（William Goza）教授、
塔提雅娜・昆德拉許娃（Tatyana Kondrashova），以及一位俄籍專家解釋齒科證據。

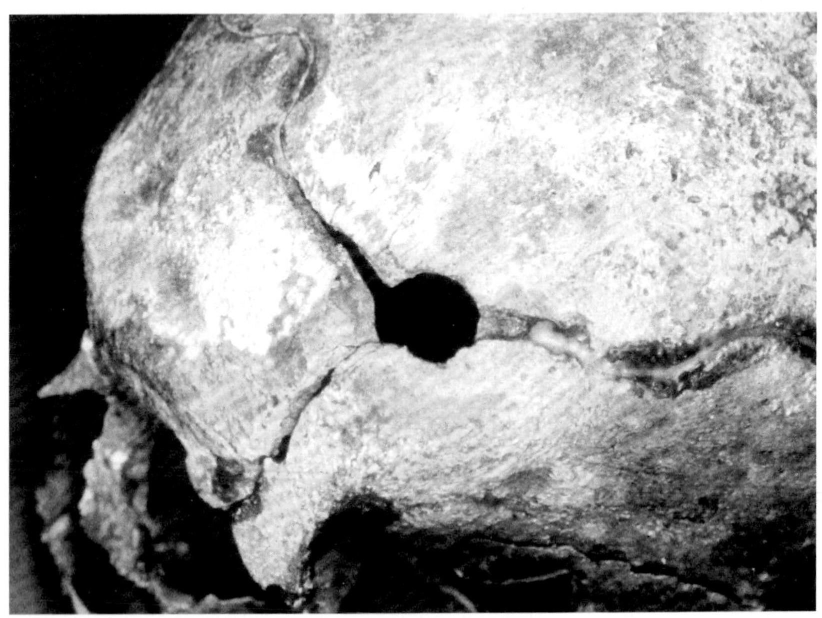

▶ 入口傷位於波特金醫生頭骨的左上方。
找回的所有彈頭以及觀察到的所有槍傷皆與點三二口徑的子彈一致。

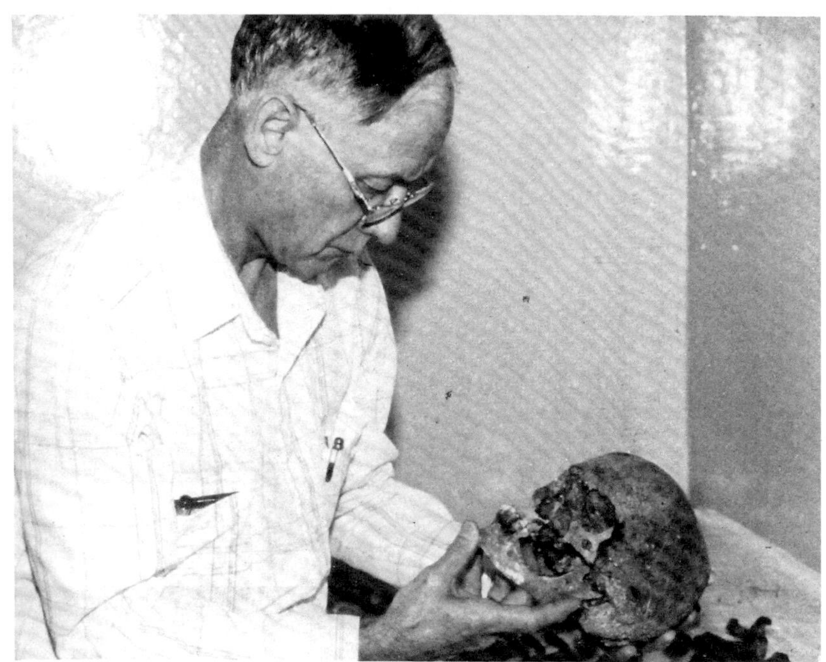

▶ 我在檢查沙皇尼古拉二世的頭骨。

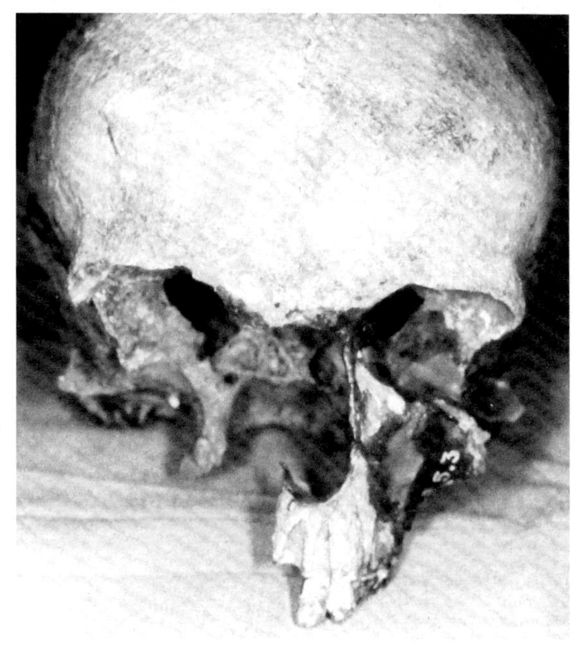

▶ 五號屍體的顱骨顯示出
臉部有缺失部位。
這是那堆頭骨裡
年紀最輕的，
但要說它是安娜塔西亞
（Anastasia）的頭骨
仍然太老。

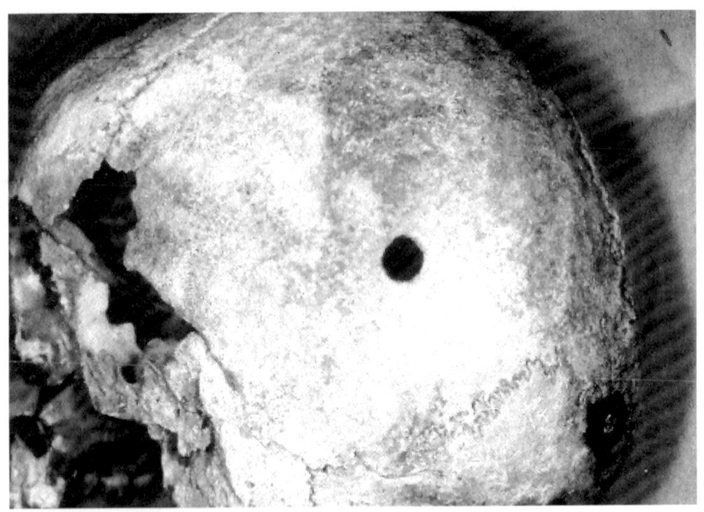

▶ 槍傷入口位於六號屍體頭部左後側。這副頭骨可能屬於塔季揚娜（Tatiana）女大公。

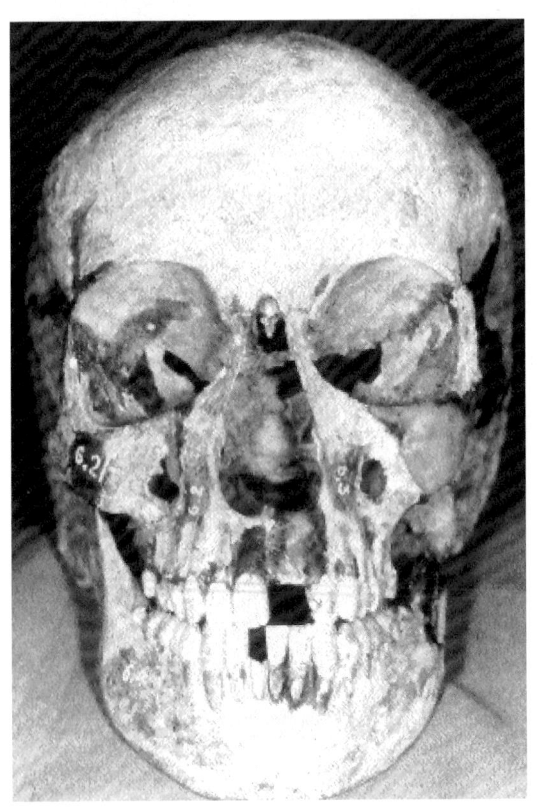

▶ 塔季揚娜女大公的頭骨。

▶ 皇后亞歷山德拉（Tsarina Alexandra）的上顎，以及許多黃金和陶瓷牙冠，還有鉑金牙冠與牙齒填充物。對挖掘人員來說，這個精美的牙科成品是墓坑中人乃皇室成員的一個信號。

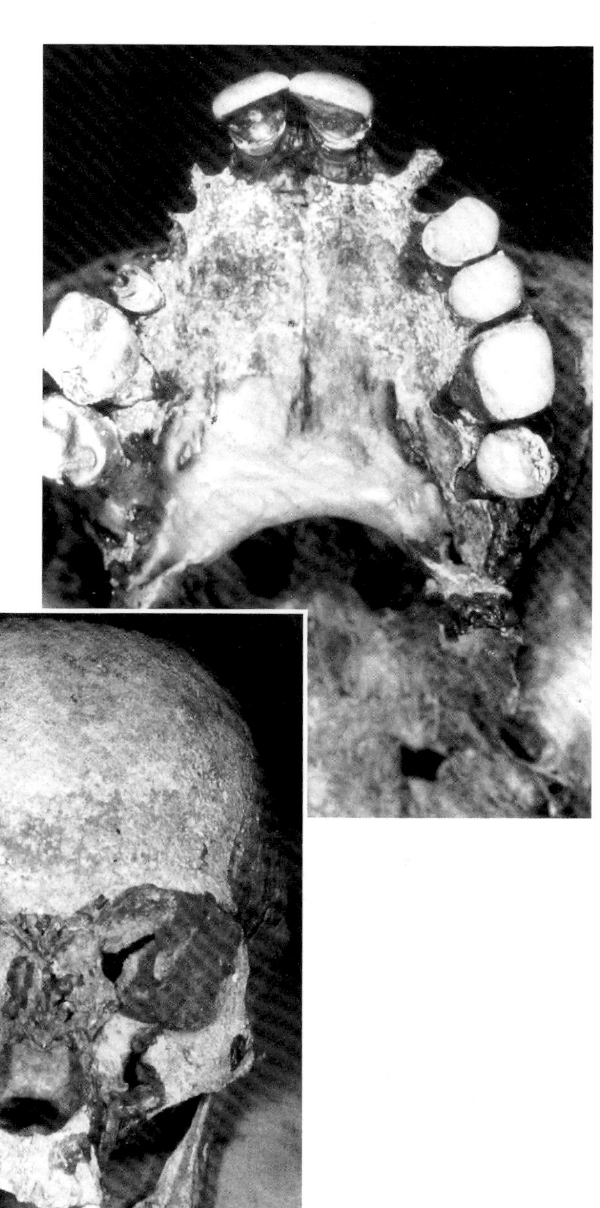

▶ 沙皇尼古拉二世的頭骨。

▶ 當我為了之後的DNA分析從頭骨中拔出一顆牙齒，
威廉．漢密爾頓醫生（Dr. William Hamilton）和
亞歷山大．梅拉穆德醫生（Dr. Alexander Melamud）在一旁觀看。
（照片由瑪格麗特．梅普斯提供）

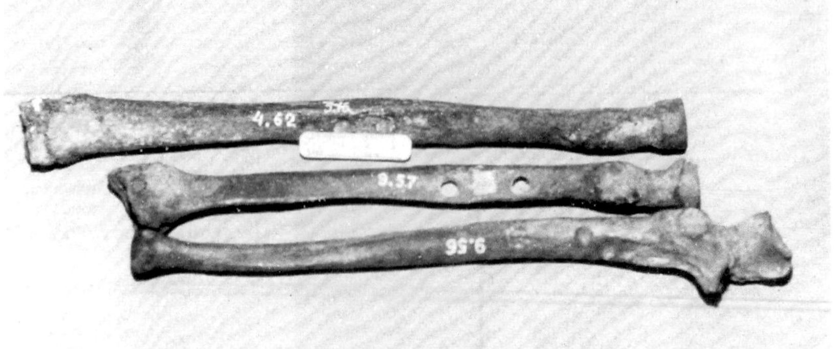

▶ 與四號屍體（沙皇尼古拉）相關聯的手臂橈骨（照片中的上方），
它明顯大於現在與九號身體（家族男僕特魯普〔Trupp〕）相關聯的橈骨和尺骨。
它應該要更短才對。因此我相信這些橈骨已經全混在一起了，
而沙皇死時，則如他還活著時那般，仍受其忠心耿耿的男僕所服侍。

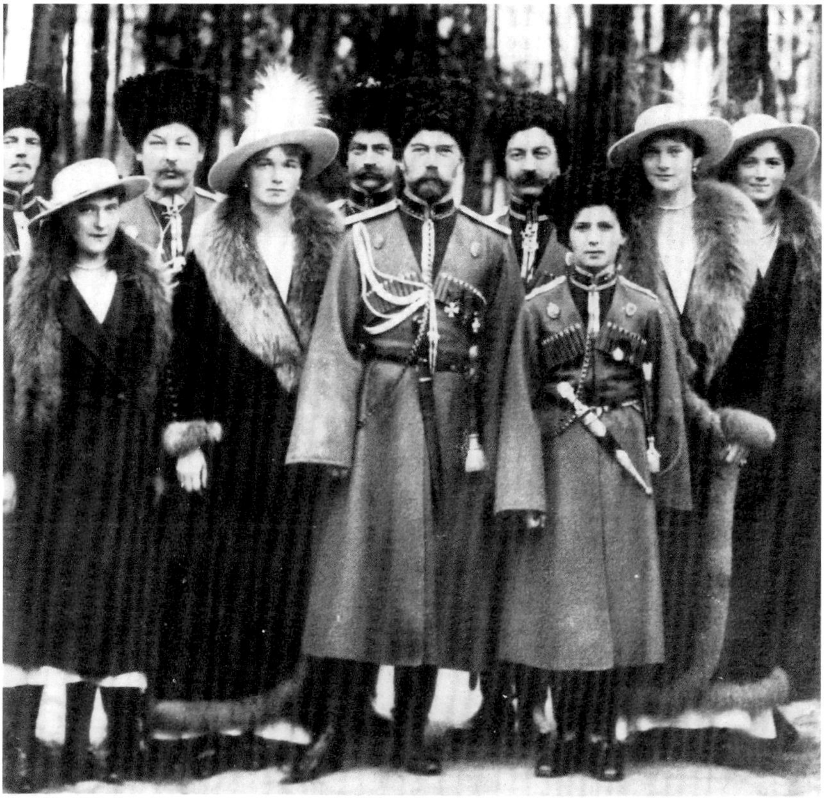

▶ 攝於沙皇家族死前二十一個月，從左到右可以看到安娜塔西亞、
奧爾加、尼古拉二世、阿列克謝，塔季揚娜和瑪麗亞身高的相對高度。
（照片由耶魯大學拜內克古籍善本圖書館提供）

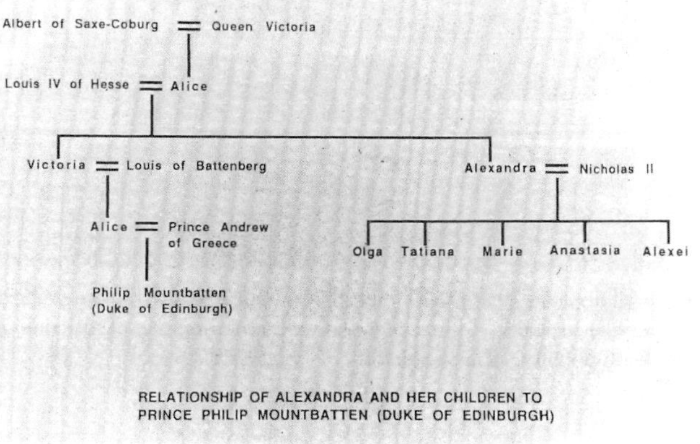

▶ 皇后亞歷山德拉和愛丁堡公爵菲利普親王之間的家族關係。粒線體DNA透過女性直系傳遞並保持相同，代代相傳。

RELATIONSHIP OF ALEXANDRA AND HER CHILDREN TO
PRINCE PHILIP MOUNTBATTEN (DUKE OF EDINBURGH)

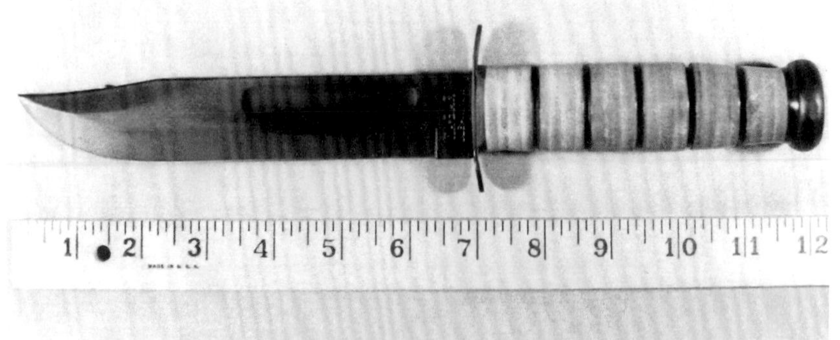

▶ 一把類似蓋恩斯維爾學生謀殺案中丹尼・羅林（Danny Rolling）所使用的卡巴刀。

▶ 在我蓋恩斯維爾辦公室附近的一面牆，
紀念一九九〇年在蓋恩斯維爾被殺害的五名學生。
羅林在審判的第一天便認罪了。陪審團建議判處死刑。
（照片由麥可・沃倫〔Michael Warren〕提供）

在礦井裡和周圍的兩處篝火灰燼中，一共發現了六十五件半焚毀的物品。根據白軍調查人員的說法，有沙皇的腰帶、皇儲的腰帶、一個祖母綠十字架、黃玉珠、一只珍珠耳環、一個烏爾姆的十字架（沙皇軍隊的裝飾）、一塊眼鏡片、三個小塑像、皇后的眼鏡盒、看起來像是婦女胸衣上的鈕扣和鉤扣、尼古拉和阿列克謝所戴的軍帽碎片、公主的鞋扣，還有波特金醫生的上假牙板。

現場還發現了一根屬於中年婦女的斷指。這是唯一找到的人體殘骸。此外，還有一隻小狗的骸骨。

白軍後來撤離了葉卡捷琳堡，但最終調查結果被公之於眾。調查人員未能解開失蹤遺體的謎團。

葉卡捷琳堡後來被更名為斯維爾德洛夫斯克，以布爾什維克中央委員會成員雅科夫・斯韋爾德洛夫（Yakov Sverdlov）的名字命名，正是他從莫斯科下達的處決令，幾乎可以肯定此舉也得到了列寧的批准。斯維爾德洛夫斯克成為了一座彈藥製造城，對所有外國人和大多數俄羅斯公民都不予開放。二戰期間蘇維埃T-31坦克就在此製造。一九六二年，美國U-2飛行員法蘭西斯・蓋瑞・鮑爾斯（Francis Gary Powers）在斯維爾德洛夫斯克上空試圖航拍其軍事機密設施時被擊落。

隨後，俄羅斯政壇上的風雲變幻讓事情變得更加複雜。一些屠殺的參與者都是史達林的對手托洛斯基的支持者。托洛斯基被清算和暗殺之後，這些沙皇謀殺案的要角就銷聲匿跡了。他們的所作所為，包括他們謀殺沙皇時扮演的角色，都從蘇維埃的歷史書中被抹去。

到了一九三五年，發生槍擊事件的伊帕提夫之屋已成為一座慶祝「戴皇冠的劊子手」之死的博物館，那是布爾什維克給尼古拉二世的稱呼。哈里伯頓曾前往參觀，並且看到陳列在那裡的沙皇日記節選。然而，到了一九五九年，這個地方成了國家檔案館，不對外開放。一九七七年，房屋遭到剷平，因為共產黨當局驚覺此處逐漸成為朝聖地，人們從俄羅斯各地前來悼念沙皇。我們的接待者表示，當時下令拆除房子的地方官員不是別人，正是逐漸攀上權力巔峰的鮑利斯．葉爾欽（Boris Yeltsin）。他後來成為俄羅斯聯邦首任總統。

幾十年過去，關於這起謀殺案一直諱莫如深。起初它被視為革命的正義之舉備受讚頌，後來這場對於沙皇一家的大屠殺震驚了全世界，並且演變成蘇維埃新政權的一個尷尬之處。根據早期新聞報導的標題來看，布爾什維克從未提及沙皇的家人和隨從的命運，僅證實沙皇本人遭到處決。人們開始懷疑，是否會有奇跡發生，使部分或者所有皇室成員從那場血腥屠殺中倖存下來。官方的沉默，加之隨後一些複雜的疑點，讓聲稱自己是羅曼諾夫後代的人愈來愈多。像是出現了許多個安娜塔西亞和阿列克謝，冒充亞歷山德拉、奧爾加、塔季揚娜和瑪麗亞的人也不在少數。有人堅稱沙皇本人其實也逃脫了行刑隊的毒手，離開俄國，在波蘭平靜地生活。我自己則是不時收到一名住在邁阿密附近海厄利亞（Hialeah）拖車公園的女子來信，她堅信自己就是安娜塔西亞。她在信件裡畫一些很奇怪的表意符號：哭泣的眼睛，閃亮的十字架，神祕的問號。羅曼諾夫家族時至今日仍影響深遠。

在這些人當中，最知名的當屬柏林的一名女子，她曾於一九二〇年自殺未遂。這名女子嚴重失憶，但是相貌與沙皇最小的女兒安娜塔西亞有驚人的相似之處。她不會說俄語，卻熟知羅曼諾夫家族史的細節，足以讓一些人相信她真的就是安娜塔西亞。這名叫做安娜・安德森（Anna Anderson）的女子窮其一生想要證明自己的身分。一九八四年，她於維吉尼亞州去世，享年八十二歲。她的遺體被火化，但有些剪斷的頭髮保存下來。我們會看到，這反而會為她的身分增加一些疑點。

一九八〇年代，在新任最高領導人戈巴契夫的領導下，蘇聯開啟了「開放」和「改革」的新時期。突然間，數千份機密文件被解密。

蘇聯劇作家愛德華・拉德金斯基（Edvard Radzinsky）二十五年來，一直在祕密調查沙皇之死。一九八〇年代後期，當莫斯科博物館裡有關十月革命的歷史檔案終於對學者全面開放時，拉德金斯基發現了許多珍貴的舊收據、日記和相關檔案，其中包括五十本尼古拉二世的私人日記，以及尤洛夫斯基和厄曼科夫簽署的見證人報告。甚至還有一卷尤洛夫斯基的手下格利高里・尼庫林（Grigori Nikulin）於一九六四錄製的錄音帶，他也參與了當年的謀殺。

這些文件中最重要的，當屬「尤洛夫斯基手稿」，是這位首席刺客行動之後所寫的一份彙報，其中他把自己稱作「指揮官」。一幅相對完整的謀殺情景漸次成形。那是一個包含了血腥、詭計、吹噓、迷醉、殘忍和笨拙的殘酷故事。拉德金斯基在他一九九三年的作品《最後的沙皇》（*The Last Tsar*）一書中，對此有所概述。

根據尤洛夫斯基的手稿，行刑隊由十二人組成：包括六個身分不明的拉脫維亞衛兵、尤洛夫斯基、厄曼科夫、尤洛夫斯基的得力助手尼庫林、沙皇衛隊一個叫卡巴諾夫（Alexei Kabanov）的叛徒，以及兩名祕密警察：帕維爾・梅德韋德夫（Pavel Medvedev）和米哈伊爾・麥維德夫・古德林（Mikhail Medvedev-Kudrin）。

沙皇一家於晚上十點半左右就寢。臨近午夜時分，他們被喚醒，並被告知到樓下去。表面上他們要被轉移到鄰近市中心的一所監獄，當時全城已被白軍包圍。

在房子後方的半地下室集結完畢後，沙皇和他的隨行人員被分成兩排。而說服他們安靜站在一起的策略很簡單：尤洛夫斯基說要為他們拍照，以反駁那些說他們已經死了的謠言。為了讓這個殘酷的騙局更加可信，他們搬了兩把椅子：一把給孱弱的皇儲阿列克謝，另一把給皇后。

飛雅特卡車的引擎在門外轟鳴作響，製造出可怕的噪音。此時尤洛夫斯基宣讀了一項烏拉爾蘇維埃的判決，宣告沙皇一家死刑。由於卡車的噪音太大了，沙皇根本聽不清楚尤洛夫斯基在說什麼。「什麼？什麼？」沙皇問。尤洛夫斯基再次宣讀了判決，但是話還沒說完，他就扣下了板機。沙皇的遺言可能是這樣的：「原諒他們，因為他們不知道自己在做什麼。」尤洛夫斯基、厄曼科夫和麥維德夫後來還為了是誰先射殺沙皇而爭論不休。幾年之後，三人都把自己當時用的手槍送到莫斯科的革命博物館，每個人都聲稱沙皇是死在自己的槍下。

接著，通往相鄰房間的兩扇門被撞開，六名拉脫維亞衛兵衝了進來，對著屋內開槍射擊。這些暗殺者站的距離太近，結果當他們扣動扳機朝皇室成員開火時，自己也被同伴的火藥灼傷。但是，出現了一個可怕的情況。雖然沙皇當場死亡，其他人卻沒那麼容易被殺死。子彈從他們的身上彈開，射進牆壁裡。

「阿列克謝和他的三個姊姊、女侍和波特金醫生都還活著，他們必須死。」尤洛夫斯基在他的行動總結報告中寫道。「這讓指揮官驚訝不已，因為我們瞄準了胸口射擊。還有一件怪事，左輪手槍擊發的子彈出於某種原因彈開，像冰雹一樣在屋裡跳動。」

尤洛夫斯基被阿列克謝那種「奇特的生命力」搞糊塗了，於是對準他的頭部近距離開了兩槍，給了他最後的仁慈。但是這些女人更難被殺死。彈匣的子彈用盡之後，拉脫維亞衛兵一擁而上，用刺刀完成了這項血腥的任務。

直到後來才發現，這些女人穿的胸衣裡塞滿了鑽石和寶石。這些東西成了防彈衣，也延長了它們的主人的痛苦。尤洛夫斯基寫道，當屍體身上的衣服被剝除後，我們在胸衣裡找到了十八磅的鑽石。

隨後屍體被裝上卡車，運往十二哩外科普特亞吉村附近的四兄弟礦井。在那裡，屍體被剝光衣服，衣服經過搜查之後燒毀。尼庫林後來接下負責把珠寶送到莫斯科的任務。屍體被扔進大約只有八呎深的礦井裡，然後他們朝礦井投擲手榴彈，將洞口封閉。

（這可以解釋後來白軍的調查人員在四兄弟礦井附近搜查時，找到的六十五塊燒焦、分散的遺物。其中的人類手指顯然是手榴彈爆炸時，從其中一名女性死者手上彈開的，後來被兇手所忽略。）

但是，故事到這裡還未結束。讓尤洛夫斯基感到厭惡和懊惱的是，他發現那個「祕密」埋屍地點成了城裡的話題。愛炫耀的厄曼科夫顯然在整個暗殺行動中喝多了，他找了一群跟他同樣愛喝酒的人來幫忙處理屍體，結果這幫人到處吹噓自己的做的事。

此時，隨著白軍的部隊的逼近，尤洛夫斯基和他的手下不得不再次埋葬沙皇和他的家人。第二天晚上，尤洛夫斯基帶著火把、繩子、煤油和硫酸回到埋屍地點，決定毀屍滅跡。一個叫瓦加諾夫（厄曼科夫叫他「瓦加鬧夫」〔Vaganof〕）的布爾什維克水手奉命下到泥濘的坑裡，用繩子把屍體拉上來。

沾滿泥濘、殘缺的屍體被裝上手推車，但是推車太不結實，無法使用。尤洛夫斯基便回城裡找了一輛卡車過來。一天就這麼過了。十九日，夜幕降臨時，尤洛夫斯基和他的手下載著生前被稱作「俄羅斯的獨裁者」尼古拉二世及其家眷和隨從等人已然腐敗、膨脹和爬滿蛆蟲的屍體，準備移往別處。此時距離屠殺已經過了三天。

那是一個多雨的夏天，卡車一直陷在泥裡。尤洛夫斯基和他的手下一次又一次地用木板把車輪撬出泥坑，但是到了凌晨四點半左右，卡車陷入了泥塘中，動彈不得。

由於時間緊迫，尤洛夫斯基打算就地處理屍體。他燒掉了其中兩具：阿列克謝和起初以為是皇后亞歷山德拉，後來經確認應該是她的女侍安娜．德米多娃。尤洛夫斯基在辨認這具屍體身分時產生的混淆，讓那些相信安娜塔西亞公主以某種方式逃過屠殺的人們燃起希望。無論如何，尤洛夫斯基似乎嚴重低估了完全燒掉一具屍體所需的時間——這是很多凶手都會犯的錯誤。也可能他用光了燃料。

黎明即將到來，時間不多了。筋疲力盡、感到厭惡的指揮官下令挖一個六呎深、八呎見方的坑洞。在幾片沼澤地的間隙，一處鐵路交叉口附近，沙皇和其他人的屍體被扔進這個坑裡，草草掩埋。由於這個坑太淺了，尤洛夫斯基擔心屍體臭味會飄出來，他決定用硫酸加以掩蓋。

「屍體被潑上硫酸，這樣他們就不會被辨認出來，同時也可以防止腐爛發臭。我們還撒上泥土和石灰，把木板放在上面來回碾壓了好幾次——坑洞便沒了痕跡。祕密被守住了——白軍沒有找到這個埋葬地。」尤洛夫斯基在他的報告中寫道。

在整個一九八〇年代，拉德金斯基在一本蘇維埃期刊陸續發表文章，講述他對沙皇之死的相關調查。他收到了數千封回信，其中很多來自於知道其他細節或是認識那些凶手的人。

一九八九年四月，出現了最終的突破：一個名叫蓋里・雅波夫（Geli Ryabov）的蘇聯偵探小說家在一本先鋒派週刊《莫斯科新聞》（*Moscow News*）上發表文章，描述他和一位葉卡捷琳堡的地球物理學家亞歷山大・阿弗多寧博士（Dr. Alexander Avdonin）於一九七九年，在斯維爾德洛夫斯克郊外的一個淺墓裡發現沙皇及其家人遺骸的過程。雅波夫那時還不敢公開這個發現，他等了十年才將此事公之於眾。

我的同事和我是在一九九二年於新奧爾良舉辦的美國法醫刑事鑑識科學會上聽說這件事的。我們看到關於發現屍體的新聞報導，報導表示美國國務卿詹姆斯・貝克（James Baker）訪問葉卡捷琳堡期間，親眼看到了這些遺骨。俄方詢問貝克，美國是否能在辨識遺骸上提供一些技術支援。

神祕的羅曼諾夫家族這四十多年來一直讓我為之著迷。這是一個極難得的機會，讓現代科學為二十世紀最令人費解、也最神祕的屠殺黑幕照進一絲光亮。很少有像沙皇一家這麼重大而神祕的死亡事件。葉卡捷琳堡的那個午夜之後，蘇維埃的歷史持續綿延了七十年，然而羅曼諾夫遺骸的最終命運仍然是一個巨大的謎團。列寧的遺體被保存在紅場的玻璃罩裡。沙皇的遺骨還保存在東北亞沼澤的泥炭和泥漿中嗎？我的思緒完全轉向了俄羅斯。

在新奧爾良期間，我詢問軍方法醫是否曾經接過來自俄國官方的協查請求。我並不想干涉別人的調查。他告訴我，他從沒聽說過這個案子；因此，他的部門與羅曼諾夫的事情無關。看來，沒什麼阻礙了。

我馬上組織了一支專家團隊。成員除了我，還有羅威爾・列汶醫生；麥可・巴登醫生；凱薩琳・歐克斯（Cathryn Oakes），紐約州警局的毛髮與纖維顯微鏡學家，同時是列汶的太太；我太太瑪格麗特，她是個媒體專家，會協助我們紀錄和拍攝；還有威廉・哥薩（William Goza），他是蓋恩斯維爾的退休律師和歷史學家，也是好幾個基金會的主席，擁有豐富的外交經驗。在後來的兩次葉卡捷琳堡之旅中，我們有幸得到兩位佛羅里達州法醫的協助，他們是威廉・漢米爾頓和亞歷山大・梅拉梅德醫生（Dr. Alexander Melamud）。梅拉梅德的俄語說得跟當地人一樣好——這也不足為奇，因為他是在烏克蘭出生長大的。

最終為我們打通關卡的是一份傳真，由佛羅里達大學校長約翰・隆巴迪博士發給蘇聯的地球物理學家亞歷山大・阿弗多寧博士（Dr. Alexander Avdonin），後者曾經親自參與遺骸的挖掘工作。幾週過去了。終於，我們收到了一封由阿弗多寧博士和斯維爾德洛夫斯克州衛生部次長亞歷山大・布洛欣（Alexander Blokhin）共同簽署的正式邀請函。我們收拾好行李，飛往俄羅斯。

我們在葉卡捷琳堡機場見到了前來迎接的阿弗多寧博士和斯維爾德洛夫斯克州法醫單位的負責人尼古拉・涅沃林醫生（Dr. Nikolai Nevolin）。遺骸由他保管，並且存放在他的研究室。第二天一早，我們就可以看到。

終於，最後一扇門打開了，我們進到放置那些重見天日的遺骸的房間裡，但是立即遇到了流程上的阻礙。起初，俄方不允許我們拍攝遺骸。這讓我們倍受打擊，並且提出嚴正抗議。如果我們不能把調查過程記錄下來，那所有工作就都白費了。然而從對方的角度，我也可以理解俄方擔心我們會藉此搶了風頭，並且利用這些極具歷史意義的遺骸獲取商業利益。

於是，我們達成了一個暫時性協議。那天上午我們會用幾小時檢查遺骸，不拍照。然後，我們會重新提出拍照的請求。我感覺俄方是想考驗我們究竟是真正的專家，還是獵奇的業餘愛好者。

在接下來的幾小時內，我消除了他們的疑慮。那天中午之前，我已經確認了所有擺在我面前那些沒有任何標籤的遺骸的性別與年齡，並且進行初步的身分確認。我迅速而準確的初步分析得到了讓人欣慰的回應：突然間，俄方對我們表現出真誠的崇拜之情。他們花了幾個月的時間，從各個領域找來許多專家進行獨立鑑定工作。而我們在幾個小時之內就得出了大致相同的結論。我告訴接待人員說，我們的工作不能再進行了，除非能夠記錄工作過程。然後我們就去吃午餐，他們則開會針對這項請求進行討論。當我們吃完飯回去，所有的障礙盡皆消除。現在，我們可以開始仔細地檢查了。

目前九具遺骸只依照編號來區分。有五名女性，四名男性。在五名女性中，有三名是甫發育成熟的年輕女性。所有人的臉部皆嚴重碎裂，無一例外。這使得面部特徵重建的風險變大，幾乎不可行。不過這也與暗殺的情況相符：受害者的臉部遭槍托擊打，以便讓人無法辨認。

所有女性的骨骼都有牙科處理的跡象。男性則無，雖然我們從歷史紀錄得知波特金醫生的上顎有個假牙板，後來由白軍的調查人員在四兄弟礦井的泥漿裡找到。不過可以肯定的是，其中一名男性的下顎有幾顆牙齒，上顎一顆也沒有，很可能他生前佩戴了義齒。

牙齒表面的牙釉質有酸性物質腐蝕的痕跡。顱頂的外層也被酸所腐蝕。遺骸中還發現了一個曾經裝有硫酸、破碎的罐子。這也與屠殺的敘述相符。而謀殺案發生前，凶手購買四百磅硫酸的收據還保存在俄羅斯檔案館裡。我曾親眼見過收據的副本。

墓坑裡共發現十四顆彈頭，以及一個手榴彈雷管的殘骸。子彈的口徑都是七．六二、七．六三或七．六五毫米，相當於點三二口徑的子彈。俄方告訴我們，他們認為其中九發子彈是從納甘步槍發射的，四顆可能來自白朗寧手槍，還有一顆來自其他槍型，可能是毛瑟槍。這些子彈幾乎肯定是射進死者體內，後來隨著屍體腐敗，有十二顆逐漸脫落。俄方還告訴我們，墓坑中除了骸骨，還找到了脫落的牙齒。

其中三具屍體，分別是二號、三號和六號，頭部有貫穿的槍傷。另一具屍體，九號，胸骨上有一處刺傷，可能是刺刀造成的。

需要注意的是，不管是槍傷還是刀傷，並不是每一個致命的傷口都會在骨骼上留下痕跡。但本案是個例外。

• 一號遺骸，根據骨盆判斷，是一名發育成熟的女性。頭顱上的面骨缺失。下顎有一枚做工粗糙的金牙橋——說明這項牙科手術並不是太昂貴。不過最能說明問題的細節來自於我對踝關節所做的檢查。關節表面有骨贅形成，這名女性似乎大多時候都蹲下或者跪著，也許是在擦拭地板或者做其他雜活。根據這些關節的特徵連同屍體群的組成，我相信這具遺骸屬於皇后的女侍安娜·德米多娃。

• 二號屍體是所有遺骸中唯一軀幹仍然完好無損的。遺骸被屍蠟包覆在一起。屍蠟是人死後，體內的脂肪組織和水分結合形成的一種灰白色蠟狀物質。最早發現並記載屍蠟的是十七世紀的散文作家托馬斯·布朗（Thomas Browne）爵士，他當時的描述至今仍然準確：

> 牙齒、骨骼和頭髮是最能夠最長時間抵抗腐敗的東西。在一具十年前埋於教堂墓地、腫脹的屍體上，我們發現了一種凝固的脂肪。土壤裡的硝酸鉀、鹽和浸著屍體的液體與大量的脂肪產生作用，轉化成如肥皂般的塊狀脂肪。

俄方從這具屍體的屍蠟中，在骨盆和椎骨附近各找到一顆彈頭。

這具遺骸屬於一名前額平坦傾斜的成年男性。我認為是謝爾蓋·波特金醫生。他負責照看年輕的皇儲阿列克謝，和沙皇一家一起被殺害，他生前的照片顯示出和遺骸非常相似的前額形狀。顱骨沒有上牙床，七十年前，白軍在四兄弟礦井的礦口裡發現了波特金醫生的假牙板。遺骸頭骨上有一處槍傷，子彈自左上額骨射入，右太陽穴穿出。

一九三五年，厄曼科夫告訴哈里伯頓說，波特金醫生「舉起雙手，把臉別了過去」。雖然厄曼科夫的記憶有誤，認為波特金醫生是頸部中彈，但是醫生別過臉去的細節驗證在二號屍體的頭骨上。

- 三號屍體屬於一名前額突出的年輕女性，死時二十歲出頭。經初步判定，應該是年輕的奧爾加公主。頭部的形狀和奧爾加生前的照片十分接近。頭骨從眼眶上部到上顎之間的臉骨缺失了一半。死者很明顯已發育完全，並且第三顆智齒的牙根已完全長成。遺憾的是，腿骨並不完整；在我們抵達現場之前，腿骨挖出時被分成了幾段。因此，它們不能用來推估身高。雖然手臂的骨骼長度不如腿骨可靠，我們還是估算出死者的身高約莫六十四．九吋（一百六十五公分）。列汶醫生在她的牙齒上發現了不少汞合金填充物，其他兩名年輕女性也有同樣的情況。很可能她們生前都嗜吃甜食。

在三號遺骸上，子彈從左下顎的底部射入，打碎了顎骨，然後穿過鼻骨後方的上顎，從額骨穿出。這種彈道軌跡形成的原因，可能是把槍抵在下巴朝上開槍，或者是朝著一個倒地的人開槍。出口傷非常齊整，是一個幾近完美的圓形孔洞。頭骨頂部則有酸腐蝕的痕跡。

四號屍體在此先按下不表，原因隨後就會揭曉。

• 五號屍體屬於一名年方一、二十歲的年輕女性。她的半邊臉也缺失了，跟三號屍體的情況一樣。列汶醫生和我一致認為，她是我們面前五具女性遺骸當中最年輕的。我們的結論是根據她第三顆智齒的齒根尖還沒有發育完全。她盆骨後側的骶骨也尚未發育完全。她四肢的骨骼顯示近期才剛剛結束發育。她的背部呈現出發育未成熟的跡象，但無論如何，那是一名至少十八歲女性的背部。我們估計她的身高落在六十七·五吋（約一百七十一公分）。俄方告訴我們，在這具屍體旁邊的一塊屍蠟裡發現了一顆彈頭。我們相信這副遺骸屬於瑪麗亞，謀殺發生時她十九歲。

• 六號屍體則屬於一名發育完全的年輕女性。她的牙齒和骨骼發育剛好介於三號和五號之間。她四肢的骨骼上沒有近期生長的跡象。她的骶骨和骨盆邊緣已發育成熟，說明她至少有十八歲了。基於她四肢的骨骼長度，我們估算出她的身高是六十五·六吋（約一百六十七公分），也介於另外兩位年輕女性之間。重要的是，她的鎖骨已經完全發育，說明她至少二十二歲了。槍殺案發生時，公主塔季揚娜的年齡是二十一歲兩個月，所以這具遺骸與歷史記載非常接近。

六號屍體有一個從頭骨左後側穿入的槍傷，相應的出口傷在右側太陽穴前面。入口傷的直徑小到只有八·八毫米，與殺手使用的點三二口徑槍械一致。點三二的子彈直徑是七·六毫米。這名年輕女子是從腦後被射殺的。

所以，三號、五號和六號屍體依序分別是奧爾加、瑪麗亞和塔季揚娜。那麼安娜塔西亞在哪兒呢？這三名年輕女性的骨骼年齡都大於安娜塔西亞，在槍殺案發生當晚，她只有十七歲一個月。我們的俄羅斯東道主認為六號屍體，亦即三名年輕女性居中的那個，就是失蹤已久的安娜塔西亞。哎呀！根據面前這三具骨骼的牙齒、骨盆、骶骨和四肢的發育狀況來看，我們不得不提出反對。俄方在六號屍體上耗費了大量人力，試圖用大量的膠水復原臉部的骨骼，把深溝填平。在他們把這些互不相連的骨頭碎片重新拼合的過程中，他們被迫一再重新做出估量，因為這些碎片根本無法自然拼合在一起。這是一項不容易又很精巧的工作，但是有點異想天開，因此無法說服我。我認為，安娜塔西亞不在這個房間裡。

另一項證據是遺骸的身高。這名年輕女子的身高和另外兩名在同一墓坑中發現的年輕女子大致相同。在謀殺前一年，一張安娜塔西亞和她的姊姊們的合影中，可以看出她比奧爾加矮，並且明顯比塔季揚娜和瑪麗亞都矮。

我們並沒有找到拍攝於槍殺案發生前幾個月的皇室照片。在那段時間裡，安娜塔西亞會不會正在「長高」？她的身高能突然「趕上」姊姊們嗎？這不太可能。

一九一七年九月，就在槍殺案發生前十個月，皇后亞歷山德拉被軟禁在托博爾斯克（Tobolsk）時，她在日記中寫道：「安娜塔西亞很豐滿，像瑪麗亞以前那樣——肉肉的、粗腰、小腳——**我希望她能長高些……**」（粗體是我的標注）。雖然這句話相當含糊，看上去也明確表示了安娜塔西亞的身高還不如她的姊姊們，因此被期望能夠長高。

讓我暫且擱置七號屍體，留待稍後再說。

- 八號屍體的骨架支離破碎，而且遭硫酸嚴重損毀。它屬於一名四十多歲到五十多歲的男性。八號屍體的上顎沒被找到。下顎找到了，但是死的時候上面的牙齒已經全都掉光。緊鄰眼眶上方的部分，也就是生前眉毛生長的部位相當平坦。這個頭骨的主人在世時有一張扁臉。從髖骨和骨盆來看，這具遺骸一定是男性。他的體格看上去並不健碩。一根尺骨折斷過，後來痊癒。我認為這具遺骸是廚師伊萬・米哈伊洛維奇・卡利托諾夫（Ivan Mikhailovich Kharitonov），主要是根據排除法，我稍後會解釋。

• 九號屍體屬於一名身高超過六呎（約一百八十三公分）、骨頭粗重的男性，並且剛進入衰老期。頭骨的後半部分缺失。牙齒磨損嚴重。胸骨上有一個前後貫穿的刺入傷，可能是刺刀造成的。但是，我認為這塊特別的胸骨並不屬於這副遺骸的一部分。至於其餘部分，健壯的骨架尺寸和特魯普的描述非常符合，他是沙皇在葉卡捷琳堡的隨從之一。

至此我們已經討論過一號、二號、三號、五號、六號、八號和九號屍體。讓我們回來細說四號和七號，從後往前說。

• 從某種意義上來說，七號屍體是墓坑裡所有遺骸中最重要的一具。它屬於一名年長的女性，她的胸腔骨骼或許被刺刀損壞了——骨頭狀況不是特別好，因此我無法做出確定的結論。但是引起我們注意的並不是這一點，而是她那令人驚奇、超群的牙齒修整術。我的同事列汶醫生起初以為下顎的兩個銀色牙冠是鋁製的「臨時牙冠」。結果不是。令他吃驚的是，他發現那是鉑金製成的。當我們用閃光燈給這個頭骨拍照時，那閃閃發光的鉑金牙冠在突如其來的強光照射下閃閃發亮。列汶醫生還在下顎發現了精美的瓷製牙冠，以及精心打造的黃金填料。這是讓人驚嘆的牙科工作，非常昂貴又足以以假亂真。

正是這項使用了貴金屬，除了俄國最富有的人之外沒人負擔得起的牙科修整術，讓那些挖掘墓坑的人最終相信那就是皇室成員的遺骸。皇后亞歷山德拉在她的日記中提到曾經看過幾次牙醫，可見她確實去了。布爾什維克殺手搜刮了皇后的珠寶，但是他們拿不走她的牙齒。而這些美麗的牙冠在皇后死後仍然在雄辯地發言。另外，再將散落的子彈、幾段繩子和砸碎的硫酸罐一併考慮進去，這些牙齒對於挖掘者來說是一個強烈的信號，他們在挖的確實是沙皇及其家人的墓坑。

• 我相信是四號屍體是沙皇尼古拉二世。它屬於一個身材矮小的中年男子。骨架中有一塊明顯為男性的骨盆。其上顎非常寬闊平坦，與沙皇蓄鬍之前照片上的嘴形一致。眉骨突出的部分也與沙皇相符：尼古拉生前的照片顯示他眼眶上有一副彎曲突出的眉骨。髖骨顯示出長期騎馬造成的典型磨損和變形，而我們知道，沙皇很熱中於騎馬。

唯一不和諧的部分來自於這副骸骨的牙齒狀況非常糟糕，並且沒有任何牙科修整的痕跡。在所有留存下來的牙齒上，一個填充物都沒有。所有牙齒上都有灰斑，下顎明顯呈現出牙周病的跡象。這些牙齒的主人早該去看醫生了。為什麼他沒有去呢？身為沙皇，他當然可以負擔得起一個好的牙醫！

我相信尼古拉一定非常懼怕牙醫，而且因為他是沙皇，所以以沒人敢催促他去看牙。階級是有其特權的，這些特權包括讓牙齒自由地爛掉，如果他願意的話。沙皇在牙醫的電鑽前是個懦夫嗎？他害怕身體的疼痛嗎？他的顎骨給出的答案是肯定的。看到那些壞死的、被忽視的牙齒，我不知道自己是不是想得太多，那些牙齒正是俄羅斯末代皇族最後幾年的真實寫照吧，他們開始一點點塌落，但是沙皇卻不想經歷那些必經的痛苦去修補損害，拯救自己。也許是，也許不是。

我拿起頭骨，捧在手裡，凝神關注。它是灰白色的，臉骨已然碎裂。在頭骨的中間，眼眶以下，顎骨以上，一塊黑色的空缺張著大口。強烈的擊打破壞了它原本的形狀。我腦海中浮現出喬治・歐威爾《一九八四》裡的句子，「如果你要設想一幅未來的圖景，就想像一隻腳踩在一張人臉上好了——永遠如此……」，這部小說描述的是一幅噩夢般的景象，部分是影射當時因為殘忍而臭名昭著的蘇聯政府。沙皇的頭骨遭到嚴重地毀壞，他的遺骸和他的命運是如此契合。他是布爾什維克野獸行徑首當其衝，也是最為重要的受害者之一。

但是他最終挨過來了。連他那口壞牙都挨過了這個將他置於死地，然後又試圖悄無聲息地把他永遠埋於黑暗的暴徒國家。現在，尼古拉二世，所有俄國人曾經的沙皇，和他的家人以及一些僕從，重見天日了。

當我為這現實的諷刺而深思時，一件古怪的事情發生了。我們當時正互相傳看著頭骨，突然聽到顱腔裡面有沉悶的撞擊聲。用手電筒往顱底照進去，從頭骨連接椎骨的小孔朝裡探看，我們發現一小塊乾燥萎縮的物質，大概有一顆小梨子那麼大，來回滾動著。那是尼古拉二世已然乾癟的大腦。

我相信這就是沙皇的頭骨。其他三具男性的骨骼都不如這一具符合尼古拉二世生前的形體特徵。二號，波特金醫生有一個非常明顯的、扁平前傾的額頭，並且他佩戴牙托，正如我們所知的他生前的狀況。九號遺骸比沙皇高，年紀也大很多。它幾乎肯定是特魯普，六十一歲的男僕。八號，也是所有男性骨骼中破碎程度最嚴重的，被潑灑了大量硫酸。起初我們以為這些碎骨是有意被分解的，也許是跟他的階級地位有關。但是頭骨的形態與沙皇生前的面容完全不同，特別是在緘默的眉骨上。這些應該是廚師卡利托諾夫的骨頭。它們被酸腐蝕得最嚴重，並不是因為什麼特殊的仇恨，而是躺在墓坑的最深處，也就是最底部。

確實，我們對這群遺骸的組成分析得愈多，就愈能感覺到這些骨頭是多麼符合對沙皇及其家人的處決情節。所有的骸骨都為彼此做出證明。每一組骸骨都為其他骸骨身分的辨認做出了貢獻。最後，它們全體組成了一個很有力的間接證據網路，其中每一具獨特單一的骸骨都對最終結論起到了支援作用，考慮以下幾點：

除了遺失的皇儲阿列克謝和公主安娜塔西亞的遺骸，其他每具遺骸都與這個群體裡已知存在的受害者吻合。如果你想要隨便尋找並且試圖把這個群體湊齊，還要符合歷史記載，你得需要非常好的運氣，或者要經過大量的實際檢驗，以確保一切都相符。謀殺案發生時，沙皇五十歲，皇后四十六歲。奧爾加二十二歲九個月；塔季揚娜剛滿二十一歲；瑪麗亞五個月前剛剛過了十九歲生日；而安娜塔西亞十七歲一個月。阿列克謝再兩週就十四歲了。女侍德米多娃四十歲。男僕特魯普六十一歲，廚師卡利托諾夫斯四十八歲。

當我們對比這些年齡以及其他所掌握的沙皇及其隨從的情況，通過骨骼上的證據，一切都變得井然有序。德米多娃的骨骼符合年齡和性別。波特金的骨骼有正確的前額形態，符合的年齡、符合的性別、符合的牙科紀錄。三名年輕女性的骨骼以及最年長女性的骨骼有一些共同的特徵，常見於家庭成員之間，表明她們之間的血緣關係。三名年輕女性的口腔中都有同樣類型的牙科修整，說明她們是被同一個牙醫治療的。那名年長女性的牙齒上也有類似特徵，也說明她們之間的關聯。此外，最年長的女性有著非常昂貴的牙科修整，驗證了皇后亞歷山德拉日記裡數次提及的訊息。沙皇的骨骼呈現出年齡相符、身高相符與面部特徵相符。男僕特魯普的骨骼呈現出磨損的牙齒，以及我們所預期的年齡、性別和身高。廚師卡利托諾夫也呈現出正確的年齡和性別特徵。

埋葬的每一個細節都表明那是在非常匆忙和祕密的情況下進行的，與當時的歷史環境非常符合。那些日子裡白軍正逼近葉卡捷琳堡。屍體的面部被擊碎，萬一日後被人發現也無法辨識。之後屍體還被潑上硫酸，進一步毀壞可辨特徵。然後埋在一個沒有標記的墓坑裡，一同埋葬的還有拖動他們的繩子以及裝硫酸的罐子。我們從厄曼科夫那裡得知他們使用了點三二口徑的武器，非常確定，之後在墓坑裡也找到了點三二的彈頭。購買硫酸的收據也有紀錄。一切都對上號了。

或者說，幾乎一切。這九具遺骸中沒有一具屬於十四歲的阿列克謝。與俄國人最初的願望相悖，同樣沒有一具屬於安娜塔西亞。

在行動總結祕密報告裡，尤洛夫斯基提到了在墓坑旁邊焚燒了兩具屍體。一具是皇儲的，另一具是女性屍體，他起初認為是皇后亞歷山德拉，後來又覺得應該是女侍德米多娃。

這個疑點給了那些堅信安娜塔西亞逃過了家族劫難的復活論者最後一絲希望。這些固執的樂觀主義者問道：尤洛夫斯基怎麼可能把一個十七歲女孩的屍體與另外兩具四、五十歲的女性屍體相混淆？一九八四年去世的那位女士「安娜・安德森」所說的是事實嗎？她會是羅曼諾夫家族的倖存者嗎？

我對此非常懷疑。我相信自己可以解釋為什麼尤洛夫斯基會把女性屍體搞混。我長期與腐爛屍體打交道的經驗讓我對他們引起的迷惑早已見怪不怪了。

請記住，沙皇一家是在夏天被殺死的。血會把受害者的頭髮都浸濕，之後會乾結成深色的硬塊。屍體在平均大約華氏七十度（相當於攝氏二十一度）的日間氣溫裡分解了三天，已經膨脹變形，膨脹的屍體很難推測出原來的重量和腰圍。

此外，還必須記得，據稱除了皇儲阿列克謝之外，所有的屍體都被剝除了衣服。辨別屍體最簡單的方式是透過他們所穿的衣服，但是現在這個條件沒有了。總之，所有裸露的、膨脹的女性屍體看上去會非常相似。

接著，還要考慮到蒼蠅。蒼蠅找到死屍後第一時間就會在上面產卵，蠅卵在短時間之內便會孵化成幼蟲，然後馬上活躍起來。那個地區有大量的蒼蠅——我去考察時親自觀察到的。這些屍體上有很多傷口。死者的臉部被砸得血肉模糊，一整天被曝屍在四兄弟礦井旁邊，然後才被扔進礦井。礦井隨後被扔進手榴彈，進一步損毀屍體。蒼蠅有充足的機會在傷口、眼睛、鼻孔和其他孔洞上產卵。這些蠅卵以及隨後孵化出的蛆，會在屍體被損害的臉部形成很厚泡沫層，進一步讓屍體難以辨認。

然後，屍體被埋在四兄弟礦井的消息被傳了出去，尤洛夫斯基和他的手下不得不把屍體挖出來，在別的地方另行埋葬。最終，在無名墓坑埋屍的時間距離處決發生已經過了三天。

膨脹的屍體，在血液中凝結成塊的頭髮，缺少的衣服，在屍體臉上的蠅卵及蛆蟲，還有夜幕壟罩——這些因素都使屍體很難被辨認。把一具女性屍體和另一具相混淆是很有可能的。

無論如何，我認為事實是這樣的。尤洛夫斯基在報告中說他焚燒了兩具屍體。一具屬於年輕的阿列克謝；另一具是安娜塔西亞。這也解釋了為什麼兩個最年輕的孩子的遺骸並沒有出現在法醫辦公室的檢驗檯上。

阿列克謝和安娜塔西亞有沒有一丁點倖存下來的可能？有沒有可能哪個好心的布爾什維克分子最終放走了他們？可不可以想像，就算阿列克謝遭受著血友病和殘殺的雙重傷害，失蹤的皇儲還是活了過來，恢復健康，然後逃往西方？可能性當然是有的。我只是覺得那微乎其微。從我對於古代或者當代的謀殺案的熟悉程度來看，我很難相信這些牽強的仁慈之舉。

一九六四年，屠殺當時擔任尤洛夫斯基的助手格利高里．尼庫林被勸說錄製了一盤對於事件回憶的錄影帶。那時大部分的刺客都已經死了。尤洛夫斯基在一九三八年痛苦萬狀地死於潰瘍。

誇誇其談的厄曼科夫，一九三五年就和哈里伯頓進行了「臨終」訪問的那位，居然比年輕的記者還多活了幾年。他後來一遍又一遍地在篝火旁向年輕的蘇維埃先鋒講述自己的豐功偉績，直到一九五二年才過世。

屠殺發生時，尼庫林是一個冷靜又冷血的年輕殺手。尤洛夫斯基親自招募他，特別喜歡他，甚至稱他為「兒子」。尼庫林還是個禁酒主義者。他的回憶因此比謊話連篇、醉酒的厄曼科夫那套渲染過度的口供更加有分量。

一九六四年，尼庫林好不容易被說服到廣播電臺講述事件過程，但是他仍然固執地拒絕談論關於謀殺的細節。

「沒有必要再提了。我們心裡有數就好了。讓它隨我們而去吧。」他簡潔地說。

當被問及安娜塔西亞設法躲過了子彈並逃往西方的傳聞時，尼庫林以一個知情者平淡的口吻簡略答道：「他們全都死了。」

一九九三年，關於皇族遺骸出現了一個戲劇性的新進展。在英國進行的DNA測試中，有個來自英國王室的血液樣本與俄國皇族遺骸中提取的一個樣本進行匹配，確定率達百分之九十八．五。加州大學柏克萊分校的瑪麗亞－克雷爾．金醫生（Dr. Mary-Claire King）重新分析了我們帶回的樣本，並且確認了英國方面報告的資訊。

DNA是含有每個人獨一無二的基因代碼的一種遺傳物質。在每個活細胞裡有兩種DNA，核DNA（nuclear DNA）和線粒體DNA（mitochondrial DNA）。第一種類型的DNA，核DNA或稱染色體DNA，容易受到高溫或者分解腐敗的破壞，它會在血跡、衣物或者精液中停留更長的時間。當屍體開始腐敗時，基本上就不可能分離出染色體DNA了。細菌大舉入侵，蒼蠅飛來用牠們自己的DNA污染屍體，留下的是無法提取有效染色體DNA樣本的大雜燴。

幸運的是，第二種類型的DNA，線粒體DNA，並不存在於細胞核，而是在細胞質內。這種遺傳物質存在於女性的卵子和男性精子的尾部，但是當受精的一瞬間精子進入卵子，精子的尾巴便脫落。因此，男性的線粒體DNA丟失，女性的線粒體DNA則被傳給了每個後代。一代又一代，沒有改變地傳遞下去。每個孩子都有他母親的線粒體DNA，而母親也有她母親的線粒體DNA，以此類推。線粒體DNA的改變極為罕見，每隔三、四千年才會發生一次。這就是線粒體DNA的神奇之處。它在同一個家庭裡通過女性的繁衍代代相傳。它可以在我們的骨頭裡存在數百年，只要骨頭不被火化。

在羅曼諾夫這個案件中，我們可以很容易地追溯到維多利亞女王，她被稱為歐洲皇室的祖母。和任何一位母親一樣，維多利亞女王把她的線粒體DNA傳給後代。她的女兒又把同樣的線粒體DNA傳給她的後代，其中之一就是亞歷山德拉，沙皇尼古拉二世的妻子。亞歷山德拉把她的線粒體DNA傳給她所有的孩子們。同樣的，亞歷山德拉的姊姊，黑森（Hesse）的維多利亞公主，也把它傳給自己的孩子，其中之一是菲利浦親王的母親，然後再傳給愛丁堡公爵和他的姊妹們。因此，菲利浦親王血液中的線粒體DNA和維多利亞女王以及皇后亞歷山德拉應該是完全相同的。

透過相關的測試就能確認。

這項測試於一九九三年七月在倫敦附近進行。菲利浦親王提供了自己的一份血液樣本，DNA隨後被提取出來。與此同時，俄羅斯科學院DNA單位的負責人帕韋爾・伊萬諾夫（Pavel Ivanov）把一份羅曼諾夫家族的骨骼樣本帶到了英國。在那裡，以一項叫做聚合酶連鎖反應（Polymerase chain reaction, PCR）的技術，從骨骼樣本中提取了少量DNA樣本，並且進行培植擴增。

線粒體DNA的核苷酸所包含的鹼基可分成四種，分別是：胞嘧啶（cytosine）、腺嘌呤（adenine）、胸腺嘧啶（thymine）和鳥嘌呤（guanine），簡稱CATG。每組線粒體DNA中，含有一萬六千五百六十九個鹼基對，呈環狀。電腦列印出來的DNA圖譜看上去像是一套超級複雜的代碼，四個字母整齊排列，一遍遍地重複著印滿很多頁紙，只在很細微的部分順序有所不同。幸運的是，我們不需要把一萬六千五百六十九個鹼基對都檢查一遍。我們可以集中在一些特定的「高變異區」（hypervariable regions），由共六百零八個鹼基對組成。電腦在高變異區的比對中提供了很大的幫助。當兩份DNA樣本中的高變異區在那些重要的監測點出現吻合時，你就可以確定它們是一樣的。

菲利浦親王的血液DNA與羅曼諾夫的骨骼DNA比對時，就是這樣的情況。內政部法醫科學處的彼得・基爾醫生（Dr. Peter Gill）表示，這兩份樣本含有相同DNA的概率是「近乎百分之九十九」。連同極具說服力的體質人類學證據，呈現的結論是清晰且無可辯駁。在死者從墳墓中爬出，重新生長出血肉的末世審判日到來之前，當我們所有的疑惑終將在轉瞬間解決的那天到來之前，可以說，我們已經盡可能地揭開了羅曼諾夫家族的祕密。不過，我們在總結報告中仍然建議對埋屍處附近的區域進行仔細翻找，繼續尋找尤洛夫斯基說他燒掉了的屍體遺骸。我相信，這種挖掘工作也許真的會找到安娜塔西亞和阿列克謝已經煅燒的遺骸。

安娜．安德森於一九八四年去世，去世之前，她仍聲稱自己就是安娜塔西亞。她的遺體火化了，也就喪失了最後一個證實她是否假冒皇族身分的機會。火化會把骨骼中所有的基因組成都破壞掉。目前還沒有任何技術可以從骨灰中提取DNA。據說安娜．安德森的頭髮有保存下來，但那是剪下的頭髮，沒有髮根。人類毛髮的根部主要是由死皮細胞組成的，可以提供大量的DNA。只有對帶毛囊的頭髮進行DNA檢測才有用。安娜．安德森生前做過手術的一家醫院裡保存著她身體部分的組織樣本。至今為止，由於法律因素，這些樣本仍然不能用來做DNA檢測。

俄羅斯的一個委員會將會聽取我們的結論，而我相信來自英國的DNA結論會讓這個亙古謎團最後真相大白。據我所知，羅曼諾夫家族的遺骨會被安置在聖彼德堡，那個曾經被稱為列寧格勒的地方。

但是，這個漫長而奇妙的故事最後，還有一個注腳。被安葬的沙皇遺骨中，胸骨或者手臂很可能是錯的！我對遺骸的檢驗結論是，屬於九號遺骸，也就是男僕特魯普的手臂以及被刺刀捅過多次的胸骨，實際上應該屬於四號沙皇本人。在墓坑裡，四號屍體被扔在九號屍體上面，經年累月，骨頭就會混在一起。俄方費盡力氣想分別它們，但是我相信胸骨和手臂還是被搞混了。我對俄方提出了這件事，他們看上去也接受了我的結論。其他一些骨頭也有混淆和雜亂的情況。但不幸的是，沒人有權把已經拼好的遺骸再分開，把手臂和胸骨重新歸回給他們原本的主人。

所以，看上去最終是這樣的，當末代沙皇最終安寢在聖彼德堡時，他死後仍然會像生前一樣，被他忠實僕人的雙手照料。

16 「這些潦草的紀錄和我們的遺骸」
"These Rough Notes and Our Dead Bodies"

「血管乾涸，衣物盡棄，
和你們長相伴的我們還將存續。
——日復一日，夜復一夜。」
我體內的骨頭如此總結。

因此它們應該順從我意
在我始終是其主人之日，
血肉和靈魂，現在都很堅強，
它們讓這脆弱的僕從顯得健壯。

在這理智之火燃盡之前，
思想的煙霧四下飄散，
和亙古長夜孤獨相守的
是那堅定不朽的骨頭。

——阿爾弗雷德・愛德華・豪斯曼（A. E. Housman），
《永恆的部分》（*The Immortal Part*）

當我寫下這些字句時，正值蓋恩斯維爾三月初一個微風徐徐的明亮春日。充滿生機的橡樹已經開始長出新葉，山茱萸和杜鵑花也綻放出花朵。朝氣蓬勃的年輕學子騎自行車穿過校園，在高寧書店裡流連，或在宿舍附近草坪上念書，同時沐浴著陽光。

但是我關心的並不是他們。我關心的是鬼魂。

我想起五名年輕的學生，其中四名來自佛羅里達大學，一名來自附近的聖塔菲社區學院，他們在一九九〇年八月遭到惡魔般的虐待、殘害和謀殺。在這五名學生身上共發現六十一處刺傷、割傷和其他毀容傷害。其中一人的頭顱被切下放在她公寓門邊的書架上，與視線同高的位置。有四名受害者是女性，分別是：索妮亞・拉森（Sonja Larson），十八歲，來自迪爾菲爾德海灘（Deerfield Beach）；克莉斯蒂・鮑威爾（Christi Powell），十七歲，來自傑克遜維爾；克麗斯塔・霍伊特（Christa Hoyt），十八歲，來自蓋恩斯維爾；還有翠西・鮑勒斯（Tracy Paules），二十三歲，來自邁阿密。還有一名男性死者曼尼・塔博阿達（Manny Taboada），二十三歲，也來自邁阿密。當時這起連續謀殺案造成了嚴重恐慌，上千名學生逃離蓋恩斯維爾，他們害怕自己也會有生命危險。

三月初的一天，一群陪審團成員聚集在阿拉楚阿郡法庭的燈光下，他們剛剛把目光從這五名年輕人的照片上移開，這些照片是在受害者的屍體被發現後拍攝的。照片上過於殘酷的畫面都用黑色膠帶遮住了，這將不利於陪審團做出公正裁決。我完全可以理解為什麼會選擇性遮蔽這些影像。在我漫長的職業生涯裡，我很少見如此墮落邪惡的犯罪現場照片。

當陪審團成員在琢磨這些慘不忍睹的照片時，和他們處在同一個空間的正是這些慘案的罪魁禍首：丹尼．哈羅德．羅林（Danny Harold Rolling），一個來自路易斯安那州什里夫波特（Shreveport）的流浪漢。羅林宣稱自己是被迫殺人，因為他小時候遭到虐待——現在這種託詞很常見。在犯下五重謀殺案之後（作案時間相隔不到四十八小時），他立即因為另一項指控被捕，直到兩個月後，一九九〇年十一月二日，他才被列為此案的犯罪嫌疑人。當檢察官在陪審團面前揮舞著那些恐怖的犯罪現場照片時，羅林的臉色變得蒼白，好像病了一樣。「我得離開這裡。」他低語道。

陪審團的任務是決定對他的刑罰：終身監禁或者電椅處死。他們從下午討論到晚上，第二天早晨又重新召開會議，直到做出裁決。陪審團建議應對丹尼．羅林判處死刑。

我記得羅林在被捕之後的幾年裡是如何拒不認罪，在獄中把調查人員耍得團團轉。他認為自己的聰明才智對付警方綽綽有餘。他以為自己抹去了犯罪現場所有的罪證。他把用來捆綁受害者的膠帶全都收走，只漏掉了一段。行凶後，還用清潔劑清洗了其中兩具屍體，並將遭他殘殺的女孩們的屍體擺成各種淫穢的姿勢。不幸的是，他在現場留下了精液痕跡，因此藉由DNA鑑定確認了他的身分。

由於我擁有鑑定工具痕跡和骨頭傷口這方面的專業背景，所以我受命參與由第八區法醫威廉．漢米爾頓所主持的屍檢。漢米爾頓是一個才能出眾、沉默低調的人。和他的一些同事不同，他嚴格避開媒體的關注，默默地工作。我們認識很多年了，但初識時我就覺得他是一個非凡而難得的人：他更願意尋求真理，並以實際的作為來為國家人民服務，而不是追逐名望。而正是漢米爾頓對工作的一絲不苟，才使羅林落入科學證據的密網之中。我在這起案件中的角色微不足道。但是不管最後羅林的下場如何，在將他送往制裁的路上，我想，我也出了一點力。

我的工作重點是凶器研究，由我最優秀的學生之一戴娜・奧斯汀・史密斯從旁協助。骨頭比皮膚和軟組織更能揭示有關凶器的資訊，因為它們沒那麼有彈性。皮膚會在分解過程中拉伸、扭曲、鬆弛，最終潮解。而骨頭雖然比你想像中的更有彈性，但是卻能留下長久且更加準確的凶器痕跡。現在，我已無須多言了，我對人體的骨骼樣貌就像對我家房間一樣熟悉。

謀殺案中使用的凶器是一把大刀。刀柄在一名受害者背部留下了印痕，刀尖從她另一側的胸口處穿出，相距八吋，刀身完全刺入，整個埋進那個可憐女孩的身體裡。但考慮到肋骨受力後會壓縮，以及凶器刺入身體時的猛烈程度，刀刃的實際長度可能會稍短一些：謹慎地說，應該是七到八吋。

準備好受損骨骼的樣本之後，我開始在低倍立體顯微鏡下檢查刀痕。我發現了刀刃留下的鋒利切口，刀背留下的兼有尖銳和粗鈍的痕跡，刀子埋入身體觸及脊椎所留下的點狀痕跡，還有一系列的骨創傷。我從這些傷口得知刀子本身的寬度，也就是刀刃到刀背的距離。

我總結了凶器的特徵。長度為七到八吋，寬度一・二五到一・五吋。刀刃鋒利、平滑、無鋸齒。刀尖背側開出一段假刃。刀身和刀柄之間的護手形成特定的形狀。刀鋒的橫斷面像是拉長了的五邊形。總之，我的結論是，這是一把非常堅固的刀子，像是軍用武器。刀刃並不像廚房用刀那麼薄。這把可怕的凶器刺穿了厚實的骨頭，卻沒有任何「跳刃」(blade chattering)跡象。跳刃是一種術語，用來形容薄刀在切割時發生細微左右位移的獨特痕跡。

一九九〇年九月七日下午，我在奧蘭多的州檢察官辦公室處理另外一起案件時接到來電，對方要我和漢米爾頓醫生以及蓋恩斯維爾重案組的負責人一起開會。我開車狂奔了一百哩，在下午四點左右趕到了。

我們被問及有關凶器的問題：有可能是一把空軍救生刀嗎？我說不是。那種刀的刀背上有鋸齒狀的豁口，而且只有五吋長，比這些謀殺案中使用的凶器短太多了。然後有人問，是否有可能是海軍陸戰隊使用的戰鬥刀，叫做卡巴刀(Ka-Bar)。我回答說很有可能。

會後我進一步思考了這個問題。我知道卡巴刀的大致形狀，但是我想百分之百確定。那個週末，我前往附近商場裡的一家刀具店，那裡有賣卡巴刀。我仔細地檢查了一把，還用我總是隨身攜帶的卷尺進行測量。它正好符合傷口尺寸！店員好奇地看著我。最後他忍不住問我為什麼要做這麼多測量？我含糊其辭，但是當瑪格麗特和我走回車子時，我把我的想法告訴她。這些可怕的謀殺案所使用的凶器幾乎可以肯定是一把卡巴刀。

正如我前面提到的，羅林這時因為另一起不相關的指控遭警方拘留。他尚未成為蓋恩斯維爾謀殺案的犯罪嫌疑人。直到三年多後，我才知道羅林確實曾在一九九〇年七月十七日，也就是凶案發生的前幾週，在塔拉哈斯(Tallahassee)的一家陸海軍用品店買了一把卡巴刀。

警方用金屬探測器搜查了許多可疑區域，但是仍未尋獲真正的凶器。在羅林即將出庭前的一個週四，一場關鍵的聽證會徹底扭轉了案件局勢。

州檢察官羅德·史密斯（Rod Smith）獲得法院的批准，提交了一件「凶器複製品」做為證據，也就是我們認定為凶器的卡巴刀的複製品。不僅如此：**驗屍時從受害者身上取下的骨骼遺骸**，刀子在上頭造成的殘忍刻痕、劃痕、凹痕和刨削讓我得以精確判斷出凶器的尺寸，也獲准做為證據。因此，不僅是刀子，骨頭本身也會呈現在陪審團面前。

「開庭之前的週四，」我桌上的一份法庭紀錄寫道：「在法官面前的不公開討論中，一部分是討論關於刀子的複製品，以及梅普斯博士對於傷口準確的鑑定工作。還討論了骨骼遺骸⋯⋯」

法官裁定這些都可以做為證據。法庭紀錄繼續寫道：

「很顯然，羅林並不想面對這些照片，更別說骨骸了⋯⋯就在那天晚上，辯方找到史密斯先生，開始提出一系列認罪協議。」

面對這些再現人間的證據，凶手的決心正在瓦解。他以為那把已經永遠消失了的刀，現在重現法庭，讓他忐忑不安；受害者的屍骨準備好從死亡中歸來，對他復仇。還有九十六小時就要開庭。

羅林畏縮了。一九九四年二月十五日，就在法庭開始遴選陪審員之際，被告突然承認自己犯下五項謀殺罪和三項強姦罪。

「我這一生都在逃避，」他說。「但有些事情你是逃避不了的。」

該案進入了量刑階段，陪審團必須決定羅林應該被判處死刑還是終身監禁。史密斯檢察官向陪審團展示了一把刀，被我認定為凶器的卡巴刀的複製品。受害者的骨頭被仁慈地擋在陪審團的視線之外。黑暗之刃在他們眼前來回舞動。再加上羅林當時戴的頭巾和受害者的照片，這把刀肯定給陪審團留下了深刻的印象。他們的裁決是：死刑。史丹・莫里斯（Stan Morris）法官宣判羅林的五項謀殺罪名成立。

「五年！你五年內就會死！你明白嗎？五年之內！」遭殺害的曼尼・塔博阿達的哥哥瑪利歐・塔博阿達（Mario Taboada）高聲喊道。他預計羅林會在五年內用盡所有的上訴機會，並於一九九九年執行死刑。法官下令將他逐出法庭。喧鬧漸漸平息下來。蓋恩斯維爾歷史上最黑暗的一幕宣告結束。

總的來說，羅林一案是法醫人類學在佛羅里達州的一次重大勝利，它為納稅人節省了展開全套審判程序所需的巨額費用，並且減輕受害者家屬在法庭聆訊的巨大痛苦。這仍然是我經歷過的最不尋常的案件之一，它充分展示了人類骨骼所擁有的純粹力量：超越死亡見證真相的力量；為無辜者報仇的力量；讓犯罪者恐懼的力量。

今天，在蓋恩斯維爾第三十四街的一側，靠近山頂的地方，有一段粉刷得非常漂亮的牆壁，專門提供給學生隨意塗鴉和留言用。蓋恩斯維爾的每個人都稱之為「那面牆」。它在校園高爾夫球場邊界爬滿葛藤的籬笆下延伸，外觀讓人覺得更像是鐵路的通道，露出各種色彩斑斕的礦石，有寶石，也有愚人金。

這面牆歡迎所有人在上面留言，現在已成為當地的地標，也是佛羅里達大學的一個傳統。大部分的留言都是愉快的，或愚蠢的，或深情的，或異想天開的。但是在愛情宣言、生日祝福和拯救熱帶雨林的呼籲之外，接近山頂的牆上有一塊塗黑的區域。

那五名謀殺受害者的名字，在黑色背景下清晰呈現，並附有一個詞：紀念。如果這面牆褪色或者意外污損，總會有人將它復原，並且重新寫上名字。我每天經過這裡兩次，我真心地紀念他們。

我特意把這起發生在蓋恩斯維爾的謀殺案留待本書的最後講述，並不是因為它就發生在我居住的地方——羅林會在任何地方、任何城鎮殺人——而是我相信，這個讓人感傷的故事有一個寓意。簡單來說，科學在正確地掌握和引導下，會將光芒照進黑暗的最深處。它可以借助明亮而清晰的真理之光找出並捕獲最狡猾的作惡者。它無法讓死者復活，但是能讓他們講述、控訴和指認殺害他們的人。透過抓補和懲罰罪犯，受害者的家人和親屬可以在他們無盡的悲痛中得到一絲平靜。對於每一起已解決的案件，每個供認，我們都擴展了對犯罪心理及其方法的認識，並且使抓捕和懲罰的威脅更加真實可信。

然而當我回顧過往並且展望未來時，讓我躊躇的是，仍有大量的工作需要完成。我所處的只是一個小領域，並且它永遠都會是如此；但是，這並不能成為它今日地位低微的理由。現在，每天都有大量的案子湧進C.A.龐德人類鑑定實驗室，我無法顧及全部，只能關注那些最嚴重的案件。電話鈴聲一響，我就心跳加快。我知道很可能是警方打來的，我也知道他們會說什麼，因為我已經聽過數百次這樣的話了：

「博士，我們有麻煩了……」

那個麻煩永遠會是一具屍體，或者是屍體的殘餘。他們會告訴我，已經在周圍拉起了封鎖線，員警正在看守並且保護現場。

他們會問我能否立即趕去？因為我不再負責學士班的課程，所以我能自由支配的時間變多。如果一起謀殺案能夠將我從枯燥沉悶的教職員會議裡解救出來，那就再好不過了。記得在接到拉貝爾鎮附近三名被槍殺的毒販案件後，我邀請一位考古學家同事偕同，我們設法在天黑前趕到兩百三十哩外的麥爾茲堡。第二天早上八點，我們已經在埋屍地點努力工作了。

隨著犯罪問題成為美國國內政治議程的首要議題時，表面看來，像我這樣的研究者似乎可以期待更加忙碌的日子和全職僱用的機會。但是對此必須權衡的事實是，很少有大學願意開設我研究的專業，這種將純粹的學術研究和「現實世界」的應用結合起來的課程，而且幾乎沒有哪個州的執法機構有資金或者有意願聘請一名訓練有素的法醫人類學專家。

所以，我們是兩頭都搆不著。一方面，學術界的同行幾乎把我們視為普通的勞動者，在平凡而日常的警察事務裡來來回回，而不是專注於純粹的研究。另一方面，警方往往把我們當作在象牙塔裡耽溺於空想的人，對於人世間的黑暗面一無所悉。每當我前往從未造訪過的執法機構時，我經常表現得像是一個單純又古板的教授，在任何事情上都需要別人的指點。這種角色扮演不會讓我贏得奧斯卡獎，但是能讓員警們卸下心房，倒是無傷大雅，而且在迅速了解情況這方面，遠比假裝博學、傲慢自負的態度要有用得多。

然而，有時我也被懷疑所困。誰會取代我，以及像我一樣的人？誰會僱用我訓練的學生？我說不準。需求是有的。並且呼聲很高。當我寫下這些字句時，位於韋科郊外的大衛教派（Branch

Davidians）山莊發生大火，有四十八具焦屍等待辨認。我的同事克萊德·斯諾正在墨西哥恰帕斯（Chiapas）檢查薩帕塔主義（Zapatista）革命者的屍體，調查他們是否在投降後才被墨西哥軍隊殺害。於韓戰中失蹤的美軍遺骸正陸續地歸還美國，他們的身分仍是待解的謎團。波士尼亞遍布的亂葬崗也等待著被挖掘出來使之沉冤昭雪。然而，法醫人類學的課程卻在減少，訓練有素的年輕學者還在為工作發愁。

在我一生中，我見到這些課程像流星一樣出現又消失。曾經有段時期，法醫人類學界三位最優秀的專家——湯姆·麥肯、艾理斯·克里和比爾·巴斯——同時在堪薩斯大學任教。他們吸引並且指導了無數學生，其中有許多人是當今這個領域的佼佼者。然後，幾乎是一夕之間，他們四散開來。某一年巴斯離開了，第二年是麥肯和克里。該校最終聘用了一位人類遺傳學家，而不是骨骼研究專家。同樣的局面即將在亞利桑那大學上演。華特·伯克比（Walt Birkby）在那裡建立了非常棒的課程，他的學生可說是全美最優秀的。但是，幾年後華特就要退休了，校方已經宣布不會找人接替他。所以他關閉了課程，不再招收新生。

比爾·巴斯剛剛從田納西大學退休。校方打算讓一位助理教授替代他的位置，但是少了比爾的積極指導，課程無疑會有所改變。幾年之後我也將退休，儘管佛羅里達大學校長約翰·隆巴迪（John Lombardi）在其他方面神通廣大，但是我很懷疑當我離開以後，C.A.龐德人類鑑定實驗室還會不會存在。

如果我的回憶錄能說明些什麼的話，我希望它能讓大家知道法醫人類學是一門對社會有用的學科。如果我有權做決策，我會安排每個州的犯罪實驗室都至少有一名法醫人類學家。當然了，氣候和犯罪率也需要一併考慮進去。像是緬因州或者明尼蘇達州，法醫人類學家在那裡可能會餓死——畢竟在那些北極般寒冷的地方，屍體能夠長久保存。在新罕布夏州，他也有可能沒什麼事情可做，那裡每年只有數十起謀殺案。至於凶案頻仍、陽光明媚的南方，既有大量的屍體，也有無數的蟲子盤踞其上享受著牠們的盛宴；屍體分解的過程迅速穩妥，無名的骸骨聚積成千，每一具都在默默地向我們懇求為其鑑識身分。

像是德克薩斯、加利福尼亞、紐約、佛羅里達等這類較大的州，要僱用好幾個像我這樣的科學家應該很容易，而且我可以保證沒有人會閒著。由長久的經驗來看，我知道在佛羅里達州都無法兼顧每一件需要我關注的案件。而原本就由一名法醫負責全州案件的少數幾州，也已經指派了法醫人類學家前往的例子少之又少。當我們的民選官員對於犯罪問題像獵犬般不停地咆哮時，當我們的預算部門把大量的經費投注在監獄、警察的訓練和裝備、假釋官、青少年訓練營和其他天知道是什麼項目時，他們完全忽視了向大學研究機構提供資助來發展破案過程中所需的新技術。於是，鑑識科學基金會（Forensic Sciences Foundation）啟動了一個小額捐款計畫，其中多數資金都來自於美國法醫刑事鑑識科學會成員的捐助。但是我們不是洛克斐勒。我們的基金增長速度非常緩慢，每年僅能提供幾筆微薄的補助款申請。

幾乎每個星期我都會接到一些年輕人的來電或者來訪，他們渴望進入法醫人類學的領域。我會接受他或她做我的學生嗎？唉！我沒有資金支援太多的研究生，也沒有足夠的場地用於教學和訓練，也沒有時間給予他們應有的關注。即使我錄取了他們，當他們獲得博士學位之後，又該何去何從呢？毫無疑問，他們其中少數幾位會像我一樣，通過努力留在大學的研究機構裡，慢慢地建立起自己的事業。大多數人則不然。這就是殘酷的現實。

佛羅里達州甚高的謀殺率和自殺率經常讓六名全職法醫人類學家疲於奔命。我曾經在腦海中把他們標記在佛羅里達州的地圖上：一個在佛羅里達狹地（Panhandle），一個在蓋恩斯維爾，一個在奧蘭多，一個在佛羅里達西南部，另外一個或兩個在邁阿密。眾所周知，邁阿密是一個非常特殊的地方，可說是全美犯罪最猖獗的州之中最致命的城市。法醫人類學家在那裡大有用武之地，在涉及骨骼化屍體、焦屍、腐屍和類似情況的案件中，能夠提供州法醫有力的協助。我們甚至能夠協助鑑定無名氏或者流浪漢的屍體，尤其現在湧進佛羅里達（以及佛羅里達的太平間）的人數日益增多，有些法醫辦公室每年要進行三千多次屍檢。

我不能無所不在。我曾經同時收到四張傳票，傳喚我在同一天，到四個不同的城市出庭作證。一名檢察官就威脅我說，如果我不出席他的庭審，而是去了安排在同一天另一個案件的庭審，他會把我送進監獄；我希望他是開玩笑的。這個州的面積很大。如果在佛羅里達礁島群發現了一具腐屍，我是不可能立即趕到現場的。有時候如果我實在去不了，他們會把遺骸寄給我。聯邦快遞公司拒絕運送人類遺骸，包括骨灰在內，但是美國郵政有這項服務，只要把屍體標注為「證據」或者「標本」即可。不過，要是我們有一位派駐邁阿密的法醫人類學家，這些案件就能立即處理了。

這些想法有時會在午夜夢迴飄進我的思緒。但是，正如《聖經》所說：「不要為明天憂慮，明天自有明天的憂慮；一天的難處一天當就夠了。」每當我為這門學科的未來，我的學生們的職業前景，或者我退休之後實驗室的命運而憂慮時，我就會看看裝滿案件卷宗的檔案櫃——至少在這裡我看到確實的進步。在這裡，我可以說，我做出了貢獻。

在人們比現在認識更多拉丁文的年代，有人寫下了幾句感人至深的銘文，至今仍然刻在紐約市法醫辦公室的門楣上：

Taceant Colloquia. Effugiat Risus.
Hic Locus est Ubi Mors Gaudet Succurrere Vitae.
（讓空話緘口。讓笑聲消失。
這裡是死亡煥發光彩，救贖生命的地方。）

我實驗室的門楣上沒有刻銘文的空間。如果有，我會刻上英國探險家羅伯特．法爾肯．史考特（Robert Falcon Scott）的遺言。一九一二年，史考特在南極洲因為惡劣天氣和補給耗盡而不幸身亡，雖然營地就在幾哩之外了。他在信末寫道：

如果我們得以倖存，我將向世人講述我的同伴們的剛毅、耐力和勇氣，並以此激勵每一個英國人。這些潦草的紀錄和我們的遺骸也一定會講述我們的故事。

那就是我對實驗室裡那些遺骸的感受。他們有故事要告訴我們，即使他們已經死去。這是我做為一名法醫人類學家的責任，去捕捉他們無聲的哭喊和細語，去解讀它們，為了活著的人，直到生命盡頭。

致謝

Acknowledgement

如果沒有我太太瑪格麗特的支持，這本書不會問世，我也不會經歷書中所描述的奇妙人生。瑪格麗特和我現在已經是老夫老妻了。我們是在貝瑞（Berry）小姐的西班牙語課上認識的，當時我在北達拉斯高中就讀高二。那年年底，貝瑞小姐和我達成了一項約定：如果我保證以後再也不說西班牙語，她會直接給我及格的成績。我二話不說就同意了。我從未能掌握塞凡提斯（Cervantes）和卡爾德隆（Calderón）的語言，但我贏得了瑪格麗特的芳心。

我們在一九五八年結婚，這些年來，她一直是點燃我生命、激勵我更加進步的火花。是她說服我接受在非洲捕捉狒狒的工作，並且陪我一同前往，縱使當時她已經懷有五個月的身孕。我們的兩個孩子，麗莎和辛西婭都是在非洲出生。她永遠是我們兩人之中，最有活力也最有冒險精神的那一個。她對我工作中古怪的部分所抱持的勇氣和耐心，總是讓我驚奇不已。當然了，沒有人比她更加擅長去除衣服上的血跡！很少有人的另一半可以面不改色地坐在那裡，觀看蛆蟲在屍體臉部隨著時間改變其行為的幻燈片，在美國法醫刑事鑑識科學會的某次年會上，瑪格麗特就表現得非常鎮定。她出眾的智慧和堅強的內心撐起了我的人生。如果沒有她，我可能只是一個沉悶乏味的骨頭測量員。有了她，我便從未片刻脫離充滿活力的人生。

專業的部分，我要感謝我的老師湯姆·麥肯，以及我的同事們：克萊德·斯諾、麥可·巴登、羅威爾·列汶、道格·烏貝雷克，還有第八區的首席法醫威廉·漢米爾頓。如果沒有佛羅里達州的法醫，特別是華萊士·格雷夫斯（Wallace Graves）和喬·戴維斯（Joe Davis），我的故事就不會完整。我要特別感謝俄亥俄州阿什塔比拉（Ashtabula）的柯蒂斯·梅爾茲，在他的協助下，我才得以解決本書第十一章提到的米克－詹寧斯案。在偵辦過程中，梅爾茲整理了所有牙科紀錄以及生前X光片。我們像一個團隊一樣緊密配合，最終的牙科鑑定結論正是有賴於他的執著。

我要感謝羅伯特·班佛，是他讓我開始研究歷史案件；還有比爾·高扎，他是個很好的聯絡員和萬事通；還要感謝文特沃思基金會（Wentworth Foundation）的支持。同時我也要向佛羅里達大學校方致謝。

出資建立實驗室並以他和雙親名字命名的C·阿迪森·龐德二世（C. Addison Pound, Jr.），讓我有自由的空間發展我的研究興趣。他對這間實驗室的支持，顯示出一個普通公民對於打擊犯罪能產生何等深遠的影響。

本書寫作過程中，瑪格麗特提供了無價的幫助，其中包括對於手稿的建議。書中收錄的照片，一部分是她拍攝的，其餘的也由她代為整理。我要感謝耶魯大學拜內克圖書館（Beinecke Library）的慷慨，讓我使用一張尼古拉二世和他女兒們的照片，並且允許我瀏覽圖片資料庫中的其他照片。我還要感謝亞歷山大·阿弗多寧博士的幫助和接待，是他讓我們得以查看和分析沙皇及其家人的遺骸。《邁阿密先驅報》週日特刊《Tropic》早期曾經刊登過一篇關於葉卡捷琳堡遺骨的簡短文章，感謝他們允許我使用這些資料。我們的文學經紀人艾絲特・紐伯格（Esther Newberg），比傳說中的侏儒怪更加擅長從平淡無奇的稻草中紡出金線來。雙日出版社（Doubleday）的編輯比爾・湯瑪斯（Bill Thomas）和羅伯・羅伯森（Rob Robertson），總是那麼熱情、敏銳且富含耐心。

威廉・R・梅普斯
麥可・布朗寧

犯罪手法系列4——

法醫人類學

聽！骨頭在說話，
美國傳奇法醫人類學家
梅普斯自傳暨案例集，
直擊魔鬼潛伏的淵藪

Dead Men Do Tell Tales

犯罪手法系列4——法醫人類學／
威廉・R・梅普斯（William R. Maples），
麥可・布朗寧（Michael Browning）著；
尚曉蕾譯. －初版.－臺北市：麥田出版：
家庭傳媒城邦分公司, 2020.05
面；　公分
譯自：Dead men do tell tales: the strange and fascinating cases of a forensic anthropologist
ISBN 978-986-344-740-5(平裝)
1.法醫人類學 2.偵察 3.通俗作品
586.66　　　109001178

封面設計　莊謹銘
印　　刷　漾格科技股份有限公司
初版一刷　2020年5月
初版九刷　2024年2月

定　　價　新台幣420元
I S B N　978-986-344-740-5
Printed in Taiwan

作　　者　威廉・R・梅普斯（William R. Maples）、
麥可・布朗寧（Michael Browning）
譯　　者　尚曉蕾
責任編輯　林如峰
國際版權　吳玲緯
行　　銷　闕志勳　吳宇軒　余一霞
業　　務　李再星　李振東　陳美燕
副總編輯　何維民
編輯總監　劉麗真
發 行 人　凃玉雲

出　　版

麥田出版
台北市中山區104民生東路二段141號5樓
電話：(02) 2500-7696　傳真：(02) 2500-1966
網站：http://www.ryefield.com.tw

發　　行

英屬蓋曼群島商家庭傳媒股份有限公司城邦分公司
地址：10483台北市民生東路二段141號11樓
網址：http://www.cite.com.tw
客服專線：(02)2500-7718; 2500-7719
24小時傳真專線：(02)2500-1990; 2500-1991
服務時間：週一至週五09:30-12:00; 13:30-17:00
劃撥帳號：19863813　戶名：書虫股份有限公司
讀者服務信箱：service@readingclub.com.tw

香港發行所

城邦（香港）出版集團有限公司
地址：香港九龍九龍城土瓜灣道86號順聯工業大廈6樓A室
電話：+852-2508-6231　傳真：+852-2578-9337
電郵：hkcite@biznetvigator.com

馬新發行所

城邦（馬新）出版集團【Cite(M) Sdn. Bhd. (458372U)】
地址：41, Jalan Radin Anum, Bandar Baru Sri Petaling,
57000 Kuala Lumpur, Malaysia.
電話：+603-9056-3833　傳真：+603-9057-6622
電郵：services@cite.my